철학 듣는 밤

밀려 쓴 삶을 매듭짓는 시간에 대하여

철학 듣는 밤

초판 1쇄 2016년 12월 14일

지은이 김준산, 김형섭
발행인 최홍석

발행처 (주)프리렉
출판신고 2000년 3월 7일 제 13-634호
주소 경기도 부천시 길주로 77번길 19 세진프라자 201호
전화 032-326-7282(代) **팩스** 032-326-5866
URL www.freelec.co.kr

기획·편집 이희영
디 자 인 김혜정

I S B N 978-89-6540-149-0

철학듣는밤

김준산·김형섭 지음

프리렉

차례

가볍지만 공허하지 않게

5

메뚝씨   소개부터 할까요. 우리에 대해 알고 싶어 하는 사람이 있을 수 있으니까. 쑥스럽습니다. 저는 메뚝씨입니다. 하는 일을 규정하기는 어려울 것 같고 표준적인 삶에 저항하는 인문학도라고 해 둘게요. 근엄하게 가르치는 인문학자 말고 가볍지만 진지한 자세로 배움에 임하고 있는 20년째 인문학도입니다.

똥팔씨   저는 옛날 얘기부터 하고 시작할게요. 중학교 때 처음으로 읽은 책이 기억나네요.《꽃들에게 희망을》이라는 책이었는데 읽는 게 굉장히 힘들었어요. 어머니의 강요로 읽었거든요. 책을 보면 무지하게 졸린 사람입니다. 그래도 위안 삼아 책을 머리맡에 놓고 잡니다. 물론 책을 좋아하고 여럿 봅니다. TV 보듯이 봐요. 그런데 기억이 없어요. 읽고 나면 싹 사라져 버립니다. 이번을 계기로 책을 보는 데서 읽는 것으로 전환하고 싶습니다. 흄을 만나서 칸트가 달라졌듯, '얇고 넓게'에서 '좁고 깊게'로 독서 능력뿐 아니라 삶을 개편하고 싶습니다.

메뚝씨   철학으로 삶을 개편하고픈 똥팔씨의 진실함이 부디 달성되었으면 좋겠습니다.

7

똥팔씨 　한방에 삶을 개편시키긴 어렵고 매일 조금씩 나를 자극하는 밤을 지새우면서 본격적으로 철학과 이어진 삶을 만들고 싶어요. 매일 밤 때로는 부드럽고 상냥하게, 때로는 불편하고 강렬하게 제 삶을 흔들어 줄 철수들을 만나는 식으로요.

메뚝씨 　철수라고요?

똥팔씨 　철학 철, 머리 수요.(웃음) '철수야 놀자~'예요. 당대를 풍미했던 철학자들을 불러서 한바탕 노는 거죠. 그들은 어떤 삶을 살았고 어떤 생각을 갖고 있었으며 어떤 책을 썼는지 그리고 그 삶의 전반이 된 시대적 배경도 중요하겠죠. 그 안에서 현재 우리가 서있는 지점도 돌아볼 수 있고요. 다소 무거워질 순 있지만 토론은 아니죠.

메뚝씨 　수다로 합시다. 그냥 수다. 토론은 우리가 감당해야 할 몫이 아니에요. 목적지를 싫어하기 때문에 추구하는 지점은 미약하지만, 누군가의 삶에 약간의 변화 혹은 변화의 촉매제가 될 수 있었으면 하는 바람은 있습니다. 배우는 자세로 까다롭지 않게 철학을 하는 이유에 대해 질문만 합시다. '철학을 왜 하는지, 철학과 우리 삶이 어떻게 관계되어 있는지'에 관해 무거운 토론보다 진지한 질문만 했으면 좋겠어요.

똥팔씨 　그러나 수다에도 일정한 화제와 연결되는 지점이 있잖아요.

메뚝씨 　그렇죠. 가벼운 수다 속에서 나를 예민하게 다듬을 수 있는 순간들을 잘 잡아낸다면 비로소 삶을 개편하는 철학을 시작할 근육이 생길 수 있겠죠.

똥팔씨 우리 수다가 누군가의 생활을 송두리째 변화시킬 수 있다고 믿긴 어렵지만, 깃털만 한 가벼운 자극으로 평범한 사람들의 일상을 수정할 수 있는 힘이 되었으면 하는 바람입니다.

에 리 히 프 롬

《사랑의 기술》

생과 세계를 사랑할 권리에 대하여

똥팔씨　첫날밤이네요. 우리가 첫날밤 만날 철수는 에리히 프롬입니다. 이름이 괜찮아요. 프롬. 시작하는 것 같잖아.

메뚝씨　자료조사는 열심히 해오셨겠죠?

똥팔씨　그럼요. 단단하게 해왔죠. 첫날밤답게 《사랑의 기술》을 준비했어요. 20세기를 대표하는 사회학자, 정신분석학자. 어떤 측면에선 철학자라고도 해요. 프롬을 소개하는 대표적인 책이 국내엔 두 권 있어요. 박홍규 교수가 쓴 《우리는 사랑하는가》와 프롬의 제자 라이너 풍크가 쓴 《환상의 사슬을 넘어서》라는 평전이죠. 이 두 책을 보면 프롬이 어떤 사람이었다는 걸 살짝 알 수 있어요.

먼저 프롬이 살았던 네 군데 거처를 중심으로 그의 생애를 살펴보죠. 프롬은 1900년 프랑크푸르트, 독일의 중심지에서 태어났어요. 아버지는 유태인으로 술 파는 상점 주인이었죠. 프롬은 그런 아버지가 많이 부끄러웠나 봐요.

메뚝씨　속물이 싫었던 거겠죠. 프롬은 어릴 때부터 또 진지했잖아요. 랍비를 꿈꾸기도 했기에 성직자 같은 구석이 삶의 전반에 있었어요.

똥팔씨 　또 하필 사춘기 시절에 제1차 세계대전이 터져요. 이 사건을 계기로 전쟁혐오에서 생겨난 '집단행동의 비합리성'에 대해 의문을 품게 되죠. 우리 같은 사람들은 사람이 죽어가는 모습을 눈앞에서 보면 불안에 떨다 지칠 텐데 프롬은 남달랐나 봐요.

메뚝씨 　말로 상상할 수 있는 비극의 형태와 살에 직접 닿는 비극의 형태는 다르죠. 범인인 우리는 이 비극에서 거의 패배하기 마련이지만, 철학자들은 비극에 매몰되기보다 그 비극의 원인을 극단까지 사유하려고 노력해요. 삶이 처참해질수록 용기를 내는 거죠.

똥팔씨 　프롬은 제1차 세계대전을 겪은 뒤 정신분석학에 관심을 갖고 접근하게 됩니다. 이때 라이히만과 사제 관계에서 연인 관계로 발전하죠. 나이 차가 열 살 이상이었는데 성숙한 프롬은 라이히만과 극렬한 사랑에 빠지게 됩니다. 프롬은 사랑할 때도 다소 근엄했던 것 같아요.

메뚝씨 　유태인들의 생활 방식인 디아스포라가 익숙했던 탓이겠죠. 몸은 떨어져 있어도 정신만은 선택 받은 유태인이라는 인식이 프롬의 삶을 지배했으니까요.

똥팔씨 　1925년에는 사회학으로 박사학위를 받습니다. 박사학위의 기쁨을 누리기도 전에 세계경제대공황의 바람이 불고 나치당이 집권합니다. 사회 참여 방식을 고민했던 프롬은 프랑크푸르트학파에 참여하게 됩니다만, 나치 정권에 의해 프랑크푸르트학파는 1933년에 폐쇄됩니다. 이에 프롬을 비롯한 아도르노, 호르크하이머, 마르쿠제 등 프랑크푸르트학파에서 활동하던 학

　　　　　　　　　　　　　　　　　　　에리히 프롬

자들이 미국으로 망명하게 됩니다. 발터 벤야민은 망명가던 도 중 자살하죠. 미국으로 건너간 사회연구소의 다른 멤버들과 달 리 프롬은 미국에 빠르게 적응합니다. 프롬이 영어에 능숙했던 탓이라고 평전에 쓰여 있어요.

메뚝씨 　다른 멤버들이 영어 습득에 어려움을 보였다기보다 미국 사회 에 적응하기 싫었다는 게 맞을 것 같아요. 아도르노나 마르쿠 제에 비해 프롬은 상당히 대중적이었으니까요. 영어는 인도 · 유럽어 중 거의 최후에 발명된 언어라서 가장 쉽고도 대중적인 언어 중 하나예요. 프롬이 영어에 능수능란했다는 것은 대중과 의 접선을 희망했기 때문이기도 했지만, 미국 사회에 적응하고 싶은 그의 처세 욕망과도 관계됐다고 볼 수 있습니다. 학문의 천착보다 현실적 실천에 비중을 두었던 거죠.

똥팔씨 　그럼 미국인들이 마음에 들었던 건 아닐까요? 자유분방했잖 아요.

메뚝씨 　물론 사람도 좋아했죠. 그런데 저는 다른 원인이 본질이었다고 생각해요. 미국 망명전까지 프롬은 사회연구소의 다른 멤버들 에 비해 명성이 부족했어요. 호르크하이머나 마르쿠제 같은 철 학자가 영향력이나 학자적 지위 면에서 프롬보다 앞섰죠. 그런 데 미국에 가니 판도가 달라진 거예요. 미국에선 순수 학문 탐 구보다 사람의 마음을 확 움직이는 실용적이면서 치료적 학문 이 중요했던 거죠. 예나 지금이나 미국하면 실용주의니까요.

똥팔씨 　그렇게 미국으로 건너간 프롬은 1939년까지 활동하다가 사회 연구소에 사표를 냈어요. 아도르노와 다투기도 했고 연구소에 어머니를 미국으로 망명시키는 자금을 요청했다가 거절당했 거든요.

메뚝씨 프롬이 미국 사회를 긍정하는 것처럼 보였던 까닭이었겠죠.

똥팔씨 사표를 내고 개인 연구를 진행했어요. 1939년에 터진 문명사 의 가장 큰 비극인 제2차 세계대전을 정리하죠. "인간들이 왜 비합리적인 것에 동의하는 것일까?"라는 문제를 정신분석학 적으로 분석합니다. 인간은 자유를 숭배하기보다 '자유로부터 도피'하고자 하는 본능도 있다는 내용입니다. 그게 빵 터져요. 대박이 나요. 그 덕에 프롬의 개인 연구소가 사회연구소보다 영향력을 얻게 됩니다.

메뚝씨 사설입니다만, 프롬의 책은 제목부터가 남달라요. 《인간의 마음》, 《자유로부터의 도피》, 《사랑의 기술》 같은 책이 서점 매 대에 누워 있으면 확 끌리잖아요.

똥팔씨 확실히 '사랑의 기술'이라는 제목은 구미가 확 당기네요. 그렇 다면 프롬이 가진 사랑의 기술을 써먹을 상대도 분명 있었겠 죠? 헤니 플란트가 그 시절 프롬이 생각한 사랑의 기술을 실천 한 여성이었어요. 그녀는 프롬보다 두 살 연하로, 발터 벤야민 과 함께 탈출했던 일행이기도 합니다. 인도에서 남편을 잃고 상실감이 큰 상태였던 그녀는 프롬에게 위안을 얻게 되었기에, 결혼까지 합니다. 프롬은 물론이고 플란트도 건강 상태가 나 빠지면서 두 사람 모두 휴양이 필요한 시점에 멕시코에서 콜을 해요. 멕시코 정부에서 전권을 다 줄 테니 연구소의 기반을 마 련할 수 있도록 정신분석 연구소를 개설해 달라는 요청이었죠.

에리히 프롬

메뚝씨 아주 신명나게 연구소를 디자인했죠. 멕시코로 건너간 프롬은 이전에 독일의 파시즘에게 겨냥했던 분석 틀을 미국에 적용하여 자본주의 사회의 본질을 파고들었어요. 이렇게 하여 미국 사회를 겨냥한 책이 1955년에 출간된 《건전한 사회》입니다. 자본주의를 바탕으로 개개인의 문제를 설명한 책이 1956년에 나온 《사랑의 기술》과 1964년에 출간된 《인간의 마음》입니다. 그중 대비되는 사회 구조의 문제를 다룬 책이 《자유로부터의 도피》와 《건전한 사회》죠.

똥팔씨 멕시코의 생활도 좋았지만, 점차 건강이 악화되면서 프롬은 휴양의 나라 스위스의 무랄토라는 도시로 넘어가게 됩니다.

메뚝씨 독일에서 미국으로, 멕시코에서 스위스로 이동하면서 연구의 목표 지점 역시 파시즘 비판에서 자본주의 비판으로 수정하게 되죠. 스위스에서 생을 마감하기 전에 자신의 연구를 정리한 책이 《소유냐 존재냐》라는 책이에요. 자본주의 세계에서 속박당하지 않으려면 선택하라는 강요죠. "소유할 것이냐 존재할 것이냐, 사랑할 것이냐 탐욕할 것이냐." 이 결단 없이는 파시즘 사회에서나 자본주의 사회에서나 인간의 '풍요로운 삶'은 가능하지 않아요. 현대 우리 삶도 마찬가지죠. 어떤 결단 없이 좋은 삶으로 이행한다는 건 모순입니다. 용기 없는 지식은 허무하고 선택 없는 실천은 공허한 거거든요.

이제 사랑하고 싶습니다

나로부터 번지는 채움에 대하여

똥팔씨   본격적으로 사랑이라는 주제를 놓고 수다를 떨어볼까요? 주제
를 정의해야 하는데 사랑은 정의하기가 까다롭죠. 사랑을 정의
한다는 것 자체가 무리수 아닐까요?

메뚝씨   무리수죠. 그러나 무리수라도 정의해야 합니다. 할 수 없는 걸
애써 하는 것. 그게 철학적 지성의 기본기죠. 예컨대 무의식이
라는 단어를 우리 일상 속에서도 자주 쓰잖아요. 눈에 보이지
도 않는 걸 애써 정의하니까 개념이 생성되고, 비로소 이해할
수 있는 거죠. 철학이 본질적 질문으로부터 출발하면 거기서
여타의 학문은 꼬리에 꼬리를 물고 확장하게 되어 있어요. 똥
팔씨는 사랑이 뭐 같아요? 철학을 공부한다고 했으니 무릅쓰
고 한번 말씀해보시죠?

똥팔씨   저는 사랑이라는 단어가 좀 무서워요. 제가 모태신앙이잖아
요. 종교로부터 이탈은 했지만 뿌리박혀 있는 어린시절 기억으
로부터 전부 벗어나기는 어려워요. 사랑이라고 하면 예수님이
생각나니까요. 예수님의 "네 이웃을 내 몸과 같이 사랑하라"는
말씀이 제겐 사랑과 동의어이기에 더 이상 질문을 추궁하기가
어려워요. 내가 사랑할 수 없는 사람까지도 사랑할 수 있는 게

     에리히 프롬

사랑 아닐까요?

메뚝씨   그런 사랑은 너무 피곤하죠. 물론 사랑은 희생이고 책임임은
틀림없어요. 그러나 종교적 신앙에서 비롯된 사랑의 희생과 책
임은 우리가 생각하는 희생, 책임과는 달라요. 사랑은 나로부
터 출발해야 해요. 그런데 종교적 말씀에서 시작되는 사랑은
책임과 희생을 무겁게 만들어요. 자발적 사랑이 아니니까 사랑
을 오해케 할 수 있죠. 타인을 즐겁게 하는 행위가 피곤하게 느
껴져요. 반면 프롬이 말하는 사랑은 기쁘고, 충만되며, 자유로
운 희생이에요.

예를 들어 제 아들은 자기가 좋아하는 사람에게 장난감을 막
줘요. 저는 막 저게 얼마짜린데! 다리 달달 떨면서 계산기 두드
리는데. 녀석은 그냥 막 줘요. 물론 이전에는 그러지 않았어요.
자기 물건을 허락 없이 만지는 것도 꺼렸었죠. 자기가 좋아하
는 걸 타인도 좋아한다는 사실을 알기 시작한 후 나눔의 기쁨
을 실천하기 시작했어요. 사랑을 느낀 것이죠. 그러니까 사랑
은 본래적인 게 아닌 거예요. 그렇게 '나'에서 출발하는 것만이
사랑입니다. 희생이 가벼워야 책임도 가볍지 않겠어요? 사랑
은 내가 충분히 충전된 상태에서 시작하는 것이고, 외부 충격
에 의한 희생이 아니라 자발적 책임과 희생의 기쁨에서 외부로
향해야 가벼운 거죠.

똥팔씨   쉽게 말하면 내가 사랑을 할 상태가 되어 있어야 한다는 거네
요. 저도 사실 집에 들어왔을 때, 아이들 봐야 하느라 눈치 보
여서 운동을 못 가게 되면 괜히 아이들에게 신경질을 내요. 그
런데 개운하게 한 시간 운동하고 돌아오면 아무리 피로해도 아

이들하고 신나게 놀 수 있더라고요. 이런 게 바로 사랑의 시작이란 거죠?

메뚝씨 그렇죠. 물론 자기 충전, 혹은 존재 충족은 사람마다 다릅니다. 어떤 사람은 1리터만 채워도 충전되는데 어떤 사람은 10리터, 100리터를 충전해야 겨우 완충돼요. 사랑을 향한 포만감은 상대적입니다. 아이의 웃음만 봐도 충전되는 사람과 운동 안 가도 충전되는 사람이 있는 반면, 한 드럼을 채워도 부족한 사람이 있어요. 결과로만 보면 모든 사람은 제 자신의 존재가 충만한 상태가 되면 자연스럽게 희생하게 됩니다. 당연하죠. 드럼통이 가득 찼으니까 한 컵 정도는 비더라도 개의치 않게 되는 거예요.

똥팔씨 대체로 현대 사회에서 남자는 술과 권력, 여자는 대화가 충전 작용을 하는 것 같아요. 그래서 저는 와이프가 친구 만난다고 하면 빨리 가보라고 해요.(웃음)

메뚝씨 사실 친구만 만나는 것으로는 존재 충만 상태에 이르는 용량 자체를 줄일 수가 없어요. 기존의 내 욕망 체계를 유지하는 거니까요. 기왕이면 충전해야 할 용기가 작을수록 금세 채울 수 있잖아요. 드럼통에서 종이컵으로 충만의 형태를 압축시키려면 서로가 서로를 직접 대면하여 작은 모습까지 관찰하는 감각적 훈련이 필요해요. 존재의 완성도로 가되 금욕이 아닌 비워내는 훈련이 사랑의 기술이죠. 즉, 사랑은 존재의 완충 밀도를 압축하는 거예요. 예민하면 압축됩니다. 내 존재를 충전해 두는 그릇을 압축시킴으로써, 약간의 충전만으로도 가득 찼다고 느낄 수 있도록 주조하는 능력이 '사랑의 기술'이에요. 무뎌지

에리히 프롬

면 무거질수록 드럼통은 커지고 사랑할 수 없는 사람으로 추락해요. 아이들을 보면 알아요. 아이들은 조금만 채워줘도 희생과 배려를 아낌없이 하잖아요.

똥팔씨 금방 비워졌다가 금방 채워지죠. 그렇다면 희생과 배려 없이 상대에게 고통을 주는 걸로 자신을 충만시키는 사람들의 감정 충만도 사랑의 시작점이라고 볼 수 있을까요?

메뚝씨 프롬의 관점에서 타인을 학대하여 자신을 충만시키는 사디즘이나 타인에게서 고통을 받아들여 존재의 완충을 느끼는 마조히즘은 사랑이 아니에요. 그런 것은 사랑이라 볼 수 없어요. 내 감정을 그 사람에게 투사시키는 도취 행위일 뿐이죠. 물론 사디즘과 마조히즘이 존재를 충만시키는 느낌을 줍니다. 그러나 프롬은 이러한 방식의 존재 충전은 개성이 없다는 이유로 인정하지 않았어요. 둘 다 자신만 바라보는 이기심일 뿐이죠. 심지어 사디즘과 마조히즘은 자신을 자기 자신과 분리하는 도취적 착각을 하는 경향이 있어요. 사디즘과 마조히즘이 발전된 형태가 파시즘과 에고이즘입니다. 세계를 향한 문을 닫는 게 에고이즘이고, 세계를 내 범위로 정복하는 것이 파시즘이에요. 그 둘에는 진정한 합일의 충만이 있을 수 없어요. 합일이 불가능하니까요. 조작된 인공적 통일만이 있죠. 서로가 서로를 긍정하는 합일이 없는 것도 사랑이 아니고 개성을 잃은 존재 충만 또한 사랑이 아니에요.

똥팔씨 보통 그렇게 생각 안 하잖아요. 자신에게 쾌감을 주는 상태를 사랑이라 느끼니까요.

메뚝씨   그러니까 도취죠. 세계는 이미 사랑을 오해하게 조직된 상태로 체제를 유지합니다. 누구나 사랑의 주체가 되면 이 자본주의는 폐망해요. 철학과 인문학이 중요한 이유죠. 전지적인 시점으로 이 세계를 바라볼 수 있을 때 사랑 또한 오해 없이 키워갈 수 있습니다. 시인 랭보는 세계의 착시를 뚫는 방법을 투시라고 했어요. 이상은 조감도, 즉 새의 시점이라고 했고요. 철학이라는 게 이런 관점을 장착하는 적극적인 공부 방법이에요.

똥팔씨   그럼 멀리 떨어져서 바라보라는 건가요?

메뚝씨   떨어져 보되 참여하며 봐야 해요. 관조는 아니죠. 세계를 형식화해서 보고, 자기 자신을 객관화해보고, 시공간의 주체들과 비교해 봐야 합니다. 멀리서 보지만 구체적으로 보고, 참여하는 것이죠. 그래서 기술이에요.

똥팔씨   확실히 기술답게 쉽진 않네요. 그렇다면 왜 이런 기술이 필요한 거죠?

메뚝씨   우선 현대 사회를 진단하는 것부터 출발해 봅시다. 프롬이 보기에 현대 사회가 흔들리는 가장 큰 원인은 '분리불안'을 오해하는 데 있어요. 인간은 원천적으로 홀로 존재합니다. 세계에 던져진 외로운 존재이기에 불안하죠. 키에르케고르도 인간의 불안은 극복할 문제가 아니라 슬기롭게 대처해야 할 문제로 보았어요. 불안으로 배움이 생길 수 있다고 진단했죠. 떨어져 있으니 합일의 진정성에 허기를 느끼게 되고, 그 허기를 채우기 위해 우리는 삶의 문제를 고민하게 되는 거예요.

                                              에리히 프롬

프롬의《사랑의 기술》에도 우리가 느끼는 분리불안은 어쩔 수 없다고 타일러요. 인정하라는 거죠. 그런데 자본주의 세계는 생활과 실존을 분리시키면서 분리불안을 폐기 처분할 수 있다고 선전해요. 가족이라는 생활, 조직이라는 생활, 국가라는 생활이 엮여 있으면 마치 분리불안이 없어지는 것처럼 광고하죠. 그러나 생활이 실존이 될 수는 없습니다. 인간은 생활이 엮여 있다고 완성될 수 없어요. 실존, 즉 홀로 살아있다는 자각에서 분리되어 있기 때문입니다. 인간에게 불안감과 공허함은 필연이니까요. 생활 세계에서는 안 해도 되는 질문을 실존의 영역에선 반드시 해야 해요. 사랑은 실존이 불안이라는 것을 인정하는 태도에서 시작되는 겁니다. 살아있다는 것은 언젠가 죽는다는 거니까요. 내가 죽어간다는 걸 인정해야 우리는 실존의 충만으로 향하는 진정성의 세계로 편입할 수 있어요.

똥팔씨 사실 언젠간 죽는다는 막연한 사실은 알고 있지만, 항상 그런 생각을 하면서 대비하고 있진 않죠. 당장 제 일을 하기에도 바쁘니까요.

메뚝씨 그게 현대 사회의 특징이에요. 생활 세계에 실존의 배움을 녹여내지 못하고, 바쁘고 정신 없게 만들죠. 그러다 업무에서 손을 놓게 되는 휴가철이 되면 고민해요. 생활의 시간이 아닌 실존의 시간이 주어지면 불안해서 견디질 못해요. 그래서 떠나는 거죠. 무엇이든 소비를 해야 겨우 그 불안을 다스릴 수 있으니 여름 휴가 때마다 고속도로가 막히는 것은 도리 없는 일이죠. 어쩔 수가 없어요. 이 세계에서는 내 의지만으로는 밀려오는 불안을 극복할 수가 없어요. 불안의 고통을 슬기롭게 해결할 기술이 있어야 하는데, 그 기술을 연마할 시간도 기회도 없었으니까요. 애초에 배우고 싶지 않도록 설계된 사회가 우리가 사는 이 세계입니다.

또 하나, 현대 사회의 사랑이 흔들리는 원인을 프롬은 '생산성과 능동성의 소멸'이라고 진단해요. 내가 언젠가 죽는다는 사실에 대한 불안에 대처할 가장 훌륭한 방법이 '창조적 생산'입니다. 창조는 고통을 수반하죠. 글을 쓰기 시작하면서 빠진 제 머리카락들이 그것을 증명해요. 씁쓸하죠. 그러나 빠진 머리카락만큼 내 존재의 생산성은 증폭된 것이고 내 실존의 허기는 채워졌어요. 만약 복권에 당첨된 돈으로 집을 짓는다고 상상합시다. 그럼 고통이 필요 없어지겠죠. 우스갯말로 조물주 위에 건물주가 있다고도 하는데, 그 위치에 오르기까지 수반되는 과정이 생략되기 때문에 이러한 생산성엔 능동성이 없어요. 따라서 실존의 불안은 해결할 수 있는 의지가 빈약하게 되고 실존과 생활의 차이를 인식하지 못하게 되는 거예요.

똥팔씨   그러니까 실존의 불안을 채우고 존재를 충만시키는 방법이 오로지 사랑이라는 거죠? 반대로 말하면 현대 사회가 흔들리는 이유는 사랑이 흔들리는 거라고도 볼 수 있겠네요.

메뚝씨   그렇죠. 근본적으로 사랑은 손해 보는 장사예요. 그러나 사랑의 증여 방식은 자본주의의 증여 방식과는 달라요. 내 포만을 위해서 주는 거니까. 스스로를 칭찬하는 거잖아요. 프롬은 이렇게 말했죠. "성격이 비생산적인 사람은 주는 것을 아까워한다. 비생산은 실존이 나약하다." 불리불안을 극복하지 못하면 실존의 문제에서 나약할 수밖에 없어요. 존재의 능동성과 생산

         에리히 프롬

성이 떨어지니까 주는 게 아깝죠. 이게 바로 이 사회에서 사랑이 흔들리는 이유입니다.

똥팔씨 최근 유행하는 TV 프로그램인 가상 결혼 프로그램에서는 사랑 흉내를 내며 안락하게 사는 두 남녀의 모습을 보면서 서로에게 감정의 요동이 일고 합일이라는 경험을 하는 게 사랑이라고 착각하게들 만드는 것 같아요.

메뚝씨 TV는 사랑의 효과만을 보여줘요. 어둠이 있어야만 빛이 밝을 수 있음에도 마치 빛만 존재하는 게 가능한 것처럼 굴죠. TV 프로그램이 아무리 리얼리티에 가깝다고 해도 화면 안에서 실존의 문제까지 접근할 수는 없잖아요. 사랑은 기본적으로 둘만의 비밀스러운 문제예요. 비밀이 지켜질 때에야 그 은밀함이 특수한 합일을 생성하는 것이니까요. 그래서 카메라 앞에서 진실의 자신과 근접할 수 있다는 생각은 사기예요. 사랑은 연출될 수 있는 문제도 아니거니와 고통 없는 사랑은 껍질일 뿐이죠.

사랑은 저쪽 세계에 있는 것도, 타인이 선물할 수 있는 것도 아닙니다. 나 자신이 구성하고 창조해야 할 오로지 내 문제죠. 그러나 우리는 어렸을 때부터 길들여져요. 누가 나를 구제하기를 바라죠. 이를 프롬은 잘못된 신앙이라 설명합니다. 프롬이 말하는 신앙에는 비합리적인 신앙과 합리적 신앙이 있어요. 권위에 비비는 신앙은 비합리적 신앙이죠. 자신이 쌓아 올린 토대에서 사랑을 믿고 타인을 믿고 세계의 변화를 믿는 것이 합리적인 신앙입니다. 나 자신을 사랑하고 다른 사람을 사랑하면서 사랑을 점점 확대할 수 있다는 것만을 믿는 거죠.

프롬이 "인간을 인간으로서 생각하고, 인간과 세계의 관계를 인간으로서 생각하라. 그러면 당신은 사랑은 사랑으로만, 신뢰는 신뢰로만 생각하게 될 것이다."라는 마르크스를 인용한 문장을 책 앞머리에 배치한 이유가 여기에 있습니다. 누군가의 말을 맹목적으로 따르는 게 아니라 자기 스스로 선언한 사항을 믿으라는 것이죠.

똥팔씨 그렇다면 우리는 무엇을 해야 할까요?

메뚝씨 철학이 답이겠죠. 공부 안 하면 관성이 금방 드러납니다. 소파에 누워 TV를 보면서 사랑을 알 수는 없잖아요. 자신이 지금까지 유지하고 있던 체계를 갑자기 변화하는 게 어렵다면 환경을 바꾸는 것도 좋은 방법이에요. 장소가 바뀌면 공간을 지각하는 감각의 체계가 바뀔 수 있거든요. 그리고는 자신의 껍질을 벗기는 훈련이 필요해요. 프롬은 "미성숙한 사랑은 나는 너를 사랑하기 때문에 네가 필요하다고 하고 성숙한 사랑은 나는 너를 사랑하기 때문에 내가 필요하다."라고 말했죠. 그러나 현대 사회에선 너를 잡기 위해 나를 포장하잖아요. 진실은 왜소한데 포장은 두텁죠. 포장은 얇게, 알맹이는 두껍게 만들려면 진실한 자기가 되기 위해 애써야 해요.

에리히 프롬

성숙보다 숙성

대중적 이론의 불완전함에 대하여

> 성숙보다 숙성이니 인간은 창조의 유물이다.
> 묵고 묵어 제 전부를 털어낸 자아의 빈터에서나 타인은 들어서고,
> 세계는 융합되기에 인간은 창조의 유물이다.
> 오랜 시간을 감당할 물질성이 정갈한 정신의 바탕이어야 하니,
> 인간은 창조의 유물이다.
> 창조의 유물들에게 말하노니, 너의 적은 조급함이고 너의 원수는 성급함이니라.
> 부디 새로움을 찬양하는 네 본령을 망실하지 말지어다.
> 준엄한 어투로 고하노니, 너, 인간은 반드시 창조의 유물이다.
> 건전한 자신감으로 성숙의 길로 나아갈 용기를 지니라.
>
> – 김준산

똥팔씨 　"성숙보다 숙성이니"라는 부분이 감동적이었어요. 성숙에서 숙성으로! 메주가 되려면 콩을 숙성시켜야 하잖아요. 그럼 이제 우리도 프롬에 대해 숙성의 과정으로 들어가볼까요?

메뚝씨 　그럼 프롬의 대표적 활동 중 빼놓을 수 없는 프랑크푸르트학파에 대해 얘기를 해볼까요?

똥팔씨 　제가 또 열심히 조사해왔죠. 우선 프랑크푸르트학파는 1923년에 프랑크푸르트대학에서 병설로 만든 기관인 사회연구소에서 비롯됐어요. 초기 연구소를 정립하는 데는 호르크하이머가 절대적인 영향력을 행사하죠. 호르크하이머는 인맥이 좋았나 봐요. 아도르노, 프롬, 마르쿠제, 레벤탈 등 쟁쟁한 인물들이 연구소에 참여하게 됩니다. 연구소의 브레인 역할을 도맡았던 인물은 아도르노와 마르쿠제였죠. 이들은 호르크하이머가 소장을 맡기 전까지는 활동이 미비했지만, 호르크하이머가 소장이 되면서부터 엄청나게 활발한 활동을 시작합니다. 대학생들 사이에서는 이들의 연구 활동이 카페 마르크스라고 불리기도 했다죠?

메뚝씨 　카페 마르크스 유명하죠. 프롬은 특히 마르크스와 프로이트에게 절대적인 영향을 받았다고 자서전을 통해 밝혔어요. 그의 연구 전반에 이들의 사상이 베여있죠. 사설을 더하자면 독일은 프랑스에 비해서 사상의 카페 문화가 발달하지 못했었어요. 물론 원류는 독일이죠. 마르크스도 헤겔 좌파에서 시작된 카페문화로 명성을 얻었거든요. 커피도 독일을 거쳐서 프랑스에 전파되었으니까요. 그런데 초현실주의 이후부터 프랑스에게 주도권을 뺏겨요. 카페 문화는 비주류 문화지만 역동성을 갖춘 자극제거든요. 약간의 데카당스 문화로, 주류가 활력을 잃으면 비주류 문화 운동들이 필요해지죠. 독일이 제1차 세계대전에 패배한 후 "우리도 프랑스처럼 새로운 문화 혁신을 달구자!"라는 욕동에서 일어난 거죠. 독일인인 니체, 마르크스가 프랑스에서 혁신을 이룬 것을 보고 자극 받았던 거죠. 그래서 카페에서 새로운 상상력을 실험하는 비주류 운동이 주류 문화를 자극하는 데 적극적으로 수용됩니다. 사회연구소가 만들어진 이유가 바로 여기에 있어요. 무명의 인간들이 구축하는 새로운 상상력을 제도 안에서 발굴하려고 노력한 거죠.

말하자면 홍대 길거리에서 음악 하지 말고 큰 무대 한번 서볼래? 라는 식으로 사회연구소가 출범하게 된 거예요. 프랑크푸르트라는 역동적이고 상업적인 도시의 특성도 작용했을 테고 신설된 프랑크푸르트 대학이 기지개를 켜는 시기라 비판적 연구소가 창설될 수 있었던 것 같아요.

똥팔씨　그렇게 자리를 잡아가기 시작한 프랑크푸르트학파는 1930년에 호르크하이머를 중심으로 뭉쳐서 1932년에《사회 연구지》라는 잡지를 발간했습니다. 이로써 소위 프랑크푸르트학파 1기를 구성하죠.

메뚝씨　그들 연구의 공통점은 '이데올로기 비판'이에요. 이들에게 이데올로기는 불평등한 권력관계를 은폐하는 수단이고 현실 왜곡의 중추였죠. 따라서 이데올로기의 분석을 시대를 밝히는 척도로 삼았어요. 이게 초기 프랑크푸르트학파의 연구 방향이라고 보면 될 것 같아요.

똥팔씨　그리고는 1933년에 나치당에 의해 연구소가 해체되면서 미국으로 건너갑니다. 건너가는 과정이 쉽지는 않았어요. 뿔뿔이 흩어져서 가는가 하면 안 가겠다고 주장하는 등 여러 가지 불협화음도 있었습니다. 그 과정 속에서 프롬은 약간 소외되기도 했죠. 미국으로 건너간 시점부터 2기라고 합니다.《사회 연구지》는 미국으로 가서도 1941년까지 발간이 이어졌어요. 이후 1950년대까지 활동했지만, 영향력은 굉장히 미비했다고 합니다. 사람들에게 알려지지도, 읽히지도 않았으니 프롬이 프랑크푸르트학파에서 나와 개인 활동을 한 것 같고요. 제2차 세계대전이 끝나고 호르크하이머와 아도르노가 공동 연구로《계몽의 변증법》을 출간하고는 독일로 건너오게 됐어요.

메뚝씨 읽어보셨나요? 유명한 책이죠. 세상에서 제일 우울한 책이라는 평가로 유명해요.(웃음)《계몽의 변증법》은 호르크하이머와 아도르노가 미국에서 작성했지만, 미국에서는 뜨지 못했고 독일로 돌아왔을 때 주목받기 시작합니다. 이 책을 읽고 하버마스가 감동해서 아도르노와 호르크하이머를 스승으로 삼죠. 《계몽의 변증법》을 시작으로 재차 프랑크푸르트학파 사회연구소가 설립됩니다. 이후로 활발하게 연구 활동을 진행해요.

초기 사회연구소가 역사적, 거시적 학문 중심이었다면 후반에 들어서면서부터는 현대자본주의가 구성해낸 개인들의 심리 발달·문화·종교·예술·법률·관습·오락·스포츠 특히 미학에 굉장히 집중을 하면서 문화적 접근을 통해 시대 분석에 천착합니다. 거시 문제에서 미시 문제로의 이론적 관심 전환이라고 볼 수 있죠. 현미경으로 사회를 들여다보며 비판하기 시작한 겁니다. 여기서부터 프랑크푸르트학파는 세상에 알려집니다. 현대 철학에서 이런 연구 방법론이 유행하기 시작한 계기가 프랑크푸르트학파라고 보죠. 문화는 '사회적 무의식'으로 이뤄져 있기에 사회적 무의식을 밝혀내는 연구가 사상 연구의 핵심이라는 이론입니다.

똥팔씨 사회적 무의식을 읽어내려면 마르크스가 필요하겠군요?

메뚝씨 그렇죠. 헤겔 좌파의 선봉 포이어바흐도 문화론으로부터 시작하여 종교를 비판했어요. 그전에는 미비했어요. 마르크스가 거의 최초라고 볼 수 있어요. 자본주의에서는 마르크스를 벗어나서는 생활의 문화를 분석하기가 불가능하죠. 자크 데리다의 말마따나 마르크스는 자본주의에서 계속해서 도래할 유령인 거예요. 현존하는 세계에서 사라질 수 없는 유령이죠.

똥팔씨 본론으로 돌아갈까요. 제2기, 굳이 나누자면 1950년대 이후에 프랑크푸르트학파는 미시적 접근 방법으로 자본주의를 비판하는 데 주력합니다. 곧이어 아도르노가 죽게 되고요. 그러면서 연구소 자체가 해체됩니다. 연구소는 해체되지만, 아도르노의 조교로 있던 하버마스의 《의사소통 행위 이론》으로 학파는 이어집니다. 저는 이 책이 굉장히 복잡하더라고요.

메뚝씨 간단하게 정리하면, 의사소통 행위를 다듬는 게 철학자의 할 일이라고 주장입니다. 각 문화를 세밀하게 분석함으로써 소통을 원활히 할 수 있는 법률적 이론적 장치를 마련하여 합리적인 대화 방식을 창안하자는 뜻이에요. 아도르노가 무덤에서 뛰쳐나올 일이죠. 하버마스는 표피가, 아도르노에겐 심도가 관심거리였어요. 아도르노는 인간이 도달할 궁극을 예민하게 다듬어놨거든요. 한마디로 만나서 허심탄회하게 이야기하자는 하버마스의 주장은 심도 높은 철학적 사유보다는 실용적 측면에 방점을 찍은 것이라 볼 수 있어요.

똥팔씨 결론적으로 하버마스는 생활에 필요한 실용적인 이론들을 이야기한 거네요.

메뚝씨 그렇죠. 그래서 아도르노의 《미니마 모랄리아》는 무슨 의미인지 파악하기가 쉽진 않지만 깊은 반면에, 하버마스의 글은 이해 안 될 게 없어요. 비유적이거나 상징적인 문학적 장치가 드물거든요.

똥팔씨 하버마스 글이 쉽다고요?

메뚝씨 기계적으로 썼다는 뜻이죠. 그 때문에 철학이라고 하기 어려워요. 자기만의 독특한 형식을 창조하지 못한 이론은 궁극의 철학이 아닙니다. 하버마스에게 뛰어난 제자가 없는 이유가 자신에게 역량의 한계가 있어서이기도 하고 그 무렵 철학이 쇠퇴하는 현상도 작용했지만, 무엇보다 하버마스의 글에는 매력이 없어서라고 저는 봅니다. 예컨대 들뢰즈가 이런 말을 해요. "기자가 글쓰기를 하면서 철학이 망가졌다." 정성 들여 만든 음식만 먹던 사람이 인스턴트를 먹으면 드는 허기 같은 거죠. 혹자들은 이를 엘리트주의라고 하는데 틀린 지적이라 생각해요. 우리 편이 엘리트면 좋은 거죠.

약자를 위한 철학이 가난하면 좋겠어요. 세계를 바꾸고, 평등을 실현하고, 보다 인간적인 삶을 상상하는 사람들이 우리 편 철학자들인데 똑똑하면 더 좋은 거잖아요. 그런데 깊이 따져보지도 않고 엘리트주의라는 팻말을 들고 우리끼리 싸우면 그 철학은 공부하지 않도록 유도됩니다. 신기한 분위기가 있는 거죠. 한계까지 도전하는 철학자가 직접 저 깊은 땅굴을 파야지

에리히 프롬

만 빛이 없는 세계에 대한 두더지 같은 이해가 가능할 거 아닙니까? 정작 본인은 못 파면서 왜 파지 말라고 하는지 이해할 수가 없어요. 아도르노는 매력적이에요. 그는 섹시하게 죽기도 했죠.

똥팔씨   그럼 문화이론주의자들 즉, 문화를 구체적으로 분석하는 이론을 최초로 시도한 사람들이었다고 요약하면 되겠네요. 우리 프롬 얘기 마저 하자고요. 앞서 잠깐 언급했는데, 프롬의 자서전을 보면 다른 사람에게서 영향을 받았다는 이야기를 하기 싫어한다고 적혀 있어요. 마르크스와 프로이트만 빼고 말이죠.

메뚝씨   앞에서도 다뤘지만 프롬은 대중적이었기 때문에 이론이 덜 완벽했다고 볼 수 있어요. 덜 완벽했기 때문에 철학이라고 하기에 약간 무리가 있습니다. 예컨대 프롬의 사상에서 가장 핵심적인 것은 신앙이에요.

똥팔씨   그거 철학자의 금기 중 하나 아닌가요?

메뚝씨   신에 대해선 말할 수는 있지만 신앙을 믿으면 곤란하죠. 철학은 신적 영역까지 파고들어야 하거든요. 그러나 프롬은 종교를 믿었어요. 철학이 신비주의로 돌아가게 되면 소위 철학자의 글솜씨가 무뎌져요. 그래서 프롬 또한 이론가에 가깝습니다. 그래서 프로이트와 마르크스를 오해할 수밖에 없었죠. 불교를 믿는 사람이 에로티즘을 말할 수 없는 이유예요. 리비도를 불교적 관점으로 이해하기란 불가능한 것이죠.

똥팔씨   확실히 종교적 관점에서 성 충동이나 구강기, 항문기, 쾌감, 오이디푸스 콤플렉스 같은 개념을 이해하는 데는 한계가 분명하죠.

성숙보다 숙성

31

메뚝씨 프로이트가 주장한 바는 인간이 금기하는 것들의 극도에 접근해야만 의식과 이성을 더 잘 이해할 수 있다는 거예요. 성결정론을 이야기해야 의식결정론을 비판할 수 있다는 겁니다. 반면 프롬은 그 이론에 반대했어요. 인간은 성으로만 결정된 게 아니라고 주장합니다. 그걸 누가 모르겠어요? 그럼에도 프롬은 성을 이해해야만 인간의 무의식에 접근할 수 있다는 프로이트의 주장이 불편하다고 성결정론을 수정한 거예요. 예를 들어, "너는 따뜻한 사랑으로 태어난 존재야"라고 정의하면 정감 있는 인간에 대해 의식하고, 기억하고, 합리화하여 정리하겠죠. 그런데 프로이트는 "넌 엄마 아빠가 좋아서 태어난 거야. 뭐 술 먹고 그런 걸 수도 있어. 그게 본질이야"라고 말하면 의식은 불편해지고 합리화는 불합리화로 바뀌고 의식의 가면은 벗겨집니다. 의식이 놓친 부분이 밝혀지는 거죠.

똥팔씨 프롬은 인간을 사회결정론으로 봤기 때문에 프로이트의 과격한 주장이 프롬에겐 불편했겠네요.

메뚝씨 그렇죠. 프롬은 마르크스 또한 너무 부드럽게 이해합니다. 마르크스의 경제결정론도 너무 과한 결정론이라는 흔한 입장을 택했죠. 이런 관점은 얌전하기에 무딘 주장이 될 수 있습니다. 마르크스를 이해할 때는 전기와 후기를 나눠요. 통상 전기를 휴머니즘적 마르크시즘, 후기를 과학적 마르크시즘으로 구분하죠. 《자본론》을 쓰기 시작한 전후로 마르크스 사상을 두 동강 내서 이해하는 것이 상식처럼 되어 있어요. 프롬은 마르크스가 전기에 취했던 입장인 휴머니즘적 마르크시즘을 옹호해요. "인간은 인간 그 자체로서 대하라"라는 매우 부드러운 교

에리히 프롬

훈만을 받아들이죠. 인간을 대상이나 수단으로 대하는 것이 아니라 그 자체의 목적으로 삼으라는 인간주의적 명령입니다.

반면 마르크스의 후기에는 그가 인간에 대한 사랑으로 사회의 문제를 분석했다기보다 과학적 관점만으로 세계를 분석했다고 비판합니다. 인간을 경제적 규칙에 따라, 화폐등가의 원리에 따라, 과학적으로만 설명하려다 보니 오해가 있었다는 거죠. 그러나 마르크스의 시도는 어디까지나 사회를 변화시키지 못하는 원인을 추적해 변화의 동력을 얻기 위함이었습니다. 과학은 순수하게 너와 나를 이어주는 언어적 도구이기에, 인간이 자본주의의 경제학을 통해 자본주의의 신화적인 원리를 설명 가능한 형식으로 바꿀 수 있다고 생각한 거죠. 마르크스는 10년 동안 이 신념을 가지고 역사 속에서 지워지지 않을 고전인 《자본론》을 쓴 겁니다. 단순한 경제 환원주의가 아니에요. 프롬은 마르크스를 총체적으로 이해하기보다 1950년대에 성행했던 매카시즘 분위기 속에서 마르크스와 거리를 두고 싶었던 것 같아요.

똥팔씨 결국 자신의 이론을 구성하기 위해 프로이트의 성결정론을 사회적 결정론으로 수정하고 전기 마르크스의 휴머니즘적 유물론을 그대로 차용한 거네요.

메뚝씨 프롬은 대중적인 이론가였으니까요.

소유를 선택하고 존재를 포기하면서 당신은?

자유로운 삶의 궁극에 대하여

똥팔씨   이제 슬슬 프롬이 어떤 사람이었는지 감이 좀 잡히는 것 같네요. 이제 프롬의 책을 통해서 좀 더 깊이 파고 들고 싶은데요. 《사랑의 기술》외에 프롬의 또 다른 주요 저서인 《자유로부터의 도피》는 어떤 내용인가요?

메뚝씨   홀로 독립하기보다 누군가에게 구속되더라도 안정감을 찾고 싶은 심리를 분석한 것이 《자유로부터의 도피》의 핵심이에요. 중세까지는 지배자가 개인을 구속하고 억압했으나 안정성 또한 지켜주는 역할을 했어요. 이후 중세가 무너지면서 개인의 자유는 확장되기 시작하지만, 안정의 책임 또한 개인이 짊어지게 됩니다. 정치적, 군사적, 경제적 책임까지 개인이 짊어져야 하는 시대가 되었죠. 때문에 현대인들은 자유를 환영하기보다 안정을 그리워하게 되었다는 게 프롬의 진단이에요. 책임이 무거워 자유로부터 자발적으로 도피했다는 뜻이죠. 새로운 사회가 왔지만 사람들은 자유와 쾌감을 혼동했어요. 자유가 주는 쾌감이 자유 그 자체라고 믿게 된 거죠. 사랑이 주는 쾌감이 사랑 자체라고 믿는 위험성과 같은 맥락입니다. 프롬은 이렇게 얘기해요.

에리히 프롬

근대인은 개인에게 안전을 보장해주는 대신에 개인을 속박한다. (…) 전개인주의 사회의 굴레에서는 자유로워졌지만 개인적 자유의 실현 즉, 개인의 지적, 감정적, 감각적, 잠재력의 표현이라는 적극적 의미에서의 자유는 획득하지 못했다는 것이다. 자유는 근대인들에게 독립성과 합리성을 가져다주었지만, 또 한편으로는 개인을 고립시키고 불안하고 무력한 존재로 만들었다.

에리히 프롬《자유로부터의 도피》

비유하자면 이런 겁니다. 아주 고약한 엄마가 있어요. 일 시키고, 괴롭히고, 구박하지만 밥은 잘주고 잠자리도 제공해요. 그런데 어느 날 엄마가 집에서 나가라고 합니다. 돈이라도 주고 나가라면 기쁠 텐데, 맨몸으로 나가라네요. 이때 자존심 강한 아이는 자유를 얻을 기회라 여기고 제 삶의 책임을 제 자신이 지켜가겠지만, 약한 아이는 엄마의 품을 그리워하겠죠. 엄마에게 길들여져 자기 스스로 세상을 향해 내딛는 게 무서워진 겁니다. 프롬이 보기엔 근대에서 중세로 넘어가면서 우리의 약한 자존감이 고약한 엄마로부터 쫓겨난 아이의 상실감처럼, 자유를 획득하기보다 도피하도록 조정했다는 것이에요. 돈도 없이 견뎌야 할 이 각박한 세상이 두려워 자유를 포기하더라도 다시 엄마에게 돌아가고픈 심리가 현대인들을 지배한 것이죠. 그래서 현대인들의 삶의 지표가 돈 주는 사람들을 찾아 다니는 거예요. 돈 주는 사람을 찾아 다니면서 자유로부터 스스로 도피하게 되었어요.

똥팔씨　충분히 이해가 가요. 분명 옳은 길은 아니지만, 완전히 낯선 길을 택하는 것보단 덜 두려운 거 아닐까요? 자유를 포기하더라도 안정을 찾고 싶은 거죠.

메뚝씨　그렇죠. 그러나 프롬이 보기에 이와 같은 선택은 비합리적입니다. 인간이 억압에서 해방되면 독립할 줄 알았는데 그 반대였어요. 오히려 나치당에 동조하고 자본가에게 적극적으로 포섭되면서 소속을 바랐죠. 인간의 이와 같은 비합리성에 자유의 난해함이 있어요. 자유는 만만한 가치가 아닙니다. 선택해야만 획득하는 거죠.

오늘날에도 유사하죠. 상사의 부조리한 명령, 야근, 만성 피로에서 벗어나기 위해 사표를 던지고 싶지만, 과감하게 그만두기에는 용기가 부족해요. 이 악순환의 고리를 끊어야 자유를 획득할 수 있다는 것을 알고 있지만, 불평불만을 늘어놓으면서도 또 출근을 해야만 즐겨 먹는 맛있는 음식과 철마다 사야 하는 옷, 취미 생활을 유지할 수 있으니까요. 자유가 주는 그 효과의 쾌감에 중독돼 안정을 포기할 수 없으니 삶을 자유롭게 결단할 수 없는 거죠.

똥팔씨　아무래도 내 마음대로 과감히 결단하기엔 걸리는 게 많죠. 특히 가족을 부양해야 하는 가장들은요. 특히 자유를 향해 과감하게 모험하는 사람들을 바라보는 사회적 시선도 문제가 있는 듯해요.

메뚝씨　자유를 망각한 책임이 개인에게 있는 건 아니에요. 이 사회의 '무의식적 구조'가 우리를 그렇게 인도한 거죠. 왜 이렇게 되었

에리히 프롬

을까를 설명하면서 프롬은 프로이트의 '생산 충동'과 '죽음 충동'이란 개념을 빌려와요. 생산 충동은 에로스고, 에로스는 생산의 신입니다. 생산은 성과 같은 말이죠. 인간을 생산하니까. 그래서 우리는 성을 좋아해요. 창조적 열망이거든요. 그 때문에 많이 하고 싶죠. 그런데 지나치게 많이 하면 육체가 너덜너덜해져요.(웃음) 창조도 마찬가지입니다. 생산을 많이 하면 할수록 육체는 소멸할 수밖에 없어요. 다시 하려면 쉬어야 하죠. 그 쉼이 안정이고 죽음 충동입니다. 쉼의 시간은 소비의 시간이고, 생산 후 쉼은 다시금 생산을 준비하는 죽음의 시간이죠. 그런데 인간은 생산할 때나 소비할 때나 존재의 충만감을 느껴요. 생산할 때 에로스적 쾌감을 주고 소비할 때는 죽음 충동인 타나토스적 쾌감을 주죠. 만약 죽음 충동을 느끼지 못해서 쉬지 않고 계속 생산만 하면 인간은 파괴됩니다. 쉬지 않고 계속 성 관계만 하면 어떻게 되겠어요? 그래서 파괴로 가지 않을 완충 장치가 죽음 충동입니다.

제1차 세계대전이 일어나기 전까지 프로이트는 생산 충동이 최고의 인간 충동이라고 믿었죠. 문명 발전에 '조심하라'는 권고에 그친 이유입니다. 그런데 제1차 세계대전을 겪고 나서 자신의 이론을 수정해요. 생산 충동보다 죽음 충동이 더 강할 수 있다는 사실을 목격했으니까요. 그 수정된 이론을 프로이트의 딸 안나가 이어받죠. 그 아이디어를 프롬이 차용하면서 '네크로필리아'라는 개념을 만듭니다. '죽음애'라고 번역됐죠. 죽음애란 사촌이 땅을 사면 배가 아프다는 속담과 닮았어요. 다른 사람을 파괴하고픈 쾌락이 나를 충족하고픈 쾌락만큼 극렬하다는 것입니다. 이 죽음 충동을 피하기 위해 인간은 자유로부터 도피합니다. 아주 명료한 해석이죠. "왜 자유가 주어졌는데 누리지 못할까?" 죽음 충동이 삶의 충동보다 거세기 때문입니다. 이것을 이해하면 국가 정책의 방향을 바꿀 수 있어요. 삶의 충동으로 북돋을 수 있는 법률만 제정해도 근본적으로 사회 구조는 변화될 수 있을 테니까요.

똥팔씨   현대 자본주의는 사람들을 죽음 충동으로 몰고 갈 수밖에 없는 것 같아요.

메뚝씨   소비는 하나의 폭력이죠. 자본주의는 파괴자예요. 공간과 시간을 파괴하면서 발전합니다. 파괴의 순환주기가 경제 호황입니다. 파괴가 빨리빨리 돌아갈수록 경제는 좋아지죠. 인간의 충동이 죽음으로 설계된 겁니다. 이는 해결하기 어려운 비극이에요. 그래서 프롬은 대안으로 종교를 데려와요. 이 도리 없는 구조적 패악을 해결하려면 종교적 금욕밖에는 답이 없다는 결론에 도달했을 겁니다. 자본주의 안에서는 불가능하니까 욕망을 죽여야 한다는 결론에 도달한 거죠. 그러나 저는 그 결론이 틀렸다고 생각합니다. 욕망을 충동시키면서도 분명히 인간은 에로스적 쾌감, 즉 생산 충동을 느낄 수 있어요. 석유가 고갈되면 반드시 다른 신재생 에너지 나온다고 믿는 거죠. 금욕하지 않아도 죽음 충동으로부터 자유로울 수 있다고 저는 봅니다. 삶의 충동을 어렸을 때부터 기르면 스스로 죽음 충동을 조정할 수 있어요. 따뜻하고 좋은 기분을 유지할 수 있도록 해주고 공포에서 보호해주면 아이는 창조적이고 애정적인 것에 경탄하며, 죽음 충동을 물리칠 수 있어요. 물론 쉬운 일은 아니죠.

똥팔씨 소위 말하는 빽이 든든해야지 비빌 구석이라도 있다는 거네요.

메뚝씨 그렇죠. 최소한의 환경이 중요하다는 겁니다. 프롬은 풍요로
운 사회가 사랑을 인간의 기본 충동으로 이끄는 사회라고 판단
했어요. 사회학자로서 사회의 부드러운 배경을 조성하고 싶어
정치에도 참여한 것입니다. 《인간의 마음》이란 책은 이런 희망
에 대한 설명이죠. 죽음 충동을 무찌르고 생의 충동을 가속시
키는 희망의 방법론이 이 책에 쓰여 있어요.

똥팔씨 프롬이 사회학자라 사회 조사를 엄청 했잖아요. 설문지를 돌
리는 등 각종 자료를 바탕으로 정교하게 분석했다고 하는데 그
이유도 죽음 충동을 극복하는 구체적인 방법을 찾기 위함일
까요?

메뚝씨 물론이죠. 프롬은 실질에 접근하려고 애썼어요. 프롬은 사회
의 다변적이고 다발적인 노력이 필요하며 정치적 노력이 이를
반영해야 한다고 주장했습니다. 《소유냐 존재냐》를 보면 이 내
용을 13가지로 정리하고 있어요.

1 생산을 건전한 소비의 방향으로 행하게 한다. (투기자본 금지)
2 건전한 소비는 대기업의 주주나 경영자가 기업의 이익을 발전에만
근거하여 생산을 결정하는 권리를 대폭 제한할 수 있어야 비로소
가능해진다. (경제민주화)
3 모든 인간이 시민으로 능동적으로 참여하여야 한다. (직접민주주의
실현)
4 정치적 생활에 대한 능동적 참여는 산업과 정치에서의 최대한의
분권화를 필요로 한다. (지방자치제도)
5 휴머니즘적 경영이 관리적 경영을 대체해야 한다. (부패척결)

6   산업적 정치적 광고에는 모든 세뇌적인 방법이 금지되어야 한다. (언론개혁)

7   부유한 국민과 가난한 국민 사이의 격차는 좁혀져야 한다. (양극화 해소)

8   오늘날 자본주의 사회와 공산주의 사회에 나타나는 불행의 대부분은 연간소득을 보장해주는 제도의 도입에 의해 없어질 것이다. (기초소득 보장제도)

9   여성은 가부장제 지배로부터 해방되어야 한다. (성차별금지법)

10   지식을 필요로 하는 모든 문제에 대한 정부 정치가 시민에게 조언하도록 해야 한다.

11   유효한 정보를 효과적으로 널리 전하는 체제를 성립해야 한다. (정보통신개선제도)

12   과학 연구는 산업과 방위를 위한 운용과 분리되어야 한다. (순수과학 장려정책)

13   원자병기는 폐지되어야 한다. (탈핵운동)

프롬이 주창하는 이 13가지 안은 우리가 지금 이 순간에 추구해야 하는 정책과 닮았습니다. 모든 사람을 사랑하며 살 수 있도록 하기 위해 국가에 해야 할 일이고, 사회가 추구해야 할 현실적인 법률들이죠. 그러나 위 사항들은 매번 대통령 및 국회의원 선거 공약에서 볼 수 있는 내용입니다. 여야 구분 없이 막 나옵니다만, 실천 없는 구호만 범람하죠. 이미지의 껍질만 입은 정치인들의 술수와 언론의 부패가 공모하여 우리 사회를 죽음 충동의 세계로 만들고 있는 거죠. 이게 바로 13가지 중 언론개혁이 가장 시급한 문제인 이유입니다. 공약의 이미지만 있고 실현이 안 되는 이유는 언론 때문이에요.

똥팔씨   합당한 정보를 주지 않잖아요. 직접 발로 뛰어서 정보를 얻을 수도 없고. 알면서도 속을 수밖에 없어요.

에리히 프롬

메뚝씨 　건전한 사회는 생에 대한 사랑, 즉 '바이오필리아'를 증폭시켜야만 해요. 그러기 위해선 최소 기준은 충족할 수 있는 삶은 반드시 보장돼야 하죠. 우리가 사랑할 수 없는 것은 우리 자신의 문제가 아닙니다. 이 사회가 네크로필리아를 숭상하는 한 우리는 사랑할 수가 없어요.

프롬의 문장 하나 읽고 끝낼게요. 《풍요로운 삶을 위하여》라는 책인데 절판됐어요. 좋은 책들이 자꾸만 나오지 않는 이유엔 우리의 소비문화도 있습니다만, 출판사들의 각성이 우선입니다. 부디 재출간 되었으면 하는 바람입니다.

> 인생의 목표는 삶에 열중하고 완전히 태어나고 완전히 깨어있는 것. 우리가 세상에서 가장 소중한 존재이긴 하지만 벌레나 풀보다 소중하지 않다는 사실을 깨닫는 것. 삶을 사랑하는 한편 죽음을 두려움 없이 받아들이는 것. 삶에서 마주하는 중대한 문제들에 대해 불확실한 상태를 받아들이는 것. 그럼에도 우리의 생각과 감정을 믿는 것. 혼자 있을 수 있는 한편 사랑하는 사람과 모든 살아있는 것들과 하나 되는 것. 양심의 목소리를 쫓고 자신에게 외치는 목소리를 따르는 것. 그리고 우리가 그 목소리를 쫓지 않을 때, 자신을 증오하지 않는 것이다.
>
> 　　　　　　　　　　　　　에리히 프롬 《풍요로운 삶을 위하여》

프롬으로 가는 길

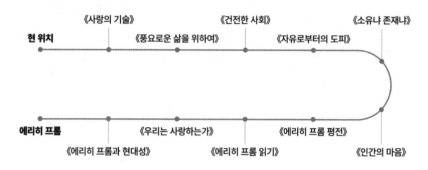

프롬의 책은 난해한 문체가 없기에 약간의 노력으로도 충분히 접근할 수 있습니다. 마음 편히 두시고 우선 《사랑의 기술》부터 읽어보세요. 1부 〈사랑은 기술인가〉와 6부 〈사랑의 실천〉편만 읽어도 대략 프롬이 말하는 논지에 접근할 수 있습니다. 특히 1부는 천천히 음미하면서 일독해보세요. 자신이 오해하고 있는 사랑의 지점을 탐색할 기회가 될 수 있으니까요.

《사랑의 기술》을 접했다면, 《풍요로운 삶을 위하여》라는 선집을 추천해드리고 싶지만 절판되었습니다. 중고 책이라도 구해서 읽으면 좋을 텐데 그것도 구하기 어렵다면 두철수 블로그 게시판(http://ehgus0816. blog.me/220741006159)에 의견을 남겨주세요. 메뚝씨와 똥팔씨가 방법을 잘 알고 있답니다.

《사랑의 기술》과 《풍요로운 삶을 위하여》를 통해 프롬으로 접근하는 근육을 키웠다면 본격적인 프롬의 연구서 《건전한 사회》, 《자유로부터의 도피》, 《소유냐 존재냐》, 《인간의 마음》을 접해보세요. 원전을 읽는 게 꺼려진다면 최근에 출간된 로런스 프리드먼의 《에리히 프롬 평전》

을 접해도 좋습니다. 이 평전도 양이 많고 번역서라 까다로우신 분들께서는《에리히 프롬 읽기》와《우리는 사랑하는가》라는 평전을 접해보고, 좀 더 심도 있는 프롬의 삶이 궁금하다면 프롬의 제자 라이나 풍크가 쓴《에리히 프롬과 현대성》을 추천 드립니다.

물론 반드시 이 순서대로 읽지 않아도 좋습니다. 꽂히는 책 한 권만 필독해도 프롬은 어렵지 않게 다가올 수 있으니, 용기와 지갑만 장착한 다음 서점으로 가는 것을 권합니다.

루이 알튀세르

가장 깊은 그림자 속에서 세상을 읽은 철학자

직업이 꿈이 된 투쟁의 세계에 대하여

똥팔씨   오늘 밤은 내 존재의 물음을 던진 반인간학의 대표주자에 대해서 이야기해보죠. 주제는 "내 안에 나 없다."

메뚝씨   엄청난 주제죠?

똥팔씨   이 주제는 조금 황당했어요. 내가 나지, 다른 누가 될 수는 없잖아요? 이런 무모한 질문을 끝까지 밀어붙일 오늘의 철수, 우리 대화를 같이 함께 이끌어갈 철수. 그는 누구냐. 바로 루이 알튀세르!

메뚝씨   아! 이름 멋져!

똥팔씨   프랑스를 대표하는 철학자입니다. 먼저 《미래는 오래 지속된다》를 통해, 그의 생애를 탐구해볼까요. 이 책은 루이 알튀세르의 삶으로 들어가 보기 위한 길머리와 같죠. 알튀세르 자서전이라는 타이틀을 달고 출판됐었죠.

메뚝씨   그가 죽은 뒤에 나왔죠.

똥팔씨   표지 위에 보면 자서전이라고 써 있단 말이에요.

메뚝씨   자서전 아니에요. 알튀세르가 밝혔듯, 이 책은 일기도 회상록도 자서전도 아닙니다. 자서전이라고 하면 보통 내 입장에서 얘기하지만, 알튀세르는 '나'가 아니라 '내가 되어버린 것'에 대한 조건을 밝히기 위해 자가 치료를 목표로 이 책을 쓴 겁니다. 의사도 간호사도 환자도 자신인 자생치료 기록물이에요. 그래서 자서전은 아니죠. 제 삶을 돌아보거나 자랑하거나 회고하는 것이 아니니까요. 책 팔려고 그렇게 오용하면 못써요. 작가의 자존심을 뭉개는 짓이에요. 알튀세르는 제 사상에 덧말을 붙이지 않았어요. 모순되더라도 그대로 밀어붙였죠.

똥팔씨   오, 어쩌면 그 자신감이 알튀세르의 사상을 이해하는 축일 수 있겠네요. 알튀세르는 1918년 10월 알제리에서 태어납니다.

메뚝씨   태생에 관한 시공간은 중요해요. 일단 18년이잖아. 18년에 태어난 사람이 또 있습니다. 100년 전에.

똥팔씨   니체?

메뚝씨   땡! 마르크스. 1818년에 태어났죠. 이 둘의 철학은 엄청 친해요. 알튀세르는 끝까지 자기가 마르크스주의자라고 할 정도였죠. 알제리라는 공간 또한 알튀세르를 이해하는 핵심이에요. 알제리 출신의 걸출한 사상가와 문학가는 두 명입니다. 바로 루이 알튀세르 그리고 알베르 카뮈죠. 알제리는 프랑스 식민지였지만 지식인들의 문화가 살아있었어요. 알제리는 우리나라로 따지면 안동 같은 곳이죠. 조선시대 때 지방으로 낙향한 한국의 선비들이 안동에서 유학의 틀을 세웠듯, 프랑스도 파리에서 밀려난 지식인들이 알제리를 터로 삼아 학문 도약의 기반을

               루이 알튀세르

만든 거예요. 알제리의 독립을 오히려 프랑스인들이 자극시켰
단 말이죠. 물론 알제리의 지리적 조건도 한몫 했어요. 태양이
하루 온종일 비추는 곳이죠. 바다를 보고 싶어도 눈부셔서 못
봐요. 사람들이 늘어져 있을 수밖에 없죠. 카뮈는 알제리의 태
양은 보드카를 먹어도 뜨겁지 않을 정도라고 표현해요. 온종일
밝은 태양 앞에 노출되면 사람은 무기력해지죠. 사회를 바꾸거
나 더 나은 삶을 꾸리고 싶은 충동이 줄어들어요. 북아프리카
사람들이 삶의 의욕이 적은 지형학적 원인이 거기에 있어요.

똥팔씨   그렇게 엮을 수도 있군요. 지형이 사회를 규정할 수 있다는 논
리네요.

메뚝씨   이런 지형 논리를 역사의 중심에 두었던 사람들이 프랑스의
'아날학파'입니다. 역사를 분석할 때 지질학은 결정적일 수 있
어요. 같은 시간이라 해도 장소에 따라 맥락이 달라지니까요.
우리나라만 봐도 땅이 상대적으로 작은데도 지형적 차이로 경
상도와 전라도가 확연히 다른 문화를 형성하고 있잖아요.

똥팔씨   역사를 이해하려면 공간과 시간을 동시에 따져봐야 하겠군요.
그럼 시공간에서 비롯된 알튀세르의 배경을 고려하면서 다시
그의 생애를 살펴봐야겠네요. 우선 알튀세르가 마냥 평탄한 어
린 시절은 보내지 못했네요. 알튀세르의 불행은 부모로부터 시
작되었던 것 같아요. 원래 그의 부모님은 결혼할 사이가 아니
었죠. 엄마가 사랑한 남자는 아빠가 아니라 아빠의 동생이었다
고 합니다. 그런데 제1차 세계대전 때 그 남자가 죽어요. 엄마
가 매우 큰 상실감에 슬퍼하는 사이에 알튀세르의 아빠, 즉 엄

마가 사랑한 죽은 남자의 형이 끼어들어 결혼까지 합니다. 결혼하고 아들 알튀세르까지 낳았지만 엄마는 아빠에게 혐오감을 느껴요. 자기가 겁탈 당해 강제 결혼했다고 생각했죠.

메뚝씨   위로한답시고 접근해서 낚은 거죠. 제 동생이 죽은 틈을 타 평소 흠모하던 동생의 여인을 잡아간 거예요.

똥팔씨   그래서 항상 엄마는 남편의 동생을 그리워했다고 해요. 아빠는 건달 같았다는 표현도 있고요. 그래도 돈 잘 버는 건달이었어요. 그는 은행 간부로, 허랑방탕한 성격에 키가 180이 넘고 엄청난 마초남이었다고 해요. 중요한 사실은 엄마가 사랑하던 남자를 못 잊었다는 겁니다. 그 남자 이름이 루이였거든요. 그 이름을 자기 아들에게 붙여서 알튀세르 이름이 루이가 된 겁니다.

메뚝씨   결국 한국의 옛세대처럼 남편이 아내를 완전히 장악하지 못했다는 증거죠. 만약 똥팔씨가 죽고 제가 똥팔씨를 그리워한 나머지 내 자식 이름을 똥팔이라 짓는다고 생각해 봐요. 이게 한국 사회에서 용납이 될까요?

똥팔씨   별로 그런 생각은 하고 싶지 않지만, 굳이 하자면 한번쯤 이혼까지 생각할 만한 문제죠.

메뚝씨   그러니까 과거 프랑스가 보수적이라지만 근대 국가의 기틀은 있었다는 거죠. 근대는 폭압적인 이데올로기에 대한 완충장치는 있었어요. 근대 국가에선 상식적인 자유는 인정되었죠.

똥팔씨 그래서 엄마의 지나친 결벽증에도 마초적인 아빠가 물리적인 폭력을 행사하진 못했군요.

메뚝씨 엄마는 관념론자였어요. 결벽증이 심하고 굉장히 금욕적인 사람이었죠. 때문에 아들인 알튀세르에겐 억압적이었습니다. 자신이 사랑했던 남자의 모습을 아들에게서 발견하길 원했으니까 은밀히 눈치 주고 친구도 못 만나게 하고 축구도 못 하게 하고 좋아하는 여자애도 못 만나게 했어요.

똥팔씨 어째 남 일 같진 않네요. 알튀세르는 자기 엄마로부터 인정받기 위해 자신의 욕망이 아닌 엄마의 욕망을 실현하기 위해서 살았던 거군요.

메뚝씨 그래서 자신이 마지막으로 사랑했던 부인 엘렌느에게서도 엄마의 모습을 찾아요. 엄마에게 인정받고자 했던 집착이 자기 부인에게로 전이돼 지속적으로 알튀세르를 괴롭혔어요. 극단적으로는 바람을 피우면서도 자기 부인에게만은 최고라는 인정을 받길 원했어요. 이 인정투쟁이 엄마를 죽이고 싶은 욕망으로 전이돼, 혁명가였던 엘렌느와 결혼하게 되는 힘이 되었죠. 관념론을 버리기 위해선 유물론이 필요하잖아요. 그래서 강력한 유물론자인 부인을 만나 관념론자의 기억을 씻어버리고 싶었지만, 결과적으론 못했죠. 실패했습니다.

똥팔씨 자기 엄마를 죽이고 싶었던 욕망이 해소되지 못한 나머지 부인의 목을 졸라버렸군요.

메뚝씨 벌써 결말을 얘기해 버리면 어떡해요.

똥팔씨 그럼 시침 뚝 떼고 다시 돌아와서 1936년에 알튀세르는 은행 원이었던 아버지를 따라 프랑스로 옮겨가 학창 시절을 보내 고 1939년에는 고등사범학교를 들어가죠. 그런데 1939년에 엄청난 일이 터지죠? 네, 제2차 세계대전으로 입학이 연기됩 니다.

메뚝씨 진짜 짜증났을 거야.

똥팔씨 어렵게 일류대학에 합격했는데, "너 총 들고 싸워야 돼. 학교 지금 문 닫았어!" 학교 문 닫은 것도 억울한데 징집돼서 서게 된 전쟁터에서는 얼마 싸워보지도 못하고 독일군의 포로가 됩 니다. 달리기를 못했나 봐요.

메뚝씨 엄마가 축구를 못 하게 했으니까요.(웃음)

똥팔씨 포로로 잡혀서 5년 동안 포로수용소 생활을 합니다. 그 기간이 알튀세르의 사상에 어마어마한 영향을 주었다죠. 수용소에서 아픈 사람들, 죽어가는 사람들을 직접 보고 그 고통만이 학문 의 진실이란 사실을 깨닫습니다.

메뚝씨 김수영 시인도 거제포로수용소에서 지낸 경험이 시에 그대로 투영되었듯, 5년간의 포로수용소 경험은 알튀세르에게 대단 한 영향을 끼쳤죠.

똥팔씨 전쟁 후 알튀세르는 고등사범학교 철학과에 다시 입학하고 같 은 해 부인이 될 엘렌느를 만납니다. 엘렌느는 방금 얘기했듯 1930년대 공산당에 입당하여 사회투쟁에 앞선 행동 좌파였 어요.

루이 알튀세르

메뚝씨   실제로 제2차 세계대전에 총 들고 싸웠던 레지스탕스였어요. 여성 독립군이죠. 강한 여자였습니다. 엄마랑 똑같아요. "루이, 나만 믿고 따라와!"

똥팔씨   게다가 연상이잖아요.

메뚝씨   어렸을 땐 연상이 매력적이잖아요. 심지어 알튀세르는 잘생겼고 지적이고 말도 잘하니까 누나가 유심히 뜯어보다가 "이리 와, 내가 잘해줄게"하니까 "콜!"한 거죠. 제가 보기엔 프랑스 철학자 중에 가장 잘생겼어요.

똥팔씨   그래서 여자들이 좋아했구나! 배 아프게 그 와중에 공부도 잘했어요. 1948년 고등사범학교 철학과 지도교사로 임명되고 조교로 승진하면서 후학들에게 엄청난 영향을 줍니다.

메뚝씨   당시 알튀세르의 나이는 불과 30세였어요. 젊다 보니 가르치는 학생들과 나이 차이도 얼마 안 났죠. 미셸 푸코, 피에르 부르디외, 자크 데리다, 알랭 바디우, 에티엔 발리바르, 자크 랑시에르 등 걸출한 인물들이 알튀세르 손에서 컸어요. 그런데 정작 알튀세르는 거의 50세가 됐을 때 세상에 알려져요. 자신의 학문적 성공을 바라기보다 제자들과 공명하며 새로운 세상을 만드는 데 관심이 많았죠. 알튀세르가 뜬 이유도 학생들과 같이 공부한 내용을 출판하면서부터입니다.

똥팔씨   그래서 공식적인 저술들이 60년 이후에 나오기 시작하는군요. 1965년에 출간된 《맑스를 위하여》가 알튀세르를 알리는 결정적인 역할을 했다죠.

가장 깊은 그림자 속에서 세상을 읽은 철학자

메뚝씨   하나 더 있어요. 《자본론을 읽자》.

똥팔씨   《자본론을 읽자》는 제자들과 같이 쓴 책 아닌가요?

메뚝씨   맞습니다. 현존하는 최고의 마르크스주의자로 평가 받는 발리
         바르도 같이 썼고 스피노자 해석의 최고봉 마슈레도 있었어요.
         그런데 아쉽게도 국내에서는 이 책이 절판된 상태죠. 이런 사
         회과학 양서들이 90년대 초반에 반짝 나왔다가 지금은 완전히
         절판된 상태라 구하기도 어려워요. 《자본론을 읽자》, 《맑스를
         위하여》는 알튀세르를 이해하기 위해 반드시 필요한 책이거든
         요. 《레닌과 철학》이란 책도 알튀세르의 사상을 이해하는 데
         중요한 책인데 살 수가 없어요. 지적 풍토가 비참할 정도로 빈
         약해요.

똥팔씨   그런 부분이 늘 아쉽죠. 그렇게 마침내 알튀세르가 세상에 명
         성을 날리던 시기에 중국에선 문화대혁명이 일어나고 프랑스
         에선 5월 혁명이 일어나죠. 68혁명이 알튀세르에게 어떤 영향
         을 주었을까요? 알튀세르는 실천을 중요시했단 말이죠. 그런
         데 68혁명이 일어나고 현실 정치에 참여해야 한다는 입장으로
         선회했을까 궁금합니다.

메뚝씨   알튀세르 철학의 핵심은 '이론의 실천'입니다. 그러나 이론적
         실천이 현실적 실천보다 쉽지 않아요. 우리가 이데올로기 사회
         에서 살고 있으니까요. 이데올로기는 면밀한 분석이 필요합니
         다. 마르크스가 도서관에 박혀 10년 동안 자본론을 쓴 이유도
         여기에 있어요. 후반기에 공산당의 공격을 피할 겸 이론을 수
         정했다고 하는 통념이 있는데 사실은 그게 아닙니다. 알튀세르

가 언제 거리에 나갔다는 얘기 들어 봤어요? 거리로 나가지 않았어요. 알튀세르는 세상에 나가는 것을 별로 좋아하지 않았고 철학자의 이론 작업이 현실 참여만큼 귀중한 정치 방식이라 믿었어요.

똥팔씨 알튀세르는 평생 파리 고등사범학교 관사에서 절대 벗어나지 않았다고 고백했죠.

메뚝씨 맞아요. 안 나갔어요. 세상에 나가는 걸 두려워했어요. 조울증 환자였다고 자가 진단까지 했죠. 1976년 회고를 보면 "지난 30년 중 15년을 정신병원에서 보냈다."라고 합니다. 정신병원에 자주 간 이유도 자신의 아픔을 철저히 이해하고 싶은 욕망 때문이었어요. 병이 치료돼야 사회를 분석하는 이론이 다듬어지기 때문이죠. 자신을 질료로 사회를 분석하고 싶었던 겁니다.

똥팔씨 이때 쓴 책이 《레닌과 철학》에 들어 있는 그 유명한 논문 〈이데올로기와 이데올로기적 국가 장치〉인가요?

메뚝씨 네 맞아요. 이 논문이 《자본론을 읽자》보다 뜨거운 반응을 일으키죠. 지식계에 엄청난 파동을 불러와요. 알튀세르를 아웃사이더로 만든 호명테제 개념이 바로 이 책에 나옵니다. 슬로베니아 출신 철학자이자 문화비평가인 지젝의 대표작 《이데올로기의 숭고한 대상》은 이 논문을 비판하면서 시작하죠. 알튀세르의 주장은 간단합니다. "주체는 호명된다. 당신은 당신 자신이 재단하고 규정해도 확실해질 수 없다." 이 세계가 "똥팔아"라고 부르면 그때 비로소 '똥팔이구나' 하고 지각할 수 있다는 겁니다.

똥팔씨   김춘수 시인의 〈꽃〉과 같은 건가요? "내가 그의 이름을 불러주었을 때 그는 나에게로 와서 꽃이 되었다."라는 구절처럼 주체를 호명함으로써 존재를 인식하는 거죠.

메뚝씨   비슷한 것 같지만, 유물론자인 알튀세르는 관념적인 꽃을 싫어했어요. 알튀세르의 호명테제 개념은 낭만적인 풍경이 아니라 비극적인 현실에 대한 폭로에 가깝습니다. 우리는 모두 국가나 체제의 부름을 받은 뒤에 비로소 나 자신의 문제에 접근할 수 있다는 이야기죠. 현대는 과거처럼 물리적 폭력으로 계급을 설정하고 주체를 정의하던 시대가 아니라 유연한 이데올로기가 시민의 자격을 부여하는 사회라는 겁니다. 쉽게 말해 우리는 국가로부터 호명돼 한국 사람이 되고 심지어 인간으로 탄생된다는 거죠.

똥팔씨   특히 한일전 할 때마다 느끼죠. 없던 애국심도 솟구치게 하잖아요.

메뚝씨   애국심을 자극하는 효과만이 아니죠. 알튀세르는 호명테제의 핵심 요소를 '장치'라고 했어요. 장치인 이유는 이데올로기가 생각이나 관념으로 개인에게 침투하는 것이 아니라 물질의 체계로 습득하기 때문이라는 거죠.

똥팔씨   좀 생소하게 느껴지는데요. 말하자면 이데올로기가 물질적으로 작용한다는 건가요?

메뚝씨   그렇죠. 이데올로기는 직접적인 자극이에요. 옛날처럼 국가는 간접적 이념으로 존재하지 않아요. 후기자본주의 이후의 국가 장치는 직접적인 통증이나 반응을 통해서 완성됩니다. 우리 일상 생활 곳곳에 이데올로기 국가 장치가 침투돼 있어요. 알튀세르는 학교와 가족이 그 대표적인 사례라고 주장해요. 가족과 학교에 의해 인간은 호명되고 주체라는 권한을 부여 받아 안정을 찾는다는 거죠. 그가 말하는 주체화는 생명의 보존 장치예요. 따라서 반드시 있어야 합니다. 오늘날 주체가 된다는 것은 학교와 가정에 의해 생명이 보호받는다는 의미와 같죠.

똥팔씨   가족은 물질을 이루는 가장 기본적인 토대니까요.

메뚝씨   그래서 직업 선호도 조사하면 공무원이 1위인 겁니다. 우리나라만 유난히 그런 것 같아 보이지만, 전 세계가 이젠 안정적인 직업을 선호해요.

똥팔씨   물질적 토대가 단단해야 주체의 권한을 행사할 수 있기 때문인가요?

메뚝씨   맞아요. 그래서 직업이 꿈인 세상에 우리가 사는 겁니다. 그러나 어떻게 꿈이 직업일 수 있어요? 우리가 개미나 소도 아닌데 돈만 벌다 죽을 순 없죠. 인간의 꿈은 삶의 질을 묻고 더 나은 세상을 희망해야 합니다. 그러나 그런 세상이 말소되었다는 것이 알튀세르의 주장입니다. 비극적이죠.

똥팔씨   《레닌과 철학》 얘기를 하다가 여기까지 왔네요. 더 깊은 이야기는 살짝 뒤로 미루고 알튀세르의 생으로 돌아가 볼게요. 1977년에 알튀세르가 마르크스주의의 위기를 거론하는데 그 시기가 마오쩌둥이 죽고 마오식 사회주의가 끝나는 시점입니다. 소련도 위태위태한 시기였고요. 그때 알튀세르는 마르크스 주장의 허점과 모순을 발견했어요.

메뚝씨 　마르크스도 마르크스 자신과 단절돼 있다고 알튀세르는 생각했어요. 조금 황당하죠. 마르크스도 자기 자신을 잘 몰랐다는 겁니다. 《철학적 마르크스주의》와 《맑스를 위하여》는 그런 의미에서 쓰게 된 책입니다.

똥팔씨 　두 저작을 쓰고 1980년 알튀세르가 부인 엘렌느를 목 졸라 죽이는 사건이 터지죠. 《미래는 오래 지속된다》는 이 이야기로 시작해요. 아내에게 마사지를 해주던 도중 정신을 차려보니 부인이 눈을 뒤집고 죽어 있었다고 회고합니다. 잠시 기억을 잃었던 거죠. 그리고 알튀세르는 미친 사람처럼 주치의에게 달려가 아내가 죽었으니 빨리 가보자고 말해요.

메뚝씨 　엄청난 사건이죠. 약자의 편에 선 진보주의자 알튀세르가 아내를 죽였으니까요. 프랑스뿐 아니라 전 세계의 지성계가 깜짝 놀랐습니다. 알튀세르는 이 사건 이후로 사회적으로 사망 선고를 받아요. 그러나 짚고 넘어가야 할 부분이 있어요. 알튀세르가 아내를 죽인 이유를 곱씹어 봐야 해요. 당시 엘렌느는 몸이 좋지 않았습니다. 알튀세르가 그때 만 62세였으니까 8살 연상인 엘렌느는 70세였겠죠. 몸이 좋지 않은 아내를 위해 마사지를 해주다가 불행한 사건이 일어났어요. 살해 동기가 불분명해요. 그들은 이미 늙고 지쳐 있었어요.

똥팔씨 　알튀세르의 살인이 의식적인 것이 아니었다고 볼 수 있는 증거네요.

메뚝씨 　살인뿐 아니라 알튀세르의 생을 지배했던 불안은 의식적으로 환원될 수 없는 내면 깊은 곳의 무의식이었어요. 이데올로기

　　　　　　　　　　　　　　　　　　　　　　　루이 알튀세르

는 허위의식이 아니라 허위의 무의식이라는 알튀세르의 개념은 자신의 삶 속에서 나온 거예요. 그 개념을 프랑스의 정신분석가이자 철학자인 라캉에게서 따와요. 당시 라캉은 정신분석학계에서 왕따를 당하고 있었어요. 불쌍한 라캉을 위해 알튀세르가 강의 자리를 마련해주려 하자 지식인들이 라캉의 편을 든 알튀세르까지 모략했죠. 알튀세르는 이 사건으로 많이 힘들어합니다. 몸과 정신이 지쳐 있던 알튀세르에게 엄마를 살해하고 싶다는 옛 망령이 찾아왔고 그 망령이 엘렌느를 죽인 원인이 되죠. 엄마에게 인정 받아야 한다는 강박적 관념에서 그리고 엄마에게서 벗어나고 싶은 충동이 알튀세르의 말년을 더럽힌 겁니다. 이후 알튀세르는 당대 최신 의료 기술을 죄다 실험했어요. 새로운 약들도 실험을 위해 마다하지 않고 다 먹는 바람에 후유증으로 생명까지 단축됩니다.

똥팔씨 1980년에 부인 살해사건은 면소판결을 받아요. 정신병자라 처벌할 수 없다는 거였죠.

메뚝씨 《미래는 오래 지속된다》를 쓸 때 알튀세르는 조증상태였다고 그의 제자 마슈레가 회상합니다. 마슈레는 알튀세르의 과한 흥분 상태를 보고 글 쓰는 것을 그만두게 하고 싶었다고 고백하죠. 알튀세르는 자신의 과오를 분석하는 것에 쾌감을 느끼기도 하고 제 이론을 증명하는 데 활용하고 싶은 욕망까지 느껴요. 자신에 관한 모든 기사를 스크랩하고 분류하면서 사건을 정확하게 분석하고자 했어요. 보통 사람이라면 절대 할 수 없는 작업이죠. 자신의 죄는 자기의 책임이 아니라 이 사회가 그렇게 구조화했다는 사실을 증명하고 싶어 했어요. 그것이 알튀세르가 철학에 임하는 태도였습니다. 자신의 삶을 희생하더라도 이론을 궁극까지 완성하고 싶다는 욕망이 바로 진실한 철학자의 덕목인 셈이죠. 하지만 이 책은 출판되지 않았어요.

똥팔씨   보통 어린 시절은 흐릿하기 마련인데《미래는 오래 지속된다》엔 묘사가 세부적이었어요. 마치 어제 일처럼 생동감 있더라고요.

메뚝씨   알튀세르는 글도 잘 썼고, 사유의 깊이도 깊었으며, 생을 진지하게 살았던 인물이었어요. 우리나라에선 소련 붕괴 후 그의 사랑을 거의 폐기했습니다만, 그는 분명 이 시대의 부활해야 할 멋진 철학자입니다.

똥팔씨   알튀세르의 스펙타클한 생은 오래 이야기해도 배우는 바가 많네요. 이제 그의 주저《철학적 맑스주의》를 다루면서 그의 사상을 파보도록 하죠.

내 안의 나는 어디로 갔을까

어제에 속박당한 나르시시즘에 대하여

메뚝씨 요즘 나를 찾는 여행을 많이 하잖아요. 저는 알튀세르를 읽으면서 우리가 지금 하고 있는 행위의 무용을 보았어요. '내가 나임을 찾는 행위는 성가시기만 하고 쓸데없는 일의 한 표본'이라고 규정했습니다.

똥팔씨 저항이 거셀 수 있는 규정인데요. 저도 20대에 그런 여행을 한 적 있어요. 나를 찾는다기보다 신을 찾으러 갔었죠. 수련회 가면 방언이라는걸 해요. 옆에서 방언을 하면 저도 따라 하곤 했죠.

메뚝씨 그게 호명테제의 효과예요. 방언을 안 하면 교회라는 시스템에 속하기가 어려워요. 그러나 교회 밖으로 빠져나올 순 있죠. 신앙은 허락된 자유니까요. 하지만 국가 밖으로 나올 수는 없어요. 그래서 이 시대 인간의 호명은 국가로부터 시작됩니다. 이 개념이 알튀세르가 주장한 '반인간학'의 핵심 개념이죠. 인간은 어떤 내적 동기에 의해서 구축되는 존재가 아니라 국가로 대표되는 외부에 의해 규정된 구성물이라는 겁니다.

똥팔씨 니체가 인간학이었다면 알튀세르는 반인간학인가요?

메뚝씨 　프랑스의 구조주의 부류는 죄다 반인간학이라 볼 수 있어요. 구조주의는 인간이 세계를 창조한다는 입장이 아니라 세계가 나를 구성한다는 관점이니까요.

똥팔씨 　그런데 알튀세르는 자신이 구조주의자가 아니라고 얘길 했잖아요.

메뚝씨 　그의 제자 발리바르가 말했죠. "알튀세르는 마르크스주의자다. 구조주의자가 아니다." 구조주의자가 아니었다는 것은 과학과 철학을 구분했다는 겁니다. 구조주의는 과학과 철학이 하나예요. 구조를 파악하면 그것이 곧 철학입니다. 구조주의가 실증주의와 유사한 이유죠. 그런데 알튀세르는 결코 실증주의자가 아니에요. 통계 자료는 보지도 않았죠. 세계를 분석하고 연역하고 따져봐야 하지만, "그것이 곧 철학은 아니다. 그 외부를 보여주는 게 철학이다."라고 주장했어요. 자신이 구조주의자가 아니라 했어도 반인간학을 주장한 것은 맞습니다. 때문에 '나'는 '나 자신'에게 다가서려 해도 결코 그 주체의 본질을 찾을 수 없다는 입장이었어요. 예컨대 거울 속에서 나를 찾아도 나는 없다는 뜻이죠.

똥팔씨 　드라마나 영화를 보면 등장 인물들이 거울을 보면서 스스로에게 말을 걸잖아요. "왜 이렇게 잘생겼어?"나 "오늘도 잘해보자!"라거나.

메뚝씨 　그런 활동들이 일종의 정신병일 수 있다는 겁니다. 흔히 나르시시즘이라고 하죠. "내 안에 내가 있다."는 규정은 도취적인 나르시시즘에 빠질 수 있어요. 거울 속에 비친 내 모습에 확실

루이 알튀세르

성을 찾는 행위는 어제와 오늘의 연속을 전제하는 행위죠. 어제의 나와 오늘의 내가 같다는 걸 확인함으로써 주체의 확실성을 보장받는 거죠. 이런 생각은 위험할 수 있어요.

똥팔씨 거울을 보면서 스스로를 고취시키는 행위가 위험하다는 건가요?

메뚝씨 그럼요. 어제의 내가 오늘의 나와 과연 같을까요? 양자 역학의 관점에서 보면 인간은 끊임없이 변화합니다. 인간의 몸이 새로운 양자로 재편되는 데는 6개월밖에 걸리지 않는다고 해요. 6개월 후면 우린 물질적으로 새로운 인간으로 탄생하죠. 어제의 나와 오늘의 나는 같을 수 없는데 어떻게 내 안에 내가 있다고 확신할 수 있을까요? 불가능합니다. 더구나 자신의 연속성을 가정하면 자신을 극복하는 일이 어려워져요.

똥팔씨 확실히 극복하려면 단절하는 게 맞겠죠. 술을 끊으려는 사람이 집 냉장고에 술을 가득 채워놓진 않을 테니까요.

메뚝씨 그게 알튀세르가 말한 인식론적 단절이에요. 어제의 나를 지워야 새로운 내가 탄생할 수 있죠. 우울할 때마다 출몰하는 "내가 그럼 그렇지"와 같은 부정적 반성의 바탕에는 '나'라는 기원에서 확실성을 찾으려는 습성이 있어요. 변화한 시간을 관찰하지 않고 과거로 회귀하면서 자신감을 잃는 것이죠. 초심을 지키라는 말의 의미는 변화하려던 그 태도를 지키라는 뜻이기도 합니다.

"내 안에 나 있다."라는 믿음은 목적론의 함정에 빠질 수 있어요. 목적론은 운명론입니다. 우연을 부정하는 결정론이죠. 때문에 반인간학은 오히려 우연성을 믿고 필연성을 거부하는 저항 운동이 될 수 있어요. 그 예로 어버이 연합이 있죠. 어버이 연합에 어버이가 없잖아요. 어버이 연합에서 활동한 분들은 이 나라에 의해 호명된 주체고 피해자입니다. 가난한 사람들이고, 냉전 체제의 희생자들이죠. 그런데 그들을 그렇게 만든 체제를 오히려 긍정합니다. 이런 문제의 원인을 파악하고자 했던 철학자가 알튀세르였어요. 노동자가 노동자의 계급의식이 아닌 자본가의 계급의식을 갖고 있는 이유를 알고 싶었던 거죠.

똥팔씨 작가이자 정당인으로 활발하게 활동하는 홍세화씨는 한국은 노동 계급이 자신을 착취한 자본계급을 옹호한다고 주장했죠. 이것과 같은 맥락일까요?

메뚝씨 그렇죠. 이데올로기에 장기간 노출되면 사람들은 이데올로기의 실체를 파악하지 못해요. 습관화되면 정확히 판단할 수가 없기 때문이죠. 이것을 알튀세르는 '이데올로기 효과'라 말했죠. 마르크스는 하부구조가 역사와 사회를 결정한다고 주장했으나 알튀세르는 상부구조는 하부구조와 독립적으로 작동할 수 있다고 보았어요. 그게 바로 '상부구조의 자율성'이라는 개념입니다. 상부구조는 다발적으로 존재해요. 정치만 상부구조가 아니라 우리 의식을 경정하는 모든 것들이 상부구조라는 거죠. 이 주장 이후로 노동 운동이 신사회 운동으로 확대됐고, 노동자의 해방만이 사회 변화가 아니라 페미니즘 운동, 이주노동자 운동, 모든 사회적 소수자 운동이 상부구조를 변화시키는 운동이 될 수 있다는 새로운 정치 운동으로 확대되죠.

이데올로기의 실체를 파악하기 위해선 노동 착취의 구조뿐 아니라 사회 전면의 착취 시스템을 이해해야 해요. 이데올로기는 단지 허위의식이 아니라 무의식까지 지배하는 무서운 국가 장치니까요. 때문에 호명된 주체에서 벗어나려면 앎이 필요한 거죠.

똥팔씨 그런 관점에서 "여자의 적은 여자"나 "해 본 놈이 더 잘한다." 같은 속설들도 이데올로기에 속하겠네요.

메뚝씨 분명한 이데올로기예요. 이 말도 안 되는 소리를 우리는 당연하게 받아들이죠. 여자의 적은 여자가 아니에요. 남자죠. 가부장적 사회의 착취를 숨기기 위해 이런 말들이 유통되는 겁니다. 현대 사회의 이데올로기는 허위의식이 아니라 '허위의 무의식'입니다. 이런 것들이 "내 안에 나 있다."라는 담론들과 연결될 수 있죠. 내 안의 기원을 찾는 행위는 목적론이자 결정론입니다. 주체를 무기력하게 만들 수 있어요. 그것들과 단절해야 새로운 주체도, 새로운 세계도 가능하죠.

똥팔씨 그렇다면 호명된 주체에서 벗어나려면 어떻게 해야 할까요?

메뚝씨 세계와 인간은 필연이 아니라 비처럼 내리는 우연들의 산물이라고 알튀세르는 주장했어요. 이른바 '마주침의 유물론'이죠. 비는 평행하게 내리지만 어떤 우발적 사건이 탁 들어와 편의를 만들면 서로가 마주칠 수 있어요. 예컨대 레즈비언 운동과 성소수자 운동이 각기 다른 비처럼 내리다가 우연한 촉발을 통해 마주칠 때 혁명이 일어나고 사회적 변화가 일어날 수 있다는 겁니다.

똥팔씨 우리가 흔히 이야기하는 것 중 임계점이라는 게 있잖아요. 무언가가 계속 쌓이다가 우연적으로 촉발되는 지점 말이죠. 그 임계점을 기다리는 것이 호명 주체를 벗어나는 길이란 건가요?

메뚝씨   정신분석학에서 그것을 '누빔점'이라고 해요. 소파에도 누빔점이 있잖아요. 가죽과 가죽이 만나 소파를 유지하는 지점이죠. 알튀세르는 그것을 '응고점'이라고 불렀어요. 그 응고점은 기다려야 되는 겁니다. 그래서 알튀세르가 현실 정치에 조급하지 않았던 거예요. 대중 앞에 나가지 않았던 이유죠. 사건의 폭발을 위해선 기다려야 해요. 마주침의 유물론의 핵심은 마주쳤다는 그 자체의 현상이 아니라 '마주침의 지속'입니다.

똥팔씨   그러니까 우연을 부정하고 "내 안에 나 있다."라는 필연의 관념을 믿는 것은 우연의 응고점을 이해하지 못하고 모든 문제를 주체의 책임으로 돌리는 환원주의가 될 수 있겠네요?

메뚝씨   이 환원주의가 자본주의를 중세와 같은 계급사회가 아니라고 착시하는 이데올로기예요. 자본주의를 새로운 세계처럼 믿게 하는 잠재태인 것이죠. 그래서 "내 안에 나 있다."라는 질문은 성가십니다. 과거와 단절을 못하게 만들어요. 어제의 나는 오늘의 나와 달라요. 오늘은 항상 새로운 오늘이에요.

알튀세르 이전에 이 문제에 골몰한 사람이 마르크스입니다. 그의 박사 학위 논문《데모크리토스와 에피쿠로스 자연철학의 차이》는 두 유물론의 차이를 분석해 우발성의 유물론의 중요성을 논한 거죠. 에피쿠로스는 우연에서의 유물론을 주장했고 데모크리토스는 원자가 필연적으로 짜여 있다고 생각했어요. 데모크리토스가 "내 안에 나 있다."라는 유물론자라면, 에피쿠로스는 "내 안에 나 없다."라는 유물론자였죠. 그래서 데모크리토스는 당대의 귀족과 친했고 에피쿠로스는 새로운 공동체를 구성해 계급 없는 사회에 살았습니다. 우연을 숭상하는 사람이 필연을 믿는 사람보다 인간적 세계를 구성할 수 있음을, 마르크스는 역사를 통해 알게 된 거죠. 알튀세르의 《철학적 맑스주의자》의 서문은 그 사례를 문학적으로 묘사했습니다. 엄청난 명문이에요.

> 비가 온다.
>
> 그러니 우선 이 책이 그저 비에 관한 책이 되기를.
>
> 말브랑쉬(데카르트주의자)는 "왜 바다에 큰길에 사구에 비가 오는지" 자문했다. 다른 곳에서는 농토를 적셔 주는 이 하늘의 물이, 바닷물에는 더해주는 것이 없으며 도로와 해변에선 사라져 버리기에.
>
> 하늘이 도운 다행한 비든 반대로 불행한 비든 이러한 비가 문제인 것이 아니리라.
>
> 그와 전혀 달리 이 책은 유달리 비에 대한 것, 철학사 전체를 관통하는 주제, 진술되자마자 즉각 반박되고 억압된 심오한 주제에 대한 것, 허공(공백) 속에 평행으로 내린 에피쿠로스의 원자들의 비, 스피노자, 또한 마키아벨리, 홉스, 루소, 맑스, 하이데거와 데리다 같은 이들에게 보이는 무한한 속성들의 평행이라는 비인 것이다.
>
> 내 핵심 테제를 단박에 드러내면서 내가 강조하고자 하는 첫 번째 요점은 이렇다. 철학사 속에 거의 완전히 진가를 인정받지 못한 유물론적 전통 하나가 실존한다. 비, 편의의, 마주침의, 응고의 유물론 말이다.
>
> 루이 알튀세르《철학적 맑스주의》

실패가 누적되면 실패해도 실망하지 않아요. 이 세계는 실패를 무릅쓰면서 조금씩 진전돼 왔습니다. 감각되지 않을 뿐, 세계는 바뀌고 있고 나 또한 변하고 있어요. 우연을 인정하고 필연의 질서를 깨야 새로운 희망을 출현시킬 수 있죠.

사람들이 과거를 습관적으로 회상하지 않았으면 좋겠어요. 우린 기록에 너무 많은 열정을 소모해요. 과거가 내일을 규정할 순 없어요. 어디만 가면 사진 찍으려 해요. 사진이 목적이 되어버렸어요. 그러나 그 사진이 자신을 속박할 수 있어요. 과거와 오늘의 나는 분명 다르고 내 안에 나는 없는데 '남는 건 사진밖에 없다'는 생각은 그것을 반대로 느끼게 해요.

똥팔씨   그런 예 중에 하난데, 제 제자 중 난독증을 앓고 있는 아이가 있었어요. 1학년 때 난독증 판정을 받았는데 5학년이 될 때까지도 글을 읽지 못했어요. 그 아이와 만난 선생님도 그 아이를 규정된 과거로써 바라보는 거죠. 거기서 극복을 못하는 겁니다. 하지만 그 아이는 1년 만에 글을 읽을 수 있게 되었어요. 과거와 단절하고 거듭난 거죠.

메뚝씨   그런 사례가 과거와의 단절이 절실한 이유겠죠. 주체가 이데올로기에 감금된 것보다 더 큰 문제는 우리가 이데올로기를 재생산하는 데 참여하고 있다는 겁니다. 병원 진단서만 믿고, 전문가의 의견만 믿고, 우리가 아무렇지도 않게 행동하는 곳곳에서, 폭력을 저지르고 있어요. 단절을 포기하는 순간 우리는 계급을 재생산하는 데 기여한다는 것이 알튀세르의 주장입니다.

루이 알튀세르

똥팔씨 철학을 공부하면 할수록 압박 받는 기분이에요. 니체는 원석을 캐라고 하지, 바흐찐은 단독자로 서명하라고 하지, 알튀세르는 이데올로기에 봉사하지 말라고 회초리를 들지……

메뚝씨 그건 당신 잘못이 아니에요. 다만 당신 책임일 뿐이죠.(웃음) 그러나 그 책임은 심각하지 않게 명쾌하고 유쾌하게 갖는 거죠. 의무감으로 공부하면 속박당하는 겁니다. 조심해야 해요.

똥팔씨 내가 가지고 있는 근육만큼 조금씩 작은 것부터 실천해 가야죠.

메뚝씨 알튀세르는 이런 말도 해요. "안정된 통일체로서 나는 나 자신으로서가 아니라 오래된 쾌락의 일부일 뿐이다." 저는 이렇게 고쳐 썼어요. "안정된 생활, 완결한 주체란 있을 수 없다. 인간은 물질의 힘으로 물질의 최종점이 없는 이유와 같다. 안정이라는 오래된 쾌락과 단절하는 것만이 주체를 변화하는 힘이다." 이 오래된 쾌락은 지배 쾌락이에요. 그래서 알튀세르는 "도발이란 나의 직업"이라고 말했죠.

똥팔씨 그래서 메뚝씨가 계속 도발을 시도하는 군요.

메뚝씨 모순을 알면서 가는 겁니다. 욕 먹을 각오를 품지 않으면 진일보할 수 없어요. 철학은 그 힘을 보태줘요. 도발은 색다른 기쁨이기도 하죠. 물론 그 기쁨은 극렬하긴 하지만 조금 아파요. 중간에 포기하고 싶어지죠.

똥팔씨 자본주의가 조급증을 유발하니까요.

메뚝씨   단절 후 마주침을 지속할 수 있으려면 이 세계의 구조를 정확
하게 톺아볼 수 있어야 해요. 기다림의 근육을 단련해야 합니
다. 그렇다면 마주침의 지속은 어떻게 가능할지 이야기해봅시
다. 어떻게 하면 마주침을 기다릴 수 있을까요?

똥팔씨   깨어 있어야 하지 않을까요?

메뚝씨   땡! 첫 번째 조건은 "응대해라. 응해라"입니다. 누군가 자극
을 줬으면 거기에 응답하라는 거죠. 실패하더라도 응답하라.
응답은 마주친다는 거죠. 대화한다는 겁니다. 타자를 받아들
인다는 용기죠. 응답하는 게 제일 중요합니다. 마주침의 지속
은 응답으로 강화될 수 있어요. 두 번째는 조건은 "물질을 사랑
하라"입니다. 기호화되거나 관념화된 물질을 사랑하라는 뜻이
아닙니다. 매일 새롭게 피어나는 꽃도 보고 흙을 모아보면서
물질들을 감각으로 직접 느꼈으면 좋겠어요. 자기 마당에 있는
흙이 봄 여름 가을 겨울 철마다 달라지는 편각을 느껴야 단절
의 용기가 생깁니다.

똥팔씨   잘 이해가 안 돼요. 물질을 사랑하는 게 어떻게 마주침을 끈질
기게 기다릴 수 있는 근육 강화 운동이 되죠?

메뚝씨   기호화된 물질은 허구라는 사실을 깨닫자는 것이죠. 허구에 우
린 너무 익숙해요. 신용카드 한 장이면 다 되잖아요. 자본주의
가 선전하는 풍요로운 물질은 진짜가 아니에요. 기호화된 물질
일 뿐이죠. 진짜 필요해서 사는 물건이 몇 개나 됩니까? 기호
는 관념의 지배를 받게 만들어요. 그러나 실제의 물질은 거짓
말을 하지 않죠. 직접 그 물질성에 다가갈 수 있을 때 내 근육

루이 알튀세르

이라는 물질도 키워져요. 진짜 물질을 사랑했으면 좋겠어요. 특정한 색을 선호하고, 특정한 물건에 애착하고, 신비로운 물질인 아이들을 사랑해야죠.

똥팔씨   아~ 직접성을 강화하라는 말이군요?

메뚝씨   맞아요. 세 번째 조건은 "우연을 축복처럼 받아들여라."입니다. 우연을 기다리는 겁니다. 필연보다 우연을 좋아해야 삶과 세계가 축복으로 다가옵니다. 우연을 전부 필연으로 만들라는 말은 아닙니다. 선택해야 하죠. 감각을 열어 진정한 우연을 찾을 수 있어야 해요. 그러니까 제발 술 먹고 사람 만나지 않았으면 좋겠습니다. 아주 총명한 시간에 만나야 그 사람의 진면목이 들어옵니다. 물론 끝내 못 만나는 사람도 있어요. 비극이에요.

똥팔씨   할 수 없는 것이 있다는 것을 인정하라는 것이 알튀세르의 철학이라는 걸 느꼈어요. 우연을 숭상하고, 응대하고, 물질을 사랑하지만 실패할 수도 있음에도 유념해야겠네요.

메뚝씨   알튀세르의 철학은 도발적이고 위험할 수도 있어요. 저도 어깨가 무겁죠. 철학자 김영민의 《봄날은 간다》에 이런 말이 나와요. "의욕 없는 욕심이 죽어야 없는 의욕이 살아난다." 나를 찾는 행위는 의욕 없는 욕심입니다. 성가신 거죠. 그 욕심이 죽어야 없는 의욕이 살아날 수 있어요. 의욕 없는 욕심을 지워봅시다. 그 훈련이 철학과의 만남입니다.

미래는 오래 지속되어야 한다

우발성의 마주침을 응고하는 시간에 대하여

나는 너에게 '응'한다. 응. 네가 좋아. 응. 내가 너에게 '응'하면 너는 나에게 온다. 응. 또 한 번 응. 이름을 불러줘. 태어날 때부터 여자인 나. 자궁을 찢고 나온 자궁. 열 달이 지나기 전. 해산달을 채우지 못하고. 조산해버린 내 이름. 볼 것도 쓸 것도 없는. 무용한 이름. 영희라고 불러줘. 애자라고 불러줘. 미미도 좋아. 그것은 모두 나의 이름. 말의 타래로 엮이는 사이. 응과 응이 만나는 교차점. 문득 비벼지는 살과 살의 맞닿음. 네 얼굴에서 보이는 내 얼굴. 너의 부름에 의한 나의 답. 응. 나는 다시 너에게 '응'한다.

― 이겨레

똥팔씨　이제 알튀세르의 철학을 세밀하게 짚어볼 거예요. 무지하게 난해한 이야기가 오갈 듯해요.

메뚝씨　그렇잖아도 없는 머리카락이 더 빠지겠어요. 제 머리카락의 희생으로 다시 동력을 얻어보겠습니다. 먼저, 알튀세르의 철학 작업을 5세대로 구분했어요. 1세대는 헤겔주의입니다. 알튀세르의 석사논문은 헤겔이었죠. 그전에는 카톨릭 신도였고요.

루이 알튀세르

똥팔씨 저처럼 알튀세르도 부흥회 수련회 같은 곳엘 갔더라고요.

메뚝씨 아마 방언도 하지 않았을까요. 알튀세르의 삶은 제 자신과의 단절을 통해 미래로 전진했어요. 자기 이론을 제 삶에 실험하고 증명했죠. 멋지죠?

똥팔씨 그렇게 들으니까 멋지네요. 아쉽지만, 저는 의도적으로 간 게 아니고 호명돼 갔어요.

메뚝씨 그래도 갔다 왔으니 단절에 성공한 거예요. 똥팔씨처럼 알튀세르도 이후 교회를 벗어나요. 그리고는 헤겔을 공부하죠. 그 결과물이 《헤겔의 유령》이라는 책인데, 한국에는 번역서가 없어서 헤겔주의자였던 알튀세르를 이해하기에는 자료가 부족해요. 그래서 1세대는 당대 유행했던 헤겔과 욕망을 접선시키는 시도 정도로 파악하고 넘어가도록 하죠.

2세대는 1960~1966년입니다. 이 시대가 알튀세르 철학의 황금기죠. 《맑스를 위하여》,《자본론을 읽자》가 출간되고, 마르크스가 발견한 역사와 철학의 질문들을 상세히 재해석했습니다. 당대에 유행했던 '휴머니즘적 마르크시즘'과 단절하고 '과학적 마르크시즘'으로 나아가야 한다고 주장하죠. 과학적 마르크시즘을 깨달았을 때, 세계에 재편하려는 혁명의 도래가 가능하다고 주장한 시기예요. 아직 호명테제 개념은 안 나왔어요.

똥팔씨 여기서 '인식론적 단절'이란 개념이 나오죠?

메뚝씨 네 맞아요. 그다음 3세대에서는 초기에 강조했던 '이론이 곧 실천'이라는 개념을 포기해요. 철학은 이론상의 계급투쟁이라고

미래는 오래 지속되어야 한다　　　　　　　　　　　　　　　　71

주장하죠. 여기서 중요한 논문이 나옵니다. 《레닌과 철학》 속에 들어 있는 〈이데올로기의 국가 장치〉가 그것이죠. 이 논문이 나오면서 난리가 났어요.

똥팔씨 "내가 글 쓰는 것도 실천이다. 왜 꼭 경제적 물질적 토대를 뒤바꾸려 하는 공산주의 혁명만 실천이라 말하느냐"라고 주장한 시기가 3세대인 셈이네요. 그래서 공산당한테 엄청 욕먹은 건가요?

메뚝씨 그 반대죠. 공산당한테 욕먹고 이론을 수정한 겁니다. 철학은 적극적인 이론상의 계급투쟁이라 주장하면서 이론이 실천보다 중요하다는 입장은 살짝 내려놓습니다. 이론과 실천은 거의 같은 급이라고 말한 거죠. 공산당의 압박이 두려워서가 아니라 실천하는 사람들의 존재감을 지켜주고 싶었던 의도였던 것 같아요. 현장 실천가들의 엄청난 희생정신에 감동받았다고 볼 수 있죠.

똥팔씨 결국 이론만 주장하는 사람도 현장만 중시하는 사람도 현명하진 않다는 거군요.

메뚝씨 그렇죠. 이론과 실천이 서로 맞잡아 다듬어 낼 수 있을 때 세계는 재편될 수 있어요. 더 철저한 이론과 더 과감한 실천이 세계의 균형을 만들어 낼 수 있다고 본 거죠. 미지근한 이론과 실천은 겉으론 평화로워 보여도 세계를 변화시킬 순 없어요.

이제 4세대로 넘어가 봅시다. 4세대는 알튀세르에게 시련의 시간이었어요. 엄청난 비판을 받죠. 철학계에선 알튀세르의 반인간학을 휴머니즘에 대한 모독이라 비판하고, 알튀세르가 참여한 공산당에서는 알튀세르의 실천이 미흡하다고 비판하죠. 그렇지만 알튀세르는 "공산당은 날 어떻게 할 수 없었다."라고 말해요. 그 말의 뜻은 알튀세르에게 대중적 지지가 있었다는 증거예요. 제자들을 워낙 잘 키워놔서 영향력이 상당했으니까 공산당은 알튀세르가 마음에 안 들어도 안고 갈 수밖에 없었죠. 이 시기에 알튀세르는 〈프랑스 공산당의 22번째 정당대회를 대하여〉, 〈맑스주의의 위기〉, 〈당내에선 더 이상 지속되어서는 안 될 것〉, 〈오늘의 맑스주의〉 같은 논문들을 발표하면서 자신을 비판하는 사람들에게 저항합니다. 그러는 동시에 자신을 비판한 공산당을 재건하여 세력을 키우고자 애씁니다. 왜냐하면 공산당이 사회당에게 밀리거든요. 공산당은 68혁명 이후 거의 존재감이 사라졌어요. 보수당과 연합하고 당원이 아닌 일반 시민의 목소리는 듣지도 않았으니 외면 받을 수밖에 없었죠.

그러나 세상의 기류가 어떻든 알튀세르는 공산당만을 사랑했어요. 마르크스주의자였던 그는 공산당을 끝까지 지키며 변화된 세계로 나아가고 싶었어요. 그래서 라캉을 데려옵니다. 라캉의 혁신적인 이론으로 변화의 물꼬를 트고 싶었던 거죠. 라캉을 데려오면서 5세대로 넘어가고 '우발성의 유물론'이란 개념이 만들어지죠. 이 시기 대표적 저서는 《철학에 대하여》라는 대화집과 《철학적 맑스주의》입니다. 《철학에 대하여》는 정말 읽어 볼 만해요. 그중 1부의 우발성의 유물론 부분은 아름다운 문체뿐만 아니라 내용도 훌륭한 철학서예요. 《철학에 대하여》는 나바로라는 멕시코 여성과 주고받은 서한집인데 정말 감동적이죠.

똥팔씨   책 광고는 이쯤 하시고 구체적으로 어떻게 알튀세르를 읽어야 하는지 좀 가르쳐줘요.

메뚝씨   알튀세르는 강력한 마르크스주의자라고 했죠. 그런데 정작 알튀세르는 "나는 스피노자주의자"라고 말합니다. 스피노자는 세상과 이격돼 글만 썼잖아요. 알튀세르의 말년과 유사하죠. 아내를 살해하고 미친놈으로 호명된 알튀세르는 세상과 단절할 수밖에 없었어요. 자기를 표현할 말을 잃어버렸으니까요. 《미래는 오래 지속된다》 그 말을 돌려받고자 쓴 책이죠. 스피노자도 비슷했다는 겁니다. 스피노자는 자신의 운명이 사회 변화를 위한 사건을 만들 수 없다는 사실을 깨닫고 렌즈를 깎으면서 이론을 다듬으며 미래를 기다렸어요. 언젠가 알튀세르 같은 사람이 나와서 스피노자를 인용한다는 사실을 믿었던 거예요. 이런 것들이 우발성의 마주침을 응고할 수 있도록 만드는 사례죠.

똥팔씨   부활이네요. 스피노자의 부활.

메뚝씨   그렇죠. 스피노자는 지금 전 세계 지성계에서 뜨겁게 부활하고 있어요. 들뢰즈, 푸코, 네그리, 발리바르, 마슈레 등 그를 인용하는 철학자들도 엄청나고 그 영향력도 대단해졌어요. 스피노자가 다듬고 기다렸던 미래 정신이 부활하고 있고 그 시초는 알튀세르였다고 말할 수 있습니다.

똥팔씨   진실로 과업을 수행하면 훗날 부활할 수 있다는 거네요. 과업을 수행하고 인내해야 된다는 거군요.

                                             루이 알튀세르

메뚝씨 그렇죠. 스피노자처럼 마주침의 각도를 예감하고 응고점을 기다리는 사람만이 알튀세르 같은 후대와 공명하며 다시 생을 살아갈 수 있는 거죠. 단독자는 죽지 않습니다. 그래서 살짝은 비겁한 우리 같은 보통 사람들은 과거에도 없었고, 미래에도 없어요. 대치 가능하니까요. 수치화할 수 있기 때문에 유일할 수 없죠.

똥팔씨 《철학적 맑스주의》는 스피노자와 마키아벨리를 같이 다루는데 군주의 절대 권력을 옹호했던 마키아벨리의 부활은 조금 위험한 생각은 아닌지 궁금해요.

메뚝씨 마키아벨리는 이탈리아에 공화정이 아직 들어오지 않았을 때, 즉 완전히 근대국가가 되지 않았을 때 죽어가는 사람들의 고통을 보고 《군주론》을 쓴 겁니다. 작은 폭력을 행사하더라도 통일과 평화를 구축할 수 있는 강력한 힘이 일반 민중에겐 필요하다고 보았죠. 이 개념이 마르크스의 '프롤레타리아 독재'라는 개념과 똑같다고 알튀세르는 생각했어요. 흔히 목적을 위해 수단을 가리지 않는 사상을 마키아벨리즘이라 하는데, 그런 입장은 명백한 오해라고 알튀세르는 주장하죠. 마키아벨리는 절대 권력을 찬양하는 이론이 아니라 민중의 고통을 현실적으로 해결할 방안을 고민했던 사상가였어요. 마르크스는 "나는 프롤레타리아 계급을 대표한다."라고 말했고 마키아벨리는 "군주가 되기 위해선 인민이 되어야 한다."라고 말했습니다. 약자의 고통과 상처를 대면하는 사람들은 작은 폭력의 아픔까지도 책임 있게 극복해야 한다는 말로 저는 해석하고 싶어요.

똥팔씨 철학은 약자의 편에서만 가능할 수 있다는 건가요?

메뚝씨 맞습니다. 알튀세르는 한쪽엔 마르크스를 다른 한쪽은 스피노자를 두고 약자의 평화와 사상의 극한을 동시에 이룩하고자 했어요. 마르크스의 실천적 태도와 스피노자의 학문적 태도를 융합하고자 했던 거죠. 마르크스를 통해 현실 효과를 구현할 수 있는 방법을 모색했고 스피노자를 통해 다가올 미래를 창안할 방법을 고민했습니다.

똥팔씨 그래서 고등사범학교에서 평생 이론만 탐구하던 자신도 사회적 실천을 하고 있다고 주장한 거군요.

메뚝씨 그렇죠. 그다음에 또 유명한 말을 합니다. "프롤레타리아도 이데올로기를 생산한다.", "일반적으로 이데올로기 안에서 우리는 서로 다른 사회계급을 표상하고 표현하는 실존의 다양한 이데올로기적 경향이 존재하는 것을 관찰할 수 있다."

똥팔씨 무리를 지으면 무리의 방향성도 지어지죠. 그 방향성 자체가 이데올로기가 될 수 있다는 거군요. 약자도 이데올로기에 자유롭지 못하네요.

메뚝씨 이데올로기는 세 가지를 은폐해요. 계급, 지식, 성(Sex)입니다. 드라마 〈응답하라 1988〉에서 80년대를 아련하게 묘사하며 사람들을 심금을 울렸잖아요. 그러나 그것들은 아름다웠기 때문이 아니라 이데올로기 효과 때문입니다. 그 시대가 정말 좋았을까요? 선생님한테 맞고, 부모에게 맞고, 전체주의에 가까운 독재의 시간이 좋을 리가 없죠. 똥팔씨 같으면 돌아가고 싶으세요?

루이 알튀세르

똥팔씨　그 시절엔 제가 뭘 알았나요? 선생님은 원래 때리는 사람인가 보다 하고 있었죠.(웃음) 그 시절엔 우리 또래의 사람들이 굉장히 힘들었었죠.

메뚝씨　과거를 재구성하여 당시 시대를 그리워하게 만듦으로써 이 시대의 이데올로기를 은폐하는 겁니다. 그 시절을 회상하게 하고 기억을 재적하게 하는 거죠. 과거는 항상 아름답고 현실은 늘 비극입니다. 과거랑 단절해야 하는 이유죠. 거꾸로 해야 돼요. 과거가 비극이라는 것을 인식하고 현실은 아름답다는 걸 깨달아야 새로운 미래를 창안할 수 있어요.

똥팔씨　과거와의 단절은 얌전히 관조하는 것이 아니라 과감히 실행해야 하는 거군요. 약자의 편에 서서 때를 기다리는 근성과 함께 때가 오면 지식인으로서 자신의 입장을 표명할 수 있는 용기가 진짜 철학적 태도가 아닌가 싶습니다.

메뚝씨　알튀세르는 철학의 최종심급에서는 관념론과 유물론으로 갈린다고 말했죠. 관념론은 보수적이고 기득권적인 철학이고, 유물론은 약자의 편에 선 진보적인 철학이죠. 아무리 복잡한 철학이라 해도 이 지점을 추적하면 이해할 수 있어요. 전제가 중요하죠. 철학자는 약자의 고통을 사유로 승화시키는 사람입니다. 복잡한 철학자의 사유체계는 약자의 고통을 정확하게 표현하는 것이 어렵다는 뜻으로 이해해야 하죠. 이데올로기란 괴물 같은 개념은 쉽게 풀 수 없는 수수께끼거든요. 알튀세르는 이를 징후적 독해라고 불렀습니다. 독해는 세 가지가 있어요. 개념과 얼개를 이해하는 표면적 독해와 그 개념의 해석과 비판까지 읽어내는 비판적 독해, 마지막엔 정신분석가의 입장으로 무의식의 심연까지 읽어내는 징후적 독해입니다. 징후적 독해는 해석과 비판의 이면에 감춰진 전제까지 읽어내는 방식이죠. 알튀세르는 마르크스를 징후적으로 독해했어요. 이렇게 말했죠. "그것을 발견하는 절차가 지나치게 길고 난해했다. 애초에 마르크스는 이 문제계를 무로부터 창조해내야 했기 때문에 그가 발견한 새로운 개념체계를 표현할 언어를 갖고 있지 않았다." 경제학이 자리 잡지도 않았던 시기에 정치경제학이란 개념을 들여왔으니 당대에는 그것을 이해하는 사람들이 없었겠죠. 없는 것을 있는 것으로 구축하는 난해함이 마르크스가 봉착했던 까다로움이었다고 알튀세르는 말합니다. 그 까다로움의 조건까지 읽어야 최종 심급을 이해할 수 있고, 그 이해가 인식론적 단절을 성공시키는 비법이 될 수 있습니다.

똥팔씨   앞서 이데올로기는 계급, 지식, 성을 은폐한다고 하셨는데 계급과 성은 이해됩니다만 지식은 감이 안 옵니다. 지식은 이데올로기의 본체를 볼 수 있게 하는 힘이 아닌가요? 제가 공부하는 이유도 이데올로기를 벗고 싶기 때문인 걸요.

메뚝씨   신경숙 작가의 표절 사태를 예로 들어 봅시다. 이 문제의 본질은 표절이 아닙니다. 문학의 주류 풍토가 사적 공간을 낭만적으로 표현하는 소설을 쓴다는 사실 자체가 더 큰 문제죠. 현대인들은 가족과 학교에 의해 호명된다고 알튀세르가 말했죠. 그 구체적인 표현이 신경숙 작가의 소설과 같습니다. 사적인 공간에 대한 보호와 개인적 쾌락의 영토를 방해받고 싶지 않은 현대들의 욕망 구조가 소설로 표현된 거죠. 문학이 이제 부르주아 계급이 봉사하는 쁘띠부르주아들의 자기만족 공간이 되어 버렸습니다. 세계 문학의 흐름이 사적 쾌락의 보호에 있으므로 새로운 형식의 문학 실현보다 재생산에 방점을 두고 있어요. 그렇기 때문에 문학이 이데올로기를 재생산하는 데 기여하고 있죠. 내용을 베낀 게 아니라 나만의 맥락으로 소설을 재생산 했다는 신경숙의 말은 일리가 있죠. 모두가 다 그렇게 쓰는데, 왜 나만 갖고 그러느냐고 항변할 수 있는 겁니다. 그러나 정작 중요한 문제는 문학이 내면에 집중하고 사적 공간의 만족을 옹 호하는 쪽으로 흐르면 지식은 이데올로기에 봉사한다는 사실 입니다. 요즘 작가들은 타인의 침범을 싫어해요. 그러나 사르 트르를 보세요. 그는 공개된 장소인 카페에서 글을 썼어요. 사 람들이 엄청나게 와서 구경했죠. 사적 공간을 없애버렸어요. 왜일까요? 사르트르는 대중의 편이니까, 현대 문학의 사적 공 간에 대한 보호가 이데올로기를 재생산할 수 있다는 사실을 일 깨우고 싶었던 거예요. 지식이 개인적 전유물이 될 때 그것은 이데올로기 효과가 될 수 있습니다.

똥팔씨　요즘은 카페가 도서관인지 작업실인지 모를 공간이 되어버렸 잖아요. 특히 소설 꽤나 쓴다는 사람들은 카페에서 하루 종일 타자치고 커피 마시던데요?

메뚝씨　그건 시선을 즐기는 거죠. 고독을 이길 수 없으니 타인의 시선 을 받아 그 힘으로 글을 쓰는 겁니다.

똥팔씨　그걸 자랑스럽게 얘기하는 사람이 있어서 언젠가 제가 물었던 기억이 있어요. 소설 쓰려면 도서관에 가야지 왜 카페에서 글 을 쓰고 있냐고 했더니 화를 내더라고요.

메뚝씨 스스로 창작할 시스템을 만들지 못하니까 시스템에 강제로 포박당한 힘으로 글을 쓰는 겁니다. 자기개발 논리와 유사하죠. 글을 기쁨으로 써야 하는데 억압으로 쓰고 있어요. 그러니까 그 글이 상쾌하겠습니까? 요즘 소설이 우울한 이유죠. 스스로 시스템에 포박당해서 짜낸 소설이 명랑하긴 어려워요. 죽이더라도 명랑하게 죽였으면 좋겠어요. 카프카처럼!

이데올로기는 은밀하기에 사나운 훈육 도구죠. 침착하고 꼼꼼히 세부를 톺아볼 수 있어야 해요. 쾌락이 아니라 불쾌를 주는 소설이 호명 주체를 벗는 데 도움이 될 수 있어요. 그러나 그런 소설이 이제 별로 없죠. 팔리지 않으니 시장에서 사라졌어요. 안타깝습니다.

위로하는 글이 아니라 괴롭히는 글이 나를 위한 글이란 사실을 알았으면 좋겠어요. 철학은 그 사실을 느끼게 해주기에 지금 이 시기에 절실히 필요합니다. 많은 사람이 지쳐 있으니까 이런 현상이 지속되는 거죠. 피로가 일반적인 업보가 되었을 때 희망은 추락합니다. 철학하는 사람만은 지치지 맙시다. 그리고 지쳤다고 말하지도 맙시다. 우리가 지치지 않아야 미래를 지속하는 것을 모델링할 수 있어요. 그 모델이 있어야 사람들이 용기를 내는 겁니다. 철학은 지속성입니다. 근육이죠. 지치지 않고 달릴 수 있어야 해요.

루이 알튀세르

알튀세르로 가는 길

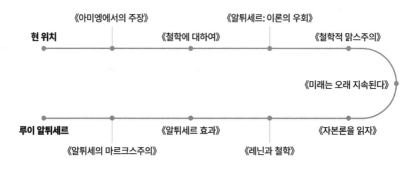

우선 심호흡을 크게 하시고 도서관에 가세요. 서점엔 책이 별로 없으니까요. 얇은 책부터 접근하는 것이 좋습니다. 알튀세르의 이론보다 그의 이론을 사랑한 힘을 먼저 느끼는 것이 중요할 듯해요. 《아미엥에서의 주장》을 추천합니다. 이 글은 강력한 선언들로 가득한 덕에 변화를 모색하고 과거와의 단절을 시도하는 분들에게 효과적입니다. 아름답고 사나운 문체로 가득하니 천천히 읽어보세요.

전율이 살짝 일어나면 《철학에 대하여》를 펴시면 됩니다. 알튀세르가 말년에 멕시코의 철학자 페르난다 나바로와의 대담 형식으로 구성한 〈철학과 마르크스주의〉와 그리고 이를 구성하는 과정에서의 서한과 1976년 그라나다에서 행한 강연 원고인 〈철학의 전화〉가 담겨 있습니다. "마르크스주의의 위기 속에서 마르크스주의에 생명력을 불어넣기 위해 고군분투한 알튀세르의 모습을 접할 수 있는 감동적인 책"이라는 평이 있죠. 알튀세르의 인간성을 느낄 수 있는 책이기에 술술 읽을 수 있습니다.

이 두 권의 책만으로도 알튀세르가 말하는 바를 눈치챌 수 있습니다만, 심도로 접근하고픈 욕망이 일어나실 테니 다음 책을 추천할게요. 가장 강력한 책은《철학적 맑스주의》입니다. 그런데 무척 난해해요. 마르크스를 모르면 독해하기 까다롭죠. 마르크스가 익숙한 분들은 이 책으로 고속주행하시고 마르크스가 덜 익숙한 분들은 그레고리 엘리어트가 쓴《알튀세르: 이론의 우회》라는 해설서를 먼저 접해보세요. 이제부터는 근성과의 싸움입니다.

여기까지 오셨다면 이제 비로소《미래는 오래 지속된다》를 펼치시면 되겠습니다. 이 책부터 읽으시면 곤란해요. 알튀세르의 철학을 개념화하기 어렵습니다. 마지막에 읽어보시는 게 알튀세르를 지속시킬 수 있는 요령입니다.

《미래는 오래 지속된다》까지 오셨으면 더 이상의 갈 길은 스스로 개척하실 수 있을 겁니다.《자본론을 읽자》와《레닌과 철학》을 어렵게 구하는 수고 또한 마다하지 않으시겠죠. 그렇다면《알튀세르 효과》라는 책까지도 접선해보세요. 알튀세르를 사랑하는 사람들의 글을 모았습니다. 현대 철학의 흐름을 이해하는 데도 도움이 됩니다. 엮은이 진태원 교수의 열정이 돋보이는 책입니다.

알렉스 칼리니코스의《알튀세의 마르크스주의》라는 얇은 책까지도 읽어보고 싶어질 때 알튀세르는 삶을 변화시키는 강력한 효과로 다가올 수 있습니다. 천천히 멀리 가시길 소원합니다.

루이 알튀세르

미 하 일   바 흐 찐

중심이 아닌 주변에서

절대 죽음으로부터 부활 가능성에 대하여

똥팔씨   이번 수다의 키워드는 '대화'입니다. 주제를 이렇게 정해봤어
요. "당신의 대화는 합당한 방법입니까?" 대부분의 사람이 하
루에 최소한 한 명 이상과 이야기를 나누잖아요. 우리는 그 행
위를 대화라고 부르고요. 대화는 공기 같은 거죠. 의심하지 않
아요. 저 역시도 대화가 당연한 일상 행위라 생각하죠. 인간이
다른 동물과 구분되는 뼈대가 말이고, 말의 구체화가 대화니까
요. 별로 탐구할 소재는 아닌 것 같은데요?

메뚝씨   다른 사람이 내 말을 듣고 고개를 끄덕여주거나 격하게 공감해
주면 속 시원하죠. 뻥 뚫린 것 같아요. 그래서 말 많이 하면 기
분 좋다고 느껴요. 일상을 위로하는 소통 행위를 우린 대화라
고 생각하죠.

똥팔씨   그래서일까요? 좋은 대화를 나눌 수 있는 전략을 다룬 책이 많
이 읽혀요. 시중에도 이런 책들이 많고요. 그중에 "I Message,
You Message"라는 대화법이 있어요. "당신은 지금 아이 메시
지로 얘기하고 있는가, 유 메시지로 얘기하고 있는가?" 특히
대화로서 사회적 관계를 형성하는 직장에서 이런 것을 써먹기
도 합니다. 상대의 행동을 지적하는 유 메시지가 아닌 아이 메
시지로 나의 감정과 기분을 얘기하는 것이 타인에 대한 배려라

는 것이고, 성공적인 인간관계를 맺을 수 있는 비법이라는 뜻이겠죠. 아마 이 정도의 처세술이 부드러운 대화의 흐름을 만드는 방법이라고 생각하죠. 이런 처세술도 대화 그 자체라고 볼 수 있나요?

메뚝씨 　대화이긴 하죠. 언어는 누가 헤게모니를 잡느냐 즉, 누가 주도권을 잡느냐에 따라 다른 맥락으로 쓰이지만, 메시지라는 단어가 붙었으니까 대화는 맞겠죠. 대화 말고 다른 말로 표현할 수 없잖아요.

똥팔씨 　방법론적인 대화의 기술 말고 대화란 무엇인가, 진짜 대화가 무엇인가 이런 것들이 중요한 맥락 아닐까요?

메뚝씨 　진짜 대화의 정의를 먼저 내리기보다 좀 더 깊이 파고들어가서 우리가 하는 소통 방식이 과연 대화적인가, 지금 우리가 말을 섞는 게 과연 대화인가 아니면 혼자 떠드는 독백인가를 이야기하면 대화의 질 혹은 대화의 개념, 의미, 정의를 내릴 수 있을 것 같아요.

똥팔씨 　그렇다면 오늘 밤 대화를 주제로 한 수다를 이끌어 줄 철수를 소개해야겠죠. 문학 이론가에서 러시아를 대표하는 사상가, 철학자로 재조명 받고 있는 미하일 미하일로비치 바흐찐입니다.

메뚝씨 　아~ 바흐찐

똥팔씨 　저는 사실 처음 들은 이름이에요. 소설을 전공한 분들은 바흐찐이 익숙하겠지만 저는 생소하고 낯선 철학자, 사상가로 여기고 공부를 하다 보니까 굉장히 복잡했어요.

메뚝씨   머리 아팠죠?

똥팔씨   네, 굉장히 머리 아팠어요.

메뚝씨   자료도 없어요. 대체 넌 누구냐?

똥팔씨   그래서 지금부터 다룰 내용은 국내에선 흔치 않은 귀한 자료라
             는 걸 알아주셔야 돼요. 그만큼 제가 고생했다는 것도요.(웃음)
             천천히 바흐찐의 생애부터 관련 영화나 주변 이야기들을 하면
             서 바흐찐의 초기 저작인 《예술과 책임, 행위 철학》으로 접근
             해 봐야 될 거 같아요. 얇은 데도 머리 무지 아파요.

             먼저 바흐찐의 생애로 들어가 보도록 하겠습니다. 1895년
             모스크바 남부에서 태어났으며 1975년 80세에 사망했습니
             다. 바흐찐의 생애에 큰 영향을 미친 몇 가지 사건을 짚고 들어
             가면 좋을 것 같아요. 먼저 가장 중요한 사건이었던 제1차 세
             계대전이 있었죠.

메뚝씨   여러 철학자에게 각성을 줬던 가장 큰 사건이죠.

똥팔씨   제1차 세계대전이 바흐찐에게 어떤 영향을 미쳤는지를 알려면
             당시 러시아 상황을 먼저 살펴봐야겠죠. 당시 러시아는 세계
             대전에 참여해서 전쟁을 치르기에는 굉장히 힘든 시기였어요.
             1905년 제1차 러시아 혁명을 거치면서 변화의 바람이 거셌던
             시기이기도 했고요. 기득권들은 혁명의 열기를 식히려고 관심
             사를 전쟁으로 돌려 보려고 했다고 하더라고요.

메뚝씨   당시 러시아는 응집력이 약했어요. 러일전쟁에서 일본에 처참
             히 패하고, 성난 민중은 차르 니콜라이 2세를 죽이려고 난동을

부리는가 하면, 외부에서는 세계 대전이 한창이고 아주 난장판
이었죠.

똥팔씨 러시아가 제1차 세계대전에 참여했을 때, 싸우다가 죽은 사람
보다 굶거나 얼어 죽은 사람이 더 많았다고 하더라고요. 전쟁
에 참여했던 군사들이 오히려 1917년에 있었던 러시아 혁명
을 도왔다는 기록도 있습니다.

메뚝씨 생존욕구죠. 밥 먹으려고 했어요. 이념보다 실존이 우선이었
고 지금도 생존은 그 어떤 이념보다 먼저예요. 인간은 우선 살
아야 하니까요.

똥팔씨 그 말이 굉장히 와 닿는 게 그때 구호가 "빵을 달라!"였다고 하
죠. 이런 격동의 상황에서 바흐찐은 뭘 했나요?

메뚝씨 공부하고 있었죠. 바흐찐 서클을 중심으로 비극적 세상을 철저
히 분석하고자 했어요.

똥팔씨 프롬도 그랬죠. 범인은 이해할 수가 없네요. 제1차 세계대전
다음으로 바흐찐이 겪은 중요한 사건은 스탈린식 사회주의 국
가 설립입니다.

메뚝씨 음. 스탈린식 사회주의 국가라? 사회주의 국가를 어떻게 인물
중심으로 다룰 수 있는지 의문입니다. 사회주의는 모두가 주인
인 세상을 꿈꾸는 이데올로기죠. 한 명의 영웅이 나라를 다스
리는 체제는 사회주의가 아니라 전체주의라고 불러야 해요.

똥팔씨 그래도 스탈린이 경제 개발 5개년 계획 같은 훌륭한 정책을
만들어서 이끌었던 건 사실이잖아요.

미하일 바흐찐

메뚝씨 　맞아요. 그 정책을 미국이 차용했고 우리나라는 미국에서 베꼈죠. 우리가 성공했다 자부하는 정책 중 다수는 사회주의에서 나왔어요. 약자를 보호하는 복지시스템 역시 사회주의에서 나왔죠. 사회주의자를 낮잡아서 빨갱이라고 부르는 건 지금 살고 있는 사회를 형성하는 데 일조했던 정책들을 무의미하게 만드는 거예요. 한국의 경제 개발 5개년 계획, 그것도 북한에서 먼저 시도했어요.

똥팔씨 　당시 러시아는 공업화를 추진하면서 온갖 기반 시설을 만들었어요. "우리가 뭉쳐야 산다, 세계 최고의 강국이 될 수 있다."라는 운동이 활발해집니다.

메뚝씨 　시베리아 횡단 철도가 놓이고 러시아의 역동성이 살아나게 되죠.

똥팔씨 　소련의 국기에도 노동자를 상징하는 낫, 망치를 썼잖아요. 심플해서 확고한 디자인이었죠.

메뚝씨 　러시아 혁명은 분명 약자의 입장에서 재평가할 필요가 있어요. 스탈린이 지식인을 폭압하긴 했지만, 노동자에게는 가치를 부여했던 인물입니다. 지식인들을 때려잡았기 때문에 나쁜 놈으로 역사에 남은 거죠. 물론 분명한 나쁜 놈이죠. 그러나 우리가 스탈린을 평가할 때 그보다 더 나쁜 놈도 우리나라를 비롯해 전 세계 정치사에 있었고 심지어 많았으며, 더 나빴다는 사실을 기억해야 한다는 겁니다.

똥팔씨 　나쁜 놈을 평가할 수 있는 잣대는 다각적이야 하겠죠.

메뚝씨   그렇다고 모든 걸 정당화할 순 없겠죠. 악당에게도 자신만의
       사연이 있으니까요. 스탈린은 자기 권력욕이 아니라 세상을
       바꾸고 싶었던 거예요. 다만 자기가 믿는 신념 대로 바꾸고자
       했죠. 그러니까 정상적 사고와 거리가 있었던 것이지, 시대의
       폭군이란 평가가 절대적으로 옳다고는 볼 수 없어요. 히틀러
       도 같았어요. 인간은 아주 더럽기 때문에 말끔하고 금욕적이고
       그리고 기계적으로 재편해야 세계평화가 올 것이라고 믿었던
       유치한 사람이었죠. 그들 자신은 그것이 악한 행위가 아닌 전
       체적 수준을 한 단계 높일 수 있는 숭고한 목적을 위한 과정에
       불과한 겁니다. 무지가 폭력을 부른 것이죠.

똥팔씨   제가 공부했던 바로는 사회주의 혁명이 나라의 안과 바깥에서
       동시에 일어나야 성공할 수 있다는 게 기존 사회주의의 생각이
       었는데 스탈린은 달랐다고 하더라고요.

메뚝씨   트로츠키의 영구혁명론처럼 세계 보편적 혁명이 혁명의 근간
       이긴 합니다만, 스탈린은 진정한 혁명은 내부에서부터 시작해
       야 한다고 고집했어요. 혁명의 성공을 위해선 연대보다 결속이
       우선이라는 주장이죠. 그게 민중들한테 먹혀 들었죠. 사회주
       의가 반국가주의 운동이지만, 애국심이 없으면 사람들이 뭉치
       기 어려우니까, 스탈린의 설득력이 트로츠키보다 강할 수밖에
       없었죠.

       영구혁명론을 제창한 트로츠키는 분명한 지식인이었습니다.
       그림과 음악을 좋아하고 글을 잘쓰는 지식인이었어요. 스탈린
       은 그 반대였죠. 행동파였어요. 똑똑한 놈들 보면 짜증 나는 사
       람들 있잖아요. 그러나 스탈린 초기엔 러시아에 역동성이 있

미하일 바흐찐

었어요. 1950년대까지 소련이 미국을 압도했잖아요. 그냥 앞서간 게 아니라 압도했습니다. 그러니까 이런 거죠. 트로츠키. 네 말도 맞긴 한데 결과적으론 내가 옳아. 어쩔래?

똥팔씨 미국보다 먼저 인공위성을 쏘기도 했죠.

메뚝씨 순수 과학을 장려했다는 거죠. 물론 스탈린 후반에는 예술가들을 배척하면서 체제 옹호적으로 바뀌고 사회가 역동성을 잃어요. 소련이 붕괴되기 시작하는 계기는 러시아가 스탈린 체제로 안정되면서부터입니다.

똥팔씨 사회가 이렇게 뒤흔들리는데 도저히 영향을 받지 않을 수가 없었겠네요.

메뚝씨 바흐찐은 충분히 제 이름을 세계에 알릴만한 명민한 사람이었어요. 그러나 스탈린 때문에 기회를 잃었죠. 무명과 고통의 세월을 살아야 했어요. 골수염을 앓아 다리까지 자르고, 추방당하고, 다시 돌아왔다가 또 추방당하고. 그러다가 생의 말기에 겨우 재조명되면서 부활해요.

똥팔씨 바흐찐의 유년기와 대학시절을 살펴보면 1895년 러시아 모스크바 남쪽 오룔이라는 곳에서 차남으로 태어났어요. 바흐찐의 형인 니콜라이 또한 끝내주는 인물이죠. 천재라 불리던 비트겐슈타인하고 맞짱을 뜨던 친구였더라고요.

메뚝씨 니콜라이는 바흐찐의 사상에 엄청난 영향을 줬어요. 바흐찐 철학의 핵심이 언어잖아요. 언어 철학은 곧 비트겐슈타인이니까 통하는 점이 많다고 볼 수 있죠.

똥팔씨   형을 엄청 쫓아다녔다고 했죠.

메뚝씨   거의 신봉자였어요. 영민하면서도 직관력이 뛰어난 형과 자랐기 때문에 바흐찐은 자신이 멍청한 줄로만 알았죠.

똥팔씨   1950년 니콜라이가 사망하자 바흐찐은 형이 못다한 삶의 몫까지 자신이 책임지려 합니다. 세속의 성공보다 순수한 학문 연구로 생을 걸고자 했던 형의 태도를 본받고 싶어 했어요. 진짜 큰 욕망은 자기가 자기 세계를 완성하는 거라 믿죠. 자신과의 고독한 싸움인 것 같아요.

메뚝씨   고독하지만 궁극의 기쁨을 맛볼 수 있죠. 인정받고자 애쓰는 사람은 세상이 자신을 몰라주면 무너지지만, 작품을 완성하고 싶은 사람은 유명해지는 게 불편해요. 생산적 관계에 들어갈 시간이 줄어들거든요. 창조는 그렇게 세속과 단절해야만 합니다. 세상과의 단절에 능숙한 사람만이 철학의 경지를 맛볼 수 있죠.

똥팔씨   바흐찐은 열 살 때 빌뉴스에서 살았고 열여섯 살 때는 오데사에 살았어요. 두 지역은 굉장히 다양한 문화적 색채와 언어를 쓰는 사람들이 공존한 곳이었다고 해요. 이런 어린시절의 경험이 바흐찐 사상에 많은 영향을 줬겠죠.

메뚝씨   보통 러시아 도시들은 점처럼 흩어져 있습니다만, 바흐찐이 살았던 곳은 한국으로 치면 대전이나 대구처럼 쌍방향으로 트여 있는 교통의 요지라고 볼 수 있어요. 유동 인구가 많았죠. 데카르트가 네덜란드에서 전 세계를 보았듯, 바흐찐도 세계의 다양성과 보편성을 느낄 수 있었죠. 그런 도시에 자란다는 것은 굉장히 좋은 경험이에요.

똥팔씨 바흐찐이 가장 먼저 배운 외국어가 독일어였고 열두 살, 열세
살 때 벌써 칸트나 니체의 철학서를 읽었다고 해요. 위인전에
서나 볼법한 이야기죠. 바흐찐은 형 니콜라이와 함께 철학을
계속 공부합니다. '학문의 광대들'이란 학문 클럽에서도 활동
하다가 1918년 대학을 졸업합니다. 공부를 끝내고 바흐찐 서
클들을 만들기도 하죠.

메뚝씨 클럽 되게 좋아했죠.

똥팔씨 아무래도 여러 사람과 교류하는 게 바흐찐에게는 맞았나 봐요.
바흐찐은 바흐찐 서클을 통해서 자기 주변 사람들과 철학, 미학,
문학 등에 대해 토론하고 강연하고, 발표하고, 잡지도 만들고
술도 마시면서 자신의 사상을 집약하는 결정적 시기를 보내게
됩니다.

메뚝씨 바흐찐이 만든 첫 번째 서클 이름이 '부활'이에요. 바흐찐이 주
도한 서클인지라 나중에 바흐찐 서클이 된 거죠. 형과 함께 활
동한 서클 이름은 '학문의 광대들'이었어요. 부활과 광대라는
이 두 축이 바흐찐 사상의 핵심입니다. 학문의 광대 서클에서
의 활동은 축제 이론과 카니발 이론으로, 부활 서클에서의 활
동은 대화론으로 발전하죠.

똥팔씨 이 기간에 출간된 저술들이 바흐찐 사상의 모티브를 집약한 기
반이라고 할 수 있겠네요. 이때 나온 게 오늘 우리의 주저 《예
술과 책임》이죠. 이 책은 1919년 바흐찐이 만든 예술 잡지를
통해서 발표됐습니다. 바흐찐 초기 4대 저작인 《도스토옙스
키 시학의 제문제》, 《프로이트주의》, 《문예학의 형식적 방법》,

《마르크스주의 언어 철학》이 서클 활동을 통해서 만들어졌습니다. 그런데 《도스토옙스키 시학의 제문제》를 제외한 나머지 세 권은 친구들 이름으로 출간됐다고 하더라고요. 왜 그런 걸까요?

메뚝씨   두 가지 이유가 있습니다. 하나는 죽을까 봐.(웃음) 두 번째는 나 혼자 쓴 책이 아니라는 겁니다. 동료들과 같이 연구했기 때문에 내 책이라 볼 수 없다는 뜻이에요. 이러한 입장이 바흐찐 대화론을 이해하는 데 중요합니다. 숀 코네리 주연의 〈파인딩 포레스터〉라는 영화를 보면 유사한 장면을 볼 수 있어요. 작가 지망생인 한 청년이 유명 소설가의 글을 개작한 작품을 학교 과제로 제출했다가 표절 시비가 붙어요. 이때 숀 코네리, 그러니까 작가가 등장해서 "뭔 소리야, 안 베꼈어. 저 애 작품이야"라고 청년을 변호합니다. 표절과 모방은 다르며 콘텐츠의 차용은 중요한 문제가 아니라는 거죠. 같은 콘텐츠라 해도 언어를 논리로써 재논증하고 그것을 자기만의 문체로 조직하는 행위가 창작이라는 뜻이에요.

똥팔씨   그래서 모두의 작품이라는 거군요. 이게 앞서 말한 외부의 인정보단 자신의 창작물 자체의 완성도를 추구하는 인정투쟁의 제대로 된 예가 되겠네요.

이렇게 바흐찐의 청년 시절 4권의 주저들이 발간된 이후 1928년 12월에 이 비합법적 우익 지식인 조직에 가담했다는 이유로 카자흐스탄으로 쫓겨나게 됩니다. 그것도 애초엔 시베리아로 추방을 당했는데 골수염 때문에 아프고, 친구들의 극진한 탄원서 덕에 카자흐스탄으로 가게 되었다고 해요.

메뚝씨 원래 사형선고까지 갔는데 당대 문예부 장관이었던 사람이 살려주죠. 이유가 《도스토옙스키 시학의 제문제》란 작품 때문이에요. 그 작품이 워낙 대단했기 때문에 바흐찐을 살리고 싶었던 겁니다. 후기에 바흐찐이 세상에 알려진 이유도 이 작품 덕택이에요. 두 번 부활한 거죠. 인간은 언젠간 부활한다는 바흐찐의 사상을 자신의 생을 통해 증명했어요. 신비로운 지점이죠.

똥팔씨 바흐찐 죽고 난 뒤에 엮은 거 아니에요?

메뚝씨 엮으니까 딱딱 맞잖아.(웃음) 그만큼 바흐찐의 생이 드라마틱했죠.

똥팔씨 추방시절 많이 힘든 생활을 했다고 합니다. 부인은 도서관에서 허드렛일도 했대요.

메뚝씨 아무 일이나 다 했어요. 바흐찐 부부는 그런 걸 창피하게 느끼지 않았어요. 서로가 매우 사랑했기 때문이죠. 바흐찐의 유일한 즐거움은 부인이 준 차와 담배였대요. 바흐찐의 책상머리에 부인은 늘 담배 몇 개와 단아한 차를 올려놔 주고, 바흐찐은 종일 흥분된 상태로 신나게 책을 읽고 글을 쓰며 세계를 고민했습니다. 작은 자극만으로도 존재의 충만을 느꼈던 부부는 사랑을 증명하며 생을 공명했던 것이죠.

똥팔씨 프롬 편에서 얘기했던 존재를 충만으로 채우는 그릇이 작았나 봐요. 프롬의 사상이 바흐찐의 생으로 예증되네요. 그렇게 힘든 시간을 견디던 추방 기간이 끝났음에도 카자흐스탄에서 2년을 더 머무르죠.

메뚝씨 　현지 주민들과 관계가 좋았거든요. 바흐찐은 마을 사람들과 적극적으로 엮이면서 마을 사람들이 자기 도움을 받고 웃는 모습을 좋아했어요. 그의 모든 학문적 아이디어는 약자와 민중과 세속에서 나왔어요.

똥팔씨 　이후 바흐찐은 교육자로서 살아갑니다. 유영을 갔다 오니 지식인 사회에서 바흐찐을 아는 사람이 없어진 거죠. 모르도바 교육대학에서 문학개론과 문학교수법을 가르치면서 소설과 관련한 이론들을 냈다고 합니다. 지방의 작은 대학에서 강의를 했는데 인기가 많았습니다.

메뚝씨 　사람들이 바흐찐의 강의를 듣고 나면 문학을 읽고 싶어 했으니까요. 바흐찐은 언어를 다루는 데 탁월했고, 사람들을 설득할 수 있는 촉과 실력을 갖추고 있었죠. 이렇게 명성을 얻고 학과장 자리까지 오르게 됩니다. 퇴임까지 학과장을 했어요. 그 지역에서 바흐찐의 명성은 대단했습니다. 중심이 아닌 주변에서 첨단의 사상과 철학을 사람들에게 설득할 수 있는 능력은 아무나 할 수 있는 건 아니죠. 부러워요.

똥팔씨 　1961년 정년까지 교수 생활을 하다가 퇴임 후 연금생활을 하죠.

메뚝씨 　사회주의 사회는 스펙타클과 복지로 유지됐어요. 당대에 연금생활이 가능했다는 사실은 놀랍지 않나요? 연금만으로 '생활'이 되었잖아요.

똥팔씨 　지금 국민연금으론 터무니없는 얘기죠. 그렇게 퇴직한 바흐찐은 조용히 지내다가 모스크바대 대학원생들에 의해 조명을 받게 됩니다. 자료를 찾던 대학원생들이 먼지가 엄청 쌓여 있는

《도스토옙스키 시학의 제문제》를 발견하고 그 탁월함에 충격을 받았고 해요.

메뚝씨   환호성을 질렀지. 와! 이 사람 누구야? 들도 보도 못한 사람이 이런 좋은 책을 썼단 말이야? 그러면서 바흐찐을 찾기 시작했죠.

똥팔씨   부활하는 거네요.

메뚝씨   그 부활이 매우 뜨거워서 유럽을 비롯해 미국까지 전파됩니다. 그러나 부활도 잠시 바흐찐의 부인이 죽게 되죠. 바흐찐은 부인을 따라 죽고 싶었으나 자기 과업이 하나 남았기에 죽지 못했어요. 니체가 "인간에게 중요한 것은 생을 사는 것이 아니라 내 과업을 완성하는 것"이라고 말했듯 바흐찐도 완성해야 할 과업이 남았던 겁니다. 바로 지금껏 자신이 쓴 글을 오해 없이 정리하는 것이죠. 그런데 부인도 죽고 챙겨줄 사람도 없으니까 학생들이 매일 찾아와서 밥 차려주고, 청소해주고, 말벗이 되어주려고 했어요. 그러면 바흐찐은 "이제 됐습니다. 그만 가주세요. 나는 내 작업을 해야 합니다."라고 말했어요. 스스로 죽음의 시기를 즉감하고 나머지 에너지를 자신의 과업에 집중하죠. 과업을 완성한 후, 이런 말을 남기고 죽습니다. "절대적 죽음이라는 것은 없다. 그 어떠한 의미에도 각각 부활의 순간이 도래하는 법이다."

똥팔씨   사후세계의 믿음보다 든든하네요. 부활이란 건.

똥팔씨   단, 부활의 계기를 만들 수 있는 과업을 수행했는가 스스로에게 물어봐야겠죠.

우리 대화해요

대화의 본령에 대하여

"반갑습니다." 뺨을 때린 오른손에게 말했다. 첫 번째 뺨은 차가웠다. 그것은 아무것도 아니었다. "이를 악물고 때려야 합니다." 오른손에게 말했다. 나는 이를 악물고 두 번째 뺨을 맞았다. "저런, 미안합니다. 시간이 좀 걸리겠어요." 오른손이 말했다. 침묵과 함께 뺨이 푸르게 떠올랐다. 나는 세 번째 뺨을 기다렸고 곧 오른손이 뺨을 후려쳤다. 어깨가 바짝 솟았다. 여섯 번째 이후부터는 다물던 이를 허물고 울렁이는 머리가 더 휘청이게 두었다. 오른손이 뺨에 긁어대는 당신의 목소리가 들렸다. 영희의 목소리가 들렸다. 아니, 미미였나. 마리아였나. 벽에 붙은 곰팡이의 목소리인가, 먼지 쌓인 문장의 목소리인가. 큰따옴표 사이로 비집고 들어오는 말은 나의 것이 아니었다. 오른손이 나의 세계에서 달아난 것처럼 당신도 낯선 목소리로 내게 말을 걸었다. "다행입니다." 오른손이 말했다. 나는 고맙다 말하고 싶었으나 나의 말은 지워져서 들리지 않았다.

— 이겨레

똥팔씨   오늘밤 주제가 '대화'잖아요. 우리가 하고 있는 게 대화 맞죠?
《예술과 책임》이라는 책을 보면 대화라는 용어의 구체적 설명은 없어요. 대화라는 단어가 한 번도 안 나오던데요.

미하일 바흐찐

메뚝씨   대화라는 말이 다르게 쓰인 거죠. 《예술과 책임》에서는 '참여 와 행위' 그리고 '책임'이라는 키워드로 대화의 본령을 설명해 요. 이 키워드들이 대화를 뜻하는 기본적인 하위 개념들인 셈 이죠.

          바흐찐이 말하는 대화론의 골조가 《도스토옙스키 시학의 제문 제》라면, 기초적 개념의 틀은 《예술과 책임》에 나타나 있어요. 《도스토옙스키 시학의 제문제》는 두껍고 너무 구체적이라 철 학이 추구하는 사유의 궁극점인 압축과 비유가 약해요. 바흐찐 으로 가는 첫 출발로 《예술과 책임》이 훨씬 수월한 이유죠. 단 편만 읽으면 되거든. 한 페이지도 안 되는 짧은 글들을 70개만 읽으면 되니까 강렬하죠.

똥팔씨   전 개인적으로 열심히 읽었습니다.

메뚝씨   봤어요? 읽었어요?

똥팔씨   이번에는 읽은 것에 가깝다고 생각은 하고 있어요.

메뚝씨   이 책의 핵심은 이렇게 줄일 수 있어요. "독단주의에는 대화가 불가능하고 상대주의에는 대화가 불능이다." 예를 들어, CEO 가 직원들에게 대화와 소통이 중요하다고 강조해요. 이게 대화 일까요? 부모님이 잔뜩 화가 나서 솔직하게 말하면 용서해줄 테 니 얘기해보라고 하죠. 이 상황에서 대화가 가능합니까?

똥팔씨   방향이 일방적이고 수직적 관계잖아요. 명령에 가깝죠. 애초 에 대화하기 싫어도 대화를 해야 한다는 것부터가 이상하잖 아요.

메뚝씨 그래서 독단주의에는 대화가 불가능해요. 또한 상대주의에도 대화는 없습니다. 말의 맛으로 끝나는 대화는 대화가 아니죠. 너도 맞고 나도 맞다는 식의 말놀이엔 인간이나 세계 이해가 빠져 있어요. 커피숍이나 술집에서 친구들과 분명 오랫동안 떠들었는데 뒤돌아서니 허탈한 거예요. 대화는 나눈 듯한데 남는 게 없어요.

존재의 필연은 분열과 결핍이죠. 존재의 결핍을 채우기 위해 어떤 활동이나 행위가 필요해요. 행위 철학으로 존재를 충전시킬 수 있는 기초적인 장치가 대화고요. 그래서 이 책의 중심 내용이 "행위 철학"입니다. 예술과 책임은 한 페이지밖에 없는 서문 격이고, 예술과 책임 안에 행위 철학이라는 것이 근본 문제죠. 그런데 우리가 하는 대화엔 철학이 없어요. 그냥 만나서 엮이는 그 느낌만 있는 거죠. 바흐찐이 보기에 철학이 부재한 활동은 대화가 아닙니다. 왜냐하면 타자가 없기 때문이에요.

똥팔씨 이런 식의 논쟁도 있죠. 너도 옳고 나도 옳고. 에이, 모르겠다. 넌 너고 난 나지 뭐.

메뚝씨 백분토론이죠. 화려하지만 결론은 미지근한 한 대화법이에요. 이런 대화법으로는 아무리 오래 대화를 나눠도 내 삶을 바꾸거나 상대의 삶을 진전시킬 수 있는 에너지를 얻을 수는 없어요. 맛은 화려하지만 끝이 허무하죠. 따라서 대화가 끝나면 관성으로 되돌아옵니다. 내 행위에 책임을 질 수 있는 계기가 대화인데 상대주의엔 그 계기가 없어요.

미하일 바흐찐

똥팔씨 한 번 뱉은 말은 주워담을 수 없다는 속담이 있잖아요. 뱉은 말에 책임을 다하지 않고 말만 뱉는다는 의미라고 볼 수도 있겠네요.

메뚝씨 속담 얘기가 나와서 말인데, 속담도 대화를 제한하는 수단이 될 수 있어요. 속담은 이데올로기를 은폐합니다. 속담에 속지 마세요. 속담은 체제를 공고히 하기 위해 탄생된 조작물인 경우가 많아요. "벽에도 귀가 있다."고들 하잖아요. 말하지 말라는 거예요. 비판하지 말라는 겁니다. 벽에 무슨 귀가 있어요. 있으면 또 어때요. 비판이 왜 잘못입니까? 잘못을 잘못이라 말하는 행위는 옳은 것이죠. 정당한 비판이 감금당하고 관습이 억압하니까 뒤에서만 이야기하는 겁니다.

그런데 대화엔 힘이 있어요. 때문에 지배 이데올로기는 대화를 불능하게 만들고 싶어 하죠. 카페 문화, 술집 문화, 외식 문화가 그런 것들입니다. 회식할 때 느끼잖아요. 술 먹고 "우린 하나야!"라고 외친 다음 날, 이 어색한 분위기는 뭐지? 이게 대화불능이라는 거죠. 인간과 인간 사이가 멀어진 후 나눈 말놀이는 대화가 아니에요.

똥팔씨 우리 관계가 과연 대화가 가능한 관계인지 묻자는 이야기죠? 그렇다면 관계가 확립되지 않은 상태에서는 내가 어떤 말을 한들 허공에 맴도는 얘기에 불과하겠군요. 영화 〈김씨 표류기〉가 생각나네요. 〈김씨 표류기〉에선 사회에서 버림받은 김씨와 마찬가지로 사회에서 스스로 고립된 여자가 나오잖아요.

메뚝씨 사회라는 관계망에서 완벽하게 분리된 사람끼리 대화의 본령을 이해하며 새로운 존재로 탄생하는 과정이 이 영화의 주제라고 저는 봅니다. 대화를 통해 생을 바꾸고 싶은 충동이 거기에 있는 거죠. 심지어 짜장라면이랑 대화하잖아요. "내가 너를 먹어주겠다."라고 대화 후 김씨는 농사 짓는 법을 스스로 깨달아요. 옥수수를 심고 생존에 필요한 기초적 욕구를 해결합니다. 김씨의 평소 모습이라면 좌절해야 했지만, 짜장라면과 나눈 대화가 도전할 힘을 키워준 거라고 봐요.

똥팔씨 저는 그 장면이 떠올라요. 김씨가 빚에 시달리고 직장 생활에 시달리고 인간 관계에 시달리고. 결국 자살을 시도하려 한강에서 뛰어내렸는데 실패하잖아요. 그리고 재차 죽으려다 배가 아프니까 똥만 누고 죽자. 그리고 똥을 누다가 목이 마르니까 꽃을 꺾어서 씹어 먹어요. 그리고는 울음을 터뜨리며 생에 대한 강렬한 의지를 갖게 되죠. 이 장면이 굉장히 인상적이었어요. 이와 같이 생의 충동이 폭발하는 계기가 대화가 아닐까요?

메뚝씨 대화가 불능한 이유 중 하나는 용기가 부족하기 때문이에요. 우리가 사는 체계에서 이탈하면 파멸할 것이라고, 체제는 선전하니까요. 안전한 세계에 살아야지 바깥으로 가면 큰일난다고 배웠죠. "모난 돌에 정 맞는다."는 속담도 자신이 속한 세계 바깥을 상상하지 못하게 하는 장치예요.

이 닫힌 세계에서의 대화는 거의가 독백입니다. 벽보고 얘기하는 것과 같아요. 아이들도 그러잖아요. SNS나 카톡보면서 혼자 이야기해요. 타인의 이야기에 둔감합니다. 댓글을 남겨도 자기 댓글만 확인해요. 어떻게든 대화를 하고는 싶은데 방법을

미하일 바흐찐

몰라 독백만 배운 거죠. 이런 시스템에선 대화가 불가능합니다. 물론 개인의 잘못이 아니죠. 김씨처럼 체제에서 버려지면 각성이 들어옵니다. '내가 여태까지 대화를 못했구나. 심지어 안 하고 싶었구나.'라는 깨달음을 얻게 되죠.

안전한 세계만 안전한 게 아니라 안전하지 않은 세계도 안전해요. 우리가 사는 세상 어디도 축제의 공간임을 알아야 합니다.

똥팔씨   그래서 그 광경을 지켜본 체제에 버려진 또 한 명의 여자가 매력을 느끼는 거군요.

메뚝씨   그렇죠. 김씨가 간 곳은 비공식적인 세계입니다. 공식적인 세계에서는 쓸 수 있는 언어가 정해져 있어요. 바흐찐이 말하죠. "대화는 공식적인 세계에서는 불가능하다." 직장에서 회의할 때 나누는 말들은 대화가 아닌 거예요. 직장에서 회의할 때 대화가 가능합니까? 자기 자신에 대해서 진실해질 수 있어요? 자기의 내면을 드러낼 수 있을까요? 제 자신에 대해서 진실할 때, 나 자신을 털어놓을 수 있을 때 이야기가 통합니다. 대화는 서로가 서로에게 흔들리는 작용이니까요. 그런데 직장 회의에서 어떻게 흔들릴 수 있어요. 우리 생활에 쓸 수 있는 언어는 이미 상당수 정해져 있거든요.

똥팔씨   군대식 문화에 찌든 결과일까요?

메뚝씨   전체주의적 문화죠. 파시즘엔 대화가 없어요. 그러나 개인의 세계 또한 문제가 심각해요. 사적 세계에서 똥팔씨는 대화를 하세요? 진실하게 나를 드러낼 만큼 좋아하는 친구가 있어요?

똥팔씨   많진 않아요. 여러 사람들과 가볍게 술 한잔하고 통화도 하지 만 제 모든 걸 드러내는 대화를 하는 사람은 소수죠.

메뚝씨   그만큼 모든 사람이 진실로 나를 드러낼 친구를 갖고 있진 않 아요. 사실 별로 없어요. 진실하면 심각한 사람이라고 생각해 요. 밝게 웃고 있어도 별난 사람으로 인식하죠. 공식세계에 들 어가는 말만 하거나 공식세계를 씹는 말만 해야 하는데, 공식 세계에서 다른 세계를 창출하는 말을 하니까 불편한 것이죠. 이런 사람 만나면 머리 아프고 복잡해지니까 관계에서 밀어내 는 거예요.

똥팔씨   서로가 서로에게 필요한 말들만 하는 거군요.

메뚝씨   그렇죠. 서로에게 필요한 독백들만 하는 거죠. 어떻게든 대화 를 해야 내가 지금 이상하게 살고 있다는 걸 망각할 수 있거든 요. 어떻게든 떠들어야 해요. 벽 보고라도 떠들어야 갑갑한 마 음과 존재의 불안이 지워지니까요.

똥팔씨   《예술과 책임》에선 그것을 '황홀경'이라고 표현했죠?

메뚝씨   극도의 쾌감이죠. 대화를 통해 밀려오는 창조적 보람, 각성의 긍지, 존재의 충만 같은 것들이죠. 그런데 그것은 대화의 최종 점이 아니라 출발점입니다. 《도스토옙스키 시학의 제문제》에 서는 이런 말이 나와요. "독백적 세계 속에서 제3의 것은 지워 지지 않는다." 제3의 것이 자기 세계를 창안하는 것이고, 자기 자신에게 책임을 다하는 과정이에요. 제1의 것은 나라는 존재 고, 제2의 것이 너와 나의 관계라면 제3의 것은 나와 너의 관계 이후의 세계를 말합니다. 새로운 내가 되는 세계죠.

                                            미하일 바흐찐

똥팔씨   그러나 보통 사람들은 제3의 것을 창조하기보다 지금 있는 현실에 적응하는 것이 익숙하잖아요.

메뚝씨   익숙할지언정 편하진 않아요. 자신을 속이거나 세계를 도취적으로 오해하지 않는다면 인간은 누구나 존재의 결핍에서 자유롭지 못해요. 욕망하는 동물인 인간이 어찌 편안함만으로 만족하며 살 수 있겠어요. 일상이라는 굴레에서 억압당하고 있다는 사실조차 망각한 채 남루하게 살아가는 것일 뿐이죠. 그러나 이 제3의 것을 창안하는 데는 고통을 수반합니다. 인간 해방은 고통 뒤에 오죠. 이에 대한 사례로, 19세기 러시아 리얼리즘 문학을 들 수 있어요. 구체적으로 실현했죠. 러시아 문학이 아직 세계적인 문학의 핵심으로 빛나는 이유가 그것입니다. 바흐찐은 아무리 체제가 견고하더라도 모든 인간이 지배당할 수 없다고 말해요. 그래서 인간은 언제나 부활할 수 있습니다. 아무리 세계가 전체주의고, 러시아고, 스탈린주의라 하더라도 체제가 인간을 전부 정복할 수 없음을 러시아 문학이 증명한 거예요.

똥팔씨   익숙하기도 하지만, 내가 아니라도 주변의 모두가 결핍을 안고 있다는 걸 아는 것만으로도 사실 위안이 돼요. 꼭 내가 고통을 감안하고 제3의 것을 창안할 필요는 없다는 생각이 들어요.

메뚝씨   패배주의가 당연시되는 분위기가 조성된 거죠. 패배주의는 편안해요. 그러나 그 안락함은 누구나 아픈 것이기에 상대적으로 참을 만한 것일 뿐, 인간은 고립되면 참을 수 없어요. 못 참기 때문에 〈김씨 표류기〉처럼 고립하면 변신할 수 있는 거죠. 대화를 위해서 필요한 전제 중 하나가 관계를 끊는 겁니다. 자발적 고립이 대화를 위한 기초 훈련인 셈이죠.

똥팔씨 자기 자신을 각성할 수 있는 혼자된 시간이 필요하다는 이야기군요.

메뚝씨 맞아요. 상처를 바라볼 수 있는 시간이 필요합니다. 세계가 내게 입힌 그 상처를 바라볼 수 있는 안목은 혼자만의 시간이 주어졌을 때 감각돼요. 그 계기가 있어야지만 대화가 무엇인지 깨달을 수도 있죠. 바흐찐은 이렇게 표현했어요.

> 자신의 안쪽에서 산다는 것은 자신을 위해서 사는 것을 의미하지 않는다. 그것은 자신의 안쪽으로부터 책임을 지고 참여하는 자라는 것을 의미한다. 자신의 존재를 실제로 유예하지 않고, 존재에 알리바이가 없음을 시인하는 것을 의미한다.
>
> 미하일 바흐찐 《예술과 책임》

"존재에 알리바이가 없음을 시인하는 것"은 의무의 내용이 나에게 의무를 부여하는 기계적 행동으로서의 고립이 아니라 내가 내 존재의 책임을 다하는 시간을 말합니다. 내가 나라는 존재의 책무를 전부 짊어지는 시간이 홀로되기의 시간이죠. 나는 세계에 유일한 인간이라고 서명하는 행위에요. 그 서명하는 시간에서부터 대화가 출발하는데, 현대인들에게는 서명할 시간이 없어요. 고립되는 게 위험하다고 생각해요. 움츠러들죠. 혼자되는 거 슬퍼하잖아요.

똥팔씨 〈김씨 표류기〉에서 김씨는 홀로되었다는 생각에 자살을 결심하잖아요. 63빌딩도 찾고. 목매달아 죽으려고도 하고요.

메뚝씨 그게 서명하는 시간이죠.

미하일 바흐찐

똥팔씨   그러다 진짜 죽으면 어떡해요?

메뚝씨   사람은 쉽게 죽지 않아요. 상상의 세계가 실제 세계에 완벽하
게 포섭됐을 때만 죽음을 선택하죠. 우울증이 바로 그것입니
다. 자살 원인의 다수가 우울증이라 하는데, 사실 원인을 모르
니까 우울증이라는 팻말을 붙인 거예요. 자살은 우발적인 선택
입니다. 저도 왕년에 경험이 있습니다만, 안 죽었어요. 사람은
그렇게 죽고 싶어 하지 않아요. 떨어져서 고통을 끝내버리고
싶다는 생각에 뛰어내렸다가 살아나지 못할 수는 있어요. 예를
들면, 조선시대에 자살이 별로 없었다는 사실이 그 증거예요.
자살하려면 물가에서 한참 걸어 들어가야 되거든요. 그동안 생
각하죠. 생각하다 보면 '물결이 아름답다. 아! 살고 싶다.' 이
렇게 된단 말입니다. 그런데 문명이 발달하면서 죽기가 쉬워졌
어요. 고층 건물에서 '한번 뛰어내려 볼까?'라는 충동을 느낀
후엔 이미 돌이킬 수 없게 된 거죠. 그래서 자살률이 높아진 이
유도 있습니다. 대부분의 자살은 실수예요. 생을 함부로 포기
하는 사람은 드물어요.

똥팔씨   김씨가 똥은 싸고 죽자, 목은 축이고 죽자고 생각하던 것처럼
말이죠.

메뚝씨   인간의 몸은 자정작용이 탁월해요. 몸은 세계가 얼마나 아름
다운지, 살아간다는 것이 얼마나 경탄할 일인지 알려줘요. 그
게 차단되어 있으니까, 모니터의 세계에 빠져 있으니까, 생의
직접성이 떨어지니까, 세계의 아름다움과 생의 축복을 못 보는
겁니다. 그러나 육체를 비비고 열심히 뛰어보면 알아요. 바로

느낍니다. 심장이 뛰면 이 생이 얼마나 아름다운지, 햇빛은 얼마나 따뜻한지, 공기가 얼마나 맑은지, 산다는 사실 자체가 축제란 진실을 깨달아요.

바흐찐은 세계를 '문화의 세계'와 '생의 세계'로 구분했어요. 문화의 세계가 지금 우리처럼 퇴폐적으로 삶을 부정하는 쪽으로 흘러가면 죽음 충동이 커집니다. TV 보면서 늘어지고 싶고, 자고 싶고, 죽음 충동에 정복당하고 말죠. 삶을 부정하는 회의주의는 나쁜 문화의 세계로 이끌려간 결과예요.

똥팔씨   프롬에서 이야기했었죠. 죽음 충동이 세계를 파괴시킨다고 강조했던 기억이 있습니다.

메뚝씨   생의 세계를 폭발시키는 것은 정신이 아닌 육체라고 저는 생각해요. 정신으로 구축된 문화 세계는 생의 세계를 지배할 수 없다는 게 바흐찐의 주장이기도 하고요. 우리는 서로가 서로에게 단절되었기 때문에, 대화가 없다고 푸념하지만 바흐찐의 이야기는 전체주의라도 당신을 모두 억압하지는 않는다는 겁니다. 찬스는 있다는 거죠.

그래서 바흐찐의 철학이 매력적인 겁니다. 이 시대는 해도 안 된다는 패배주의에 사로잡혀 있어요. 그러나 바흐찐은 당신이 아무것도 안 하기 때문에 안 되는 것이지, 아무것도 안되기 때문에 안 하는 것이 아니라는 진실을 알려주죠. 무엇이든 시도하고 실패하는 경험은 패배주의로 가지 않아요. 그런데 패배가 두려워 아무것도 안 하면 삶이 무기력에 감금되죠. 대화의 기본기는 '나는 유일하다. 어떤 것도 대치 불가능하다'는 것을 깨닫는 시점이에요. '나는 70억 분의 1이다.'라는 존재 유일의 사건을 깨닫는 과정이 대화죠.

똥팔씨   대화의 시작이 대화 상대가 있어야 한다는 것이 아니라 내 존재의 유일성을 깨닫는 거라니 놀랍네요. 그럼 우린 지금까지 잘못된 대화를 위한 시작점을 물고 있었네요. 대부분 원활한 대화를 위해 처세술을 익히고 싶어 하잖아요.

메뚝씨   그렇죠. 대화를 통해 서로 같아지려고 합니다. 같아지려고 하니까 공식세계에 종속되고 존재의 유일성을 잃어버려요. 공식세계엔 그 세계만의 말이 있기 때문에 대화가 불가능해요. 여기엔 직접성이 없고, 육체성이 없어요. 직접적으로 나에게 들어오는 자극이 없는 거죠. 그래도 뜨거웠던 80년대까지는 직접성이 살아있었어요. 들판에서 술 먹고 사회를 비판하고 서로의 육체성을 체험하면서 대화를 나눴습니다. 이게 직접성의 세계예요. 지금은 어떻게 됐어요? 카페에 마주 보고 앉아 스마트폰을 보고 메신저로 소통하고 SNS로 근황을 알리죠. 닫힌 세계에선 존재 유일의 사건을 느낄 수가 없어요.

똥팔씨   대화에 이런 심오함이 있을 줄 몰랐습니다. 우리가 하는 말들을 섞는 것이 대화가 아니라 존재의 유일 사건을 체험할 수 있는 계기가 대화라고 저는 정리했습니다. 어렵고도 깊네요. 철학은 저 깊은 심연으로 다가가 우리가 아는 상식을 역전시켜 다른 이해를 창안하는 활동인 것 같습니다만 쉬운 길은 아닌 듯 보입니다.

메뚝씨   포기하지 않는 놈이 이깁니다!

신의 육신을 갈아먹자. 그것이 축제다

생활사를 바꾸는 웃음의 혁명성에 대하여

메뚝씨   좀 쉬었어요?

똥팔씨   쉬는 게 대순가요? 달려야 넘어지지 않는 자전거처럼 화끈하
        게 나아가야죠!

메뚝씨   그런 자본주의 논리로 철학을 더럽히다니…… 하지만 쉼표도
        중요한 역할을 해요.

똥팔씨   쉬었냐는 질문을 받으니 떠오른 생각인데, 책을 읽는 게 스트
        레스 해소에 그렇게 효과가 좋다고 합니다. 강제적 집중력을
        요하지 않는 문학이 특히 시간이 잘 가죠.

메뚝씨   문학과 철학은 많이 닮았죠. 19세기 러시아 문학을 잠깐 얘기
        해볼까요?

똥팔씨   19세기 러시아 상황을 잘 얘기해주는 서한이 하나 있더라고
        요. 당시 러시아에서 가장 영향력 있었던 계몽주의 사상가였던
        차다예프가 1836년에 쓴 〈철학 서한〉입니다. 제가 본 책에서
        는 이 서한을 '한밤의 총성'이라고 표현되어 있어요.

메뚝씨   아~ 〈철학 서한〉 정말 한밤중 갑작스럽게 터진 폭탄처럼 발표
        된 서한이죠.

미하일 바흐찐

똥팔씨   이 서한에 러시아 사람들은 말 그대로 폭탄을 맞은 듯한 충격을 받았어요. 러시아는 사실 유럽의 티끌만도 쫓아가지 못하는 존재이니 각성해야 한다는 내용입니다. 제가 그 부분을 읽어볼게요.

> 과거도 없고 미래도 없는 협소한 현재 속에서 죽은듯한 고요 속에서 우리는 살고 있습니다. 간혹 우리가 일어서서 행동할 경우 그것은 어떤 것을 이루겠다는 희망이나 욕구에서 하는 것이 아니고 유모가 내미는 장난감을 잡으려고 일어나 앉아 손을 내미는 어린 아기와 같이 아무 생각 없이 반사적으로 행동하는 것일 뿐입니다.
>
> 차다예프 〈철학 서한〉

메뚝씨   계몽주의 문학가의 대표적 인물인 중국의 루쉰이 쓴 《아Q장전》의 주인공이 자기만족에 취해 사는 중국인의 패배주의를 상징하는 인물이듯, 러시아인들은 바보라는 겁니다. 자폐적 착각에 빠져 누가 때려도 '내가 마음만 먹으면 너를 혼낼 수 있는데 한번 참아주는 거야.'라는 식의 수동적인 인간이 러시아 국민이라는 주장이죠. 이 주장으로 러시아에 계몽주의 운동 바람이 거세게 불었어요. 19세기 러시아는 과거와의 단절이 없었기 때문에 많은 사람이 계몽운동을 바라고 있었죠. 유럽의 경우는 중세가 끝나고 르네상스가 도래하면서 과거와 단절하는 계기가 있었지만, 러시아는 쭉 중세에서 시간만 중층적으로 계속 쌓여 온 거죠. 반복적인 시간만 있었고 단절된 시간이 없었어요. 그래서 러시아 민중들은 오랜 시간 혹독했을 거예요.

똥팔씨   칭기즈칸의 영향이 크지 않았을까요? 몽골에 200년 동안 지배를 받았으니까. 거의 3세기 가까이 지배를 받았다고 하더라고요.

메뚝씨   이 시기를 '타타르 시대'라고 부릅니다. 이때 농노제가 생겨났죠. 유럽에서 얻은 봉건제를 몽골이 러시아에 심어서 쪽쪽 빨아먹은 겁니다.

똥팔씨   엄청나게 빨아먹었죠. 이렇게 험난한 시대에 피어난 러시아 문학이 탁월했다는 사실은 아이러니하네요.

메뚝씨   신기하죠. 암흑기에 피어난 문학이 세계 문학의 으뜸이 된 거예요. 그런데 바흐찐이 보기엔 중세 때도 파격적인 문학이 발달했다는 겁니다. 바흐찐의 박사학위 논문에 라블레라는 중세수도사가 등장해요. 라블레는 야시시한 B급 문학을 썼어요. 그런 문학이 중세에 허용됐고 많은 사람이 읽었다는 겁니다. 조선시대에도 야한 소설과 그림이 유행했잖아요. 중세에도 풍자와 해학이 있었다는 거죠.

똥팔씨   금욕을 강요하는 분위기가 강했기 때문에 자유를 갈망하는 속마음이 문학으로 표출된 건 아닐까요?

메뚝씨   그렇게 해석할 수도 있겠지만 문학은 근본적으로 사회적 억압에 대항할 수 있다고 이해하는 편이 좋을 듯해요. 암흑기라도 웃음과 해학까지 저당 잡힐 수 없다는 진실에 대한 사례라고 볼 수 있죠.

똥팔씨   그렇다면 이제 러시아 문학에 대해 구체적으로 얘기해주세요.

미하일 바흐찐

메뚝씨 러시아 문학의 아버지는 푸시킨입니다. 러시아의 국민 영웅이기도 하죠. 많은 사람에게 존중을 받은 인물로, 푸틴이 대통령이 된 이유도 푸시킨과 이름이 비슷하기 때문이라는 속설까지 있어요. 그다음에 사실주의 문학의 대표자인 톨스토이나 도스토옙스키가 있습니다. 이들은 셰익스피어를 좋아했다는 공통점이 있어요. 푸시킨도 좋아했죠. 셰익스피어 문학은 사건의 스펙타클한 비극성, 인물과 인물 사이의 미묘한 갈등들이 압권이죠. 그 요소를 러시아에 들여와 러시아의 역사적 사건과 연결합니다. 톨스토이의《전쟁과 평화》나 도스토옙스키의《죄와 벌》이 대표적이에요.

물론 영국 소설과 러시아 소설은 결정적인 차이가 있어요. 중심인물의 계급이 다르죠. 셰익스피어 작품은 주인공이 거의 귀족이잖아요. 영국 소설의 중심인물은 대개 상류층이었어요. 그런데 러시아는 주인공들이 아류 귀족, 잡계급이라 불리는 하류층의 이야기를 다룹니다. 러시아가 영국보다는 문학에 있어 대중적이라는 뜻이죠. 그렇다 하더라도 바흐찐이 보기엔 문학은 여전히 소수를 위한 소유물이었어요. 그게 바흐찐이 라블레를 데려온 이유입니다. 라블레는 민중적이면서 외설적이에요. 재밌어요. 거의 19금이거든요.

라블레를 들여와 바흐찐이 주장하고자 했던 바는 중세에도 실험적 문학이 있었다는 사실입니다. 문학은 핍박과 억압에서도 생을 긍정하는 가능성을 실현하는 예술이라는 거죠. 러시아도 포기하지 않아도 된다는 용기를 이론화화기 위해 문학을 연구했다고 볼 수 있습니다. 그런 측면에서 러시아의 사실주의 문학이 지금도 세계문학의 중심에 우뚝 서 있는 까닭은 고난과 역경이 인간을 잠식해 들어올 때마다 각성과 위안을 주는 강렬한 힘을 갖고 있기 때문이었어요.

똥팔씨   사람들이 너무 힘들었기 때문에 나올 수 있는 반작용은 아닐까요? 오히려 문학이 체제를 숨기는 작용을 했다고 볼 수도 있을 듯합니다. 오늘날의 스포츠나 영화처럼 말이죠.

메뚜씨   물론 그런 작용이 없었다고 할 순 없겠지만 역사적 관점에서 보면 철학은 난세에 발달하고, 문학은 민중을 억압할 때 일어나죠. 우리나라도 80년대까진 문학이 살아 있었고 시가 상상력을 자극했잖아요.

똥팔씨   아~ 그래서 도스토옙스키와 같은 러시아 작가의 작품들이 우리나라에선 80년대에 특히 많이 읽혔나봐요. 일제강점기 때 활동했던 염상섭 등의 한국 작가들이 러시아 작품의 성향을 담고 있기도 하잖아요.

메뚜씨   특히나 도스토옙스키의 작품이 큰 영향을 미쳤죠. 도스토옙스키 소설에는 시간이 압축되어 있어요. 염상섭 소설에도 사건의 시간성이 없어요. 신기하죠. 러시아 소설에 큰 영향을 받은 거예요. 영향을 받은 원인은 1920~30년대 문학의 주도권을 잡았던 프랑스 문학이 미국으로 넘어갈 당시, 프랑스에서 가장 좋아했던 문학이 러시아 문학이었어요. 당시 프랑스 문학은 상징파에서 초현실주의로 넘어오는 시점이었죠. 초현실주의니까 무의식의 문제인 욕망에서 비롯된 부친 살해에 대한 맥락을 읽고 싶어 했던 거죠. 그런데 러시아 소설을 보니까 아버지를

      미하일 바흐찐

다 죽여요. 그러니까 막 열광했죠. 이런 프랑스의 문화적 헤게모니가 세계로 수출되면서 우리나라까지 들어온 거죠.

똥팔씨   우리나라에서는 일본을 거쳐서 들어온 러시아 문학 작품을 보면서 습작했다고 합니다. 윤동주도 푸시킨의 시를 좋아했다고 하네요.

메뚝씨   윤동주도 푸시킨파입니다. 푸시킨의 가장 유명한 시 있잖아요. 예전에 이발소마다 붙어 있었던 것. "삶이 그대를 속일지라도 슬퍼하거나 노하지 말라!" 이게 푸시킨의 정작은 아니라고 하지만, 아무리 힘들더라도 포기하지 않을 틈새를 찾아내는 민중의 힘을 러시아 문학에서 표현한 증거가 될 순 있겠죠.

바흐찐의 《말의 미학》이란 선집엔 이런 말이 나옵니다. "(문학은)다른 세계의 창조지 이 세계의 재현이 아니다." 러시아 문학의 리얼리즘은 이 세계를 재현한 모사물이 아니라 세계를 재편해서 새로운 세계를 만들었다는 겁니다. 그런데 현대 리얼리즘 소설은 세계에 있을만한 얘기를 재현하는 데 집중하죠. 그것이 차이죠.

똥팔씨   저도 그렇게 생각하고 있고 대부분 사람도 리얼리즘하면 지금 내 옆에 있는 현실을 그대로 이야기하는 것 그리고 개인의 심리를 현실적으로 묘사하는 것이라고 알고 있잖아요. 리얼리즘이 그게 아니라는 의미는 무엇인가요?

메뚝씨   바흐찐의 리얼리즘은 통상 우리가 생각하는 리얼리즘이 아니에요. "그로테스크 리얼리즘"이라고 정의했죠. 그로테스크는 퇴폐나 잔인함이란 뜻이잖아요? 이것을 신화가 된 문학비평가

김현이 기형도의 시를 분석하면서 이 이론을 따옵니다. 김현은 기형도의 시집《입 속의 검은 잎》의 시평을 이렇게 씁니다. 좀 길지만 인용해볼게요.

나는 기형도의 시가 아주 극단적인 비극적 세계관의 표현이라고 보고 있다. 그것은 도저한 부정적 세계관이다. 그의 시가 보여주는 부정성을 그 이전에 보여준 시인은 그리 많지 않다. 아니 거의 없다. 아무리 비극적인 세계관에 침윤되어 있더라도, 대부분의 시인들은 낙관적인 미래 전망의 흔적을 보여준다. 이성복이 그렇고, 황지우가 그렇다. 그런데 기형도의 시엔 그런 낙관적인 미래 전망이 거의 없다. 그 도저한 부정성은 벤이나 첼란에게서나 볼 수 있는 부정성이다(한국 시에서 그런 부정성을 보여준 시인이 누구일까? 이상? 이상에게는 그러나 치열성이 부족하다). 기형도의 부정성은, 내가 보기에는, 적어도 두 개의 출구를 갖고 있었다. 하나는 그 부정성을 더욱 밀고 나가, 유한한 육체의 추함을 더 과격하게 보여준 길이며, 또 하나는 그 부정성을 긍정적 부정성으로 환치시켜, 혹은 발전시켜 해학 · 풍자 · 골계 (/익살)쪽으로 나아가는 길이다. 첫 번째 길은 개별자의 갇혀 있음을 더욱 명료하게 보여줄 것이며, 두 번째의 길은 미래 전망의 결여를 운명적인 것으로 인식시킨 지배 이데올로기를 비웃음으로써, 그것이 인위적인 것이며, 문화적인 것이라는 것을 뒤집어 보여줄 수 있었을 것이다. 첫 번째 길은 비용이나 보들레르 등이 걸어간 길이며, 두 번째 길은 라블레나 김지하가 걸어간 길이다. 기형도는 그 두 길의 어느 쪽으로도 가지 않았다. 그는 그 갈림길에서 갑자기 쓰러져, 다시 일어나지 못했다. 그래서 그 갈림길은 이제 다시 없어졌다. 이미 그가 노래한 것처럼.

기형도《입 속의 검은 잎》

미하일 바흐찐

그로테스크 리얼리즘은 현실을 부정하는 리얼리즘입니다. 말 장난 같죠? 그런데 그 안에 사실 자체보다 사실에 가까운 사실 성이 있다는 거죠. 사실의 정보를 재현한 것은 리얼리즘 문학 이 아니라 사건의 룰을 따르는 문학입니다. 현실이 그로테스크 하다면, 비극적이라면 그 현실의 그로테스크함을 문학적으로 재구성하면 리얼리즘이라 정의 내릴 수 있다는 주장이죠. 바흐 찐 철학도 같은 맥락이에요.

똥팔씨　　그러니까 현실에 충격을 줄 수 있는 사건의 재구성이 리얼리즘 의 본질이라는 거네요.

메뚝씨　　침투죠. '대화는 침투'라는 게 바흐찐의 주장입니다. 문학도 현 실 규칙에 침투하는 강력한 타자란 말이에요. 철학은 그 타자 들의 관계를 논리적으로 유추한 활동이고, 직접적 타자는 문학 이 실현합니다. 문학은 현실 규칙을 우리 고정세계에 침투해 질서를 재구성할 힘을 갖고 있어요. 그것이 리얼리즘이고 문학 의 참여 방식입니다. 그런데 가짜 리얼리즘 문학은 현실을 모 방하여 현실의 룰을 재생산하고 확장할 뿐 현실에 침투하거나 재구성해낼 수 없어요. 바흐찐은 좌파였고 민중 편이었기 때 문에 문학이 일반화되면 사람들의 현실을 바꿔줄 수 있다고 본 거죠. 그래서 바흐찐이 추방당한 겁니다. 알기만 하면 저항하 기 어렵지만 느끼면 저항할 수 있거든요.

똥팔씨　　그런 얘기들이 《도스토옙스키 시학의 제문제》에 나오죠. "현실에 지배당하고 억압당하는 사람들의 위안이 문학이다."

메뚝씨   그러니까 바흐찐은 러시아 사람들에게 위안을 주는 이론을 만들고 싶었던 거예요. 이런 말도 합니다. "최종적인 일은 그 세계 속에서 아직 한 번도 일어나지 않았으며 세계에 대한 최후에 그리고 세계의 최후의 말은 이제껏 발설된 적이 없었고 세계는 열려 있으며 자유롭고 아직 모든 것은 앞에 있으며 영원히 앞에 있을 것이다." 약자들에게 용기를 주는 문장입니다.

똥팔씨   저는 《프로이트주의》에 대해 궁금한 게 많아요. 바흐찐하고 프로이트가 어떻게 연관이 있을까요? 그리고 바흐찐은 왜 프로이트를 비판한 거죠?

메뚝씨   바흐찐 서클에서 연구한 핵심 주제가 프로이트예요. 프로이트는 1920년대에 혁명 이후 러시아에 뜨겁게 들어왔습니다. 그 열기를 프로이트 자신도 알고 있어서 러시아에 자신의 사상을 확장하고 싶어 했어요. 워낙 연구가 치열하게 진행되기도 했고 프로이트가 가장 좋아했던 작가 또한 도스토옙스키였기 때문에 러시아와 프로이트는 깊은 관계를 맺습니다. 그런데 바흐찐 서클에서 프로이트를 연구하면서 의구심이 생겼어요. 국가가 주도한 프로이트 사상은 기계론적으로 이용될 수 있거나 결정론의 함정에 빠질 수 있다고 예감한 거죠.

똥팔씨   프롬도 프로이트가 결정론이었다고 비판하잖아요?

메뚝씨   비슷해요. 바흐찐은 정신분석학이 결정론의 함정에 빠질 수 있다고 해요. 그러나 프롬과는 다른 입장입니다. 프로이트의 이론 중 오이디푸스 콤플렉스가 있죠. 나는 아버지를 살해할 욕망을 갖고 있으나 아버지를 살해할 수 없어서, 언어를 배우고

               미하일 바흐찐

문명을 창안한다는 논리죠. 바흐찐은 그것까지는 용인합니다. 그러나 "그래서?"라고 되묻죠. 아버지를 죽이지 못해 언어를 배웠으면 다 창작자가 돼야 할까요? 바흐찐이 보기엔 이미 우리는 모두 창작자인데, 아버지를 죽이면서까지 도전할 이유가 없다는 거예요. 우리는 모두 새로운 존재로 탄생할 가능성을 장착하고 있다고 본 거죠.

그는 철저한 민중 편이었어요. 반엘리트주의라고 해도 좋습니다. 실제 생활도 민중하고 대화하고 소통하고 시장 속에 참여하면서 살았죠. 그렇기 때문에 "당신은 원래 위대하다. 지금 자체가 이미 유일하다. 다만 모를 뿐이며 모르는 것도 당신 탓이 아니다."라는 주장을 하고 싶었던 겁니다. 그런데 그런 희망을 프로이트는 창조해야 할 의무라고 보았기 때문에 치료적 관점으로 사람을 대상화시킬 수 있는 오해가 있다는 것이죠. 바흐찐은 자신을 프로이트주의자라 표현하면서도 정신분석학을 사회학적으로 활용하고 싶어했어요.

똥팔씨   프로이트에게 가장 중요한 건 무의식이잖아요. 오이디푸스 콤플렉스도 무의식의 개념을 설명하기 위해 만들어낸 구도고요. 그런데 바흐찐은 무의식을 생활과 분리된 거울일 뿐이라고 이해했죠. 바흐찐이 프로이트의 무의식 사상을 어떻게 받아들인 건가요?

메뚝씨   프로이트가 아직 언어학을 정확히 이해하지 못했기 때문에 그 문제에 대해서 결정론적인 입장을 내릴 수밖에 없었다고 말해요. 그래서 스위스 언어학자인 소쉬르의 언어학을 수정한 야콥슨의 시적 언어학을 바흐찐이 비판합니다. 언어의 인접성을 환유, 유사성을 은유라고 부르는데 바흐찐의 비판이 나오기 전까지 야콥슨은 환유보다 은유를 결정적인 무의식의 기준으로 생각했어요. 은유는 일종의 상징체계인데, 무의식은 상징의 질서로 파악할 수 있다는 입장이죠. 그런데 유사성은 문화와 지역에 따라 혹은 당대의 이념에 따라 다르게 해석할 수 있습니다. 비과학적인 거죠. 예컨대 시인 김동명의 "내 마음은 호수"라는 은유적 표현 중 "내 마음"이 일제강점기 때와 지금이 같을 수가 없잖아요. 그래서 환유가 은유보다 결정적이라고 바흐찐은 본 거죠. 바흐찐은 너와 나의 배치 문제가 상징의 문제보다 중요하다고 보았어요. 러시아의 유명한 언어학자 야콥슨은 그 비판을 받아 자신의 사상을 수정하기도 해요. 환유가 은유보다 더 중요하다고 인정한 거죠. 그것이 레비스트로스와 라캉에게 영향을 주고 그 영향이 구조주의 탄생에 결정적 역할을 합니다.

크리스테바라는 프랑스의 철학자도 《시적 언어의 혁명》이라는 그녀의 박사학위 논문에서 바흐찐의 대화론을 차용했어요. 대화란 단지 소통의 도구가 아니라 문학적 장치라는 주장이죠. 대화는 문학이고, 문학은 사회학이며, 사회학은 바로 철학의 근본 문제예요. 프랑스 68혁명이 실패한 시점에서 크리스테바의 이 주장은 문학적 실천 전략을 고민했던 프랑스 구조주의 철학자이자 비평가였던 롤랑 바르트에게 충격을 주죠. 그리고 그 충격이 우리나라 문학비평에 새로운 유행이 됩니다. 지금까지도 유행이고요. 지금 이 시대에 유행하는 사상의 시원이 바로 바흐찐인 셈입니다. 그러나 우리나라 지식계는 그 사실에 둔감해요. 이거 어디에도 안 나와 있습니다. 아휴 힘들어.

미하일 바흐찐

똥팔씨　그런 계보가 있었군요. 전 상상도 못했습니다. 그렇다면 앞서 몇 번 바흐찐의 카니발론을 언급했었는데 정확히 카니발론이라는 게 어떤 건가요?

메뚝씨　카니발은 본래 사육제였어요. 고대 로마에서 그리스도인들이 부활절을 준비하며 금식하는 기간에 앞서 맘껏 고기를 먹고 떠들썩하게 즐기는 날이죠.

똥팔씨　조선시대에 큰 저잣거리에서 벌어지던 마당극과 유사한 거군요.

메뚝씨　그렇죠. 그런데 마당극은 공연문화예요. 공연문화는 축제가 아닙니다. 공연문화는 객석이 필요하지만 카니발엔 객석이 없어요. 그래서 카니발에서는 주체, 객체의 구분이 불분명하죠. 모두가 참여자고 주인입니다. 바흐찐은 여기에 집중한 거죠. 바흐찐의 책 《프랑스와 라블레의 작품과 중세 및 르네상스의 민중문화》(이하 라블레론)에 나오는 바보 축제가 있는데 축제를 즐기는 동안 모두가 바보가 되는 겁니다. 이성의 판단을 차단해서 육체가 주는 흥분을 최대한 만끽하자는 입장이죠. 여기엔 객석이 없어요. 앉을 시간도 부족하니까요. 브라질의 카니발 축제도 그렇잖아요. 브라질 국민은 단 한 달 동안의 카니발 축제 기간을 위해 폭발적으로 일합니다. 브라질의 수도 브라질리아는 악명 높은 교통상황으로 유명한 도시기도 해요. 그 사이에 껴 있다 보면 아주 돌아버려요. 그런데 그걸 다 참아요. 정치가 썩어도, 상류층이 부패해도 다 참습니다. 축제만 허용하면 웬만한 불편함이나 부패는 넘어가 주는 거죠. 그래서 바흐찐을 비판할 때 카니발론은 기존의 이데올로기를 잊게 하는 환상적 장치가 될 수 있다는 비판도 있는 거예요. 그런데 그게 아니라는 겁니다.

똥팔씨   축제는 일종의 마취제 아닌가요? 다른 자극제를 투여함으로써 시선을 다른 데로 분산시켜버리는 거죠. 시민의 정치적 관심을 스포츠, 스크린, 섹스로 돌린 전두환 대통령의 3S 정책처럼.

메뚝씨   그런 효과가 없진 않죠. 그러나 바흐찐은 역사와 생활을 구분함으로써 이러한 비판적 관점을 우회합니다. 역사는 변증법으로 순환된다고 해도 생활은 절대 변증법으로 돌아가지 않아요. 우리의 생활은 변증법과 무관하죠. 그 말인즉슨 생활 세계는 즉흥적 사건이 발생할 수 있는 우연의 세계이기에 정치가의 모략으로 축제가 만들어져도 사람들의 참여는 예상 밖의 효과를 만들어 낸다는 겁니다. 똥팔씨는 모든 결정을 변증법적으로 따져보고 합니까?

똥팔씨   사실상 어렵죠. 머리 아프잖아요.

메뚝씨   큰 맥락에서 보면 세계는 변증법적으로 형성되지만, 미시적으로 볼 때는 우리의 생활사와 변증법은 관계가 없어요. 인간은 우발적으로 삽니다. 그 우발성을 환영해주는 것이 카니발이죠. 내가 주인이 되고 내가 법칙을 만들고 내가 핵심이 되는 동시에 웃음을 주니까 카니발에 참여하고 싶죠. 그런데 이미 민중문화에 그러한 경향이 있었습니다. 카니발을 통해서 바흐찐이 말하고 싶었던 바는 재미난 축제가 암흑기에도 있었고, 이것이 우리 생활사를 진일보하게 만듦과 동시에 공식세계를 공

                                                           미하일 바흐찐

격하는 힘이었기에 우리에게 이미 다른 세계를 창조할 잠재력이 있다는 겁니다.

똥팔씨   어쩌면 〈왕의 남자〉와 같은 조선시대 마당극이 더 큰 마취제 역할을 했겠네요. 참여가 아니라 관람이니까요.

메뚝씨   맞습니다. 카니발의 또 강력한 특징은 주최자가 없다는 거예요. 지역 축제만 가도 주최자나 축제에 대해 권한을 가진 사람이 있잖아요. 비계 쌓고 현수막 걸고 정치인 오고. 사람들은 관람하고 먹기만 해요. 그러나 월드컵 축제나 촛불 문화제에서는 달랐죠. 거기엔 주최자가 불분명했어요. 함께 참여하고 목표를 정하고 함께 절정의 감정을 공유했죠. 거기엔 이념과 국가를 넘어 웃음이 있었고 풍자와 해학이 있었으며 인간에 대한 온기가 있었어요. 그 웃음의 혁명성이 우리 생활사를 바꾸는 가장 본질적인 힘입니다.

심각한 투쟁! 이걸로 세상을 바꾸기 힘들어요. 웃음이 없으니까요. 히틀러의 우민 정책 중 하나가 웃음을 지워버리는 거였어요. 모두를 심각하게 만들어 비판의 힘을 줄이겠다는 의도였죠. 웃음이 없으니 실없이 웃는 아이들을 타락한 인간으로 볼 수 있었어요. 그만큼 웃음은 강렬한 혁명성을 띠고 있어요.

똥팔씨   그러니까 주최자가 없는 웃음의 축제만이 진정한 혁명이 될 수 있다는 거군요.

메뚝씨   그렇죠. 그런 장치를 바흐찐은 '메니푸스적 풍자'라고 했어요. 메니푸스는 기원전 3세기 철학자예요. 그의 작품에 대해서 바흐찐이 《라플레론》에 쓴 이야기가 14가지가 있는데 두 가지만 합시다. 첫 번째는 메니푸스는 소크라테스식 대화에 비하여 웃음의 폭발력이 훨씬 더 강하게 나타난다는 사실입니다. 소크라테스의 대화는 너무 심각했어요. 심각하면 이야기를 가만히 들어야만 하잖아요. 일단 웃겨야 해요. 그래야 누구나 참여할 수 있는 카니발적 대화가 살아나죠. 두 번째는 역사나 신화, 전설과 같은 현실적 제약에서 벗어나 지극히 자유로운 철학적 상상력과 환상적 구성력을 메니푸스가 자극했다는 겁니다. 과학과 꿈이 같다는 신비한 철학 사상을 구축했던 프랑스의 과학철학자 바슐라르의《몽상의 시학》이랑 비슷한 얘기예요. 그런 자극의 시공간을 제공하는 게 카니발이죠.

똥팔씨   즐거움이 심각함을 이긴다는 뜻이네요. 혁명도 즐겁게, 생활도 기쁘게, 대화도 웃기게.

메뚝씨   맞습니다. 그래서 선거는 축제가 돼야 해요. 우리가 주인일 수 있는 거의 유일한 기회니까요. 웃으면서 정치인을 씹고 꺼지라고 말할 수 있어야 해요. 기존 세계를 흔들 수 있는 아주 좋은 찬스죠. 일상생활에서 웃음으로 승화할 요소를 찾고 민주주의의 변화를 카니발로 만들 수 있어야 우리가 우리 삶의 주권자가 될 수 있어요. 제 자신을 존재 사건에 유일한 사람이라는 깨달음을 선거 때마다 찾을 수 있다는 거죠. 이거 얼마나 좋은 공부의 계깁니까.

똥팔씨   웃음과 풍자를 통한 우발성의 구축으로 정치의 관성과 보수성에 대항할 수 있겠네요.

미하일 바흐찐

메뚝씨   물론 모든 것을 축제로 만들 수 있다는 발상까지는 다소 위험할 수 있어요. 탈주하고 와해하는 것이 무조건 옳은 것은 아니에요. 열림이 때론 폐쇄적일 수 있고, 폐쇄적인 생활이 때론 열릴 수 있어요. 바흐찐은 군중을 안고 싶은 휴머니즘 때문에 닫힘의 폐쇄성이, 홀로 고독에 침잠하는 몰락의 시간이, 인간의 범위를 확장할 수 있다는 니체적 사상까지 염두에 두지 못한 듯 보입니다. 바흐찐의 주장은 열려있는 게 무조건 좋다는 결론에 도달한 것 같은 느낌이 있어요. 그래서 오히려 인간주의를 강조한 바흐찐이 비인간적으로 회귀할 수도 있죠. 이게 바로 바흐찐이 신자유주의와 결탁되는 지점입니다. 실제로 바흐찐은 신자유주의에 이용당하기도 하죠. 소통을 목적으로 한 정책이 FTA니까요. 웃기죠.

똥팔씨   그러니까 민중을 위로해주고 너는 할 수 있어! 힘을 주려고 했는데 오히려 정치적으로 신자유주의에 포섭당해서 이용당할 수 있다는 뜻이군요.

메뚝씨   그렇죠. 이용당할 수 있죠. 레벨이 다른 사람에게 어떻게 포섭되지 않고 서로 개방적 관계를 유지할 수 있겠습니까? 레벨이 다른 이와의 개방은 소통이 아니라 흡수예요. 한쪽이 한쪽을 먹어버릴 수 있어요. 비정상적인 강한 힘은 약한 쪽을 이용하죠. 그래서 바흐찐이 이용당해요.

똥팔씨   그러니까 범주가 다른 것들과의 개방과 소통은 반민주주의적일 수 있겠네요.

메뚝씨 우리 삶을 지배하는 언어의 질서를 결정하는 힘을 헤게모니라고 하죠. 헤게모니는 무엇보다 우리 일상의 언어를 지배해요. 예컨대 "자유"는 좋은 말이죠. 그런데 이 말은 시대의 헤게모니에 잡힌 결정적인 말일 수 있어요. 실제와 개념 사이가 이격돼 있는 거죠. 다른 맥락으로 써야 됩니다. 명사적으로 말하면 안 돼요. 서술적으로 말해야 돼요. 그러니까 "~한 것이 자유다."라고 말해야 하지 "~이 자유다."라고 말하면 안 된다는 것이죠. 그러면 지배 이데올로기에 포섭될 수 있어요. 사랑도 마찬가지예요. 이 시대의 사랑은 마치 쾌락을 증폭하거나 서로의 개인적 공간을 유지하는 도구로 바뀌어 버렸어요. 그러고는 사랑을 받는 것으로 착각합니다. 이런 소소한 말들의 쓰임이 자본주의 룰이고 미국식 제국주의의 파편입니다. 말을 명사적으로 쓰면 그 룰대로 삶이 포섭될 수 있어요.

룰대로 될 때는 축제고, 개방이고, 모두 헤게모니 재생산에 포섭됩니다. 그 작용을 잘 읽어야 돼요. 말을 할 때 명사적으로만 얘기하는 것이 아니라 술어로 말하는 습관을 훈련해야 합니다. 선거 때 우린 많이 속잖아요. 명사가 아닌 술어를 잡아야 명확한 뜻을 잡아낼 수 있고 속지 않을 수 있어요. 바흐찐은 "처음 시작하는 말도 마지막 말도 있을 수 없다."라고 했습니다. 우리의 말과 말이 서로 섞여 새로운 관계와 삶의 질을 구성할 때에야 진정한 대화가 가능해요. 대화를 새로운 용법으로 바꿔야 해요. 결론으로 직행하지 말고 말들의 그 과정을 꼼꼼히 재고하는 근력이 무엇보다 중요합니다. 그래야 우리 모두 70억 분의 불굴의 1인이란 진실에 닿을 수 있죠.

미하일 바흐찐

똥팔씨 　독백이 아닌 대화의 물꼬를 트고 생활 속에 녹아 있는 축제적
　　　　요소를 발굴하는 것이 중요한 거군요. 생산적 대화가 생산적
　　　　관계를 만들고 삶을 윤택하게 하겠죠.

▎바흐찐으로 가는 길

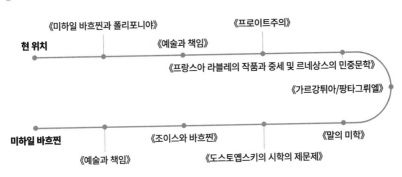

바흐찐은 단발에 정복하기 까다로운 철학자이니 긴 호흡과 사뿐한 인내
심이 필요해요. 우선 그의 전기를 다룬 책을 먼저 접해보세요. 《미하일
바흐찐과 폴리포니야》라는 논문집이 있습니다. 바흐찐의 생애까지 소
개된 책입니다. 바흐찐으로 접근하는 두 번째 통로는 《예술과 책임》입
니다. 강렬한 아포리즘과 무거운 테제들이 현란하게 배치된 책입니다
만, 두세 번 읽어보면 바흐찐이 구축하고자 했던 철학의 알짜에 접근할
수 있죠. 하루에 10장 이하로 읽는 게 좋습니다. 이 이상의 독해로 가면
탈이 날 수 있으니까요.

신의 육신을 갈아먹자. 그것이 축제다

두 권의 책으로 바흐찐에 대한 약간의 근육을 만들었다면 《프로이트주의》를 추천합니다. 심리학을 넘어서 인간의 마음을 읽고자 했던 바흐찐의 진정성이 담겨 있습니다. 논문 형식이라 가독이 원활치는 못하기에 1부 〈현대 철학 및 심리학의 사상 경향과 프로이트 주의〉와 역자후기 및 해제만 읽어도 도움이 될 것 같습니다.

이 세 권을 접했다면 바흐찐 읽기의 전면전으로 다가설 수 있습니다. 그의 핵심 주저 《프랑스아 라블레의 작품과 중세 및 르네상스의 민중문학》편을 접해보세요. 두껍고 어려워서 접선이 쉽진 않겠지만, 프랑수아 라블레의 소설집 《가르강튀아/팡타그뤼엘》과 같이 읽으면 바흐찐의 매력 속으로 빨려 가는 강렬함을 느낄 수 있죠. 심도 있게 바흐찐의 사상을 파고 싶다면 욕심을 더 내어 바흐찐 선집 《말의 미학》을 펼쳐보길 권합니다. 이 책만 반복해서 읽어도 바흐찐 철학의 전반을 이해할 수 있거든요.

마지막 바흐찐으로 가는 길의 종착역은 그의 주저 《도스토옙스키 시학의 제문제》를 열어보거나 《조이스와 바흐찐》이란 연구서를 접해보아도 좋습니다.

쉽게 정복할 수 있는 철학은 아니라서 도중에 하차할 위험이 있습니다. 그럴 때는 두 남자의 수다를 재차 들으면서 《예술과 책임》으로 돌아가서 포기하고 싶은 마음을 다잡아 주세요. 바흐찐은 이 시대에 꼭 필요한 탁월한 철학자니까요.

프리드리히 니체

목사의 아들,
무엇으로 하여금 신을 부정하게 했나?

일발의 생을 긍정하는 태도에 대하여

똥팔씨   도덕과 정의에 대해 고민하는 시간입니다. 다시 가볍지만 공허하지 않은 수다를 시작해볼까요?

메뚝씨   제일 중요한 거죠. 가볍지만 공허하지 않게. 잡설 없이.

똥팔씨   오늘 밤 우리 수다를 풍요롭게 해줄 철학자는 프리드리히 니체!

메뚝씨   아 니체예요. 셉니다.

똥팔씨   니체의 아포리즘은 참 어렵더라고요. 상징과 비유의 문체들을 따라가기가 쉽지 않았어요.

메뚝씨   어렵죠. 내장이 뒤틀리는 느낌이죠. 토하고 싶고.

똥팔씨   이게 무슨 소린가 싶죠. 니체 책을 읽다가 중도 포기한 분들이 많을 거예요. 그래서 저는 거의 해설서 위주로 읽었어요.

메뚝씨   해설서도 어려워!

똥팔씨   자 이제 사회적 이슈와 질문으로 수다를 시작해볼까요? 일단 도덕하면 가장 먼저 떠오르는 곳이 어디일까요?

메뚝씨 　교장님의 훈화 말씀?

똥팔씨 　맞아요. 우리가 도덕이란 명사를 배우기 시작하는 곳은 학교입니다. 가정에선 "이건 도덕이야!" 하면서 가르치진 않죠. 요즘엔 스마트폰으로 음지의 도덕을 많이 배우기도 하겠네요.

메뚝씨 　그런 것들을 반도덕이라고 하죠. 하지 말라는 걸 하는 재미입니다. 그러니까 도덕 교육이 강화되면 강화될수록 아이들은 스마트폰의 세계로 빠져들 수 있어요.

똥팔씨 　하지 말라고 하니까 더 하고 싶잖아요.

메뚝씨 　당연한 거예요. 진짜 도덕과 윤리의 가치를 드높이고자 한다면 도덕 교과서를 축소시키는 것도 하나의 방법이에요. 금기를 없애야 음지가 사라지죠.

똥팔씨 　그래서 도덕 교과서는 어떤 내용일까 궁금해서 6학년 도덕 교과서를 찾아봤어요. 차례를 보니까 이렇게 구성돼 있네요. "소중한 나, 참다운 꿈, 알맞은 행동으로 갈등을 대화로 풀어가는 생활, 평화통일을 향한 발걸음, 배려하고 봉사하는 우리, 공정한 생활, 크고 아름다운 사랑, 모두가 사랑 받는 평화로운 삶."

메뚝씨 　와 멋집니다. 법률이네요. 법률!

똥팔씨 　제목만 봐서는 아름다운 법전 같았어요.

메뚝씨 　관습법이라고 하죠. 우리는 어렸을 때부터 법을 배웁니다. 법은 우리 생활에서 멀지 않아요. 다만 관습법하고 성문법하고 괴리가 클 뿐이죠. 오히려 헌법이 훨씬 더 인간적이죠. 도덕으

132　　　　　　　　　　　　　　　　　　　　　　　　　프리드리히 니체

로 개칭된 관습법을 먼저 배우니까 '나'로부터 시작돼요. 내가 소중하니까 남도 소중해. 그러니까 규칙을 지켜. 안 지키면? 혼나. 이런 식이죠.

똥팔씨   도덕 교과서 제목들을 보면 아이들의 수준을 좀 낮게 보는 것 같아요.

메뚝씨   맞습니다. 무시하는 거죠. 아이들이 자아에 대해 오해하긴 하지만, 고민하지 않는 건 아니에요. 단지 착각할 순 있죠. 심지어 어른들이 아이들로 하여금 자신을 착각하도록 유도하기도 해요. 예를 들어 볼게요. "아빠 나도 죽어?"같은 질문은 누구나 받아 보았을 거예요. 아빠는 대답하죠. "아니야 다른 세계가 있어." 제 생각에 이런 대화는 아이들은 무시하는 행위일 수 있습니다. 저 세계가 있다고 어렸을 적부터 믿으면 이 세계를 오해할 수 있기 때문이죠. 저 세계가 있으면 이 세계에서 최선을 다할 이유가 충분하지 않거든요. 안락한 저 세계의 구원을 받길 원할 수 있어요. 지금 이 순간을 부정하는 태도를 어렸을 때부터 학습 받는 거죠.

이처럼 우리는 철학적 질문을 과하게 차단하는 경향이 있어요. 철학적 질문은 다소 위험한 경향이 있긴 하지만, 그렇다고 할 수 없는 질문은 아니거든요. 죽음에 대해 묻는 아이를 설득할 논리를 찾는 행위부터가 철학의 시작입니다. 그래서 "아빠 나도 죽어?"와 같은 질문을 받으면 "모든 생명은 죽어. 그렇기 때문에 오늘 이 순간에 최선을 다해야 해."라고 말해야 하는 거예요. 죽음의 조기 교육이죠. 물론 아이가 무서워할 수 있어요.

그러나 이러한 대화를 끈질기게 반복할수록 무서움은 덜어지고, 생명에 대해 고민하기 시작할 수 있다고 저는 믿습니다. 일발의 생을 긍정하는 보람은 조기 교육이 필요한 거죠. 그래야 생을 아끼고 다듬는 법을 절실히 배울 수 있습니다. 거기서부터 니체의 사상이 시작한다고 볼 수 있겠네요.

똥팔씨　한 가지 궁금한 점은 학교에서 도덕이라는 교과를 꼭 가르쳐야 하는지 분명하지 않다는 사실이에요. 도덕 교과서가 있어야 하는 이유를 잘 모르겠어요. 모든 교과 안에 도덕적, 윤리적 문제가 들어 있을 텐데 재차 도덕을 가르칠 이유가 있을까요?

메뚝씨　지식 안에 가치가 내재되었느냐 아니냐의 문제죠. 실증주의자들은 지식의 가치가 중립적이라고 주장해요. 과학이 그 지식의 가치중립성을 보장한다고 믿는 것이죠. 헌데 어떻게 중립적인 지식이 가능할까요? 더구나 중립적인 지식은 과학자가 아닌 일반 사람들에게 별반 쓸모없는 지식일 수 있어요. 그런 지식은 다른 말로 불러야죠. '정보'라고요. 우리는 중립과 중용, 중도라는 말이 마치 균형을 뜻한다고 착각해요. 그러나 균형은 중도가 아닙니다. 중도는 내 안의 평화를 찾고 싶을 때 쓰는 사적인 요령일 뿐 사회의 평화가 중도가 될 순 없어요. 이쪽 끝과 저쪽 끝을 용인해야 자유가 허가된 건강한 사회죠.

똥팔씨　어느샌가부터 극도, 극좌, 극우라는 말들을 욕처럼 쓰잖아요. 최근 사회는 건강하지 않은 모양이네요.

메뚝씨　그렇죠. 물론 중도나 중립보다 더 큰 모욕은 무당파여야 해요. 무당파는 자신의 권리를 다른 사람에게 양도하는 비겁함입니

　　　　　　　　　　　　　　　　　　프리드리히 니체

다. 자기 것을 왜 남한테 줘요? 자기 것은 자기가 가져가야죠. 우리가 선택권이 강한 사람들을 욕하면 욕할수록 실존은 빈약해지고, 사회는 얌전해집니다. 니체가 꼬집고 싶어 하는 부분이기도 하고요.

똥팔씨　니체, 아주 거친 분이시죠. 19세기의 위대한 철학자. 니체는 1844년 10월 15일에 뢰켄이라는 곳에서 목사의 첫째 아들로 태어납니다. 보통 "목사나 교사의 자식은 모 아니면 도"라는 말이 있잖아요. 니체는 도였던 것 같아요.

메뚝씨　뺙도죠.(웃음)

똥팔씨　프리드리히라는 이름은 아빠가 지어줬다고 해요. 당시 프로이센 국왕이었던 프리드리히 빌헬름 4세의 이름을 따서 아들에게 준 거죠. 조선 시대에는 '피휘'라 해서 왕의 이름을 쓰기만해도 죽임을 당하기도 했다던데 독일은 막 주었나 봐요. 어쨌든 생일이 같다는 이유로 니체는 프리드리히라는 이름을 가지게 되었습니다.

메뚝씨　니체는 유독 아버지와 가까웠던 것 같아요. 아버지의 유전자를 많이 받았다고 니체 스스로 이야기하잖아요.

똥팔씨　아버지를 좀 많이 그리워했던 것 같아요. 일찍 돌아가시기도 했고요. 1848년에 독일에서 3월 혁명이 일어났을 때 군주제를 지향하던 아버지는 자유주의자들에게서 큰 충격을 먹었어요.

메뚝씨 목사님이니까요. 군주는 주님인데! 감히 자유주의자들이 깽판을 치다니!

똥팔씨 엄청난 충격을 받고 아빠는 화병으로 돌아가셨어요. 안타깝게도 그 해 막내 남동생까지 죽게 되죠. 그래서 가족 구성원이 엄마, 할머니, 여동생, 니체가 됩니다.

메뚝씨 니체의 아빠가 청빈했었다고 했잖아요. 돈이 없었어요. 엄마는 약간 물질적인 풍요도 원했는데 목사에게 돈을 바랄 수는 없잖아요.

똥팔씨 때문에 그렇잖아도 넉넉하진 않던 살림에 아버지까지 돌아가시면서 어린 니체와 여자들만으론 생계가 어려워지죠. 결국 1849년 뢰켄에서 엄마의 고향 나움부르크로 갑니다. 이 시기부터 니체와 여동생의 관계가 중요하게 엮여요. 니체는 여동생을 굉장히 아끼기도 했지만 미워하는 부분도 많았다고 하더라고요. 여동생의 남편이 반유태인주의자에다 제국주의에 앞장서서 니체는 결혼식도 안 갔다고 하더라고요.

메뚝씨 여동생의 남편이 자살해요. 남편이 자살하고 여동생은 많이 공허해 합니다. 그때 자기 오빠가 뜰 수 있겠다 싶어 니체를 공부하러 대학에 가죠. 그랬더니 니체를 좋아하던 어느 대학교수가 이렇게 이야기를 해요. "야! 넌 니체를 이해 못해. 공부 핑계 대면서 오빠 이용할 생각 말고 그냥 내버려 둬." 여동생은 충격을 받습니다. 오빠를 잘 팔리는 상품으로 주조할 수 있을 것 같았는데 포기할 수밖에 없었던 거죠. 훗날 병약해진 니체가 쓰러지고 동생이 돌보아야만 하는 상황이 되자 본격적으로 오빠

프리드리히 니체

를 이용하기 시작해요. 본래 니체는 편안하게 옷 입기를 좋아했는데, 여동생이 콧수염을 기르게 하고 흰색 옷을 입혀서 신성한 이미지를 연출하죠. 진정한 목사님처럼 말이죠.

똥팔씨 아울러 엄마와의 관계도 니체를 이해하는 데 중요한 포인트가 될 것 같습니다. 니체가 신학을 포기했을 때 엄마와 많이 다투었다죠.

메뚝씨 엄마도 엄마지만 할머니가 짱이었죠. 할머니는 니체가 평범하게 법률가로 자랐으면 했어요. 영민한 손자가 변호사가 돼, 쇠락하는 집안에 등불이 되었으면 하는 바람이 강했겠죠. 요즘이랑 똑같아요. "전문직 돼라, 전문직. 아니면 기술을 배우거나!" 니체는 그런 속물적 탐욕을 싫어했어요. 어렸을 때부터 책을 좋아했으니까요. 독서는 나를 새로운 세계로 안내하거든요. 탐욕이 사라지고 소박한 삶이 가능해지죠. 아버지로부터 배운 면이기도 해요. 아버지가 아침에 일찍 일어나 몸을 단정히 하거나 책을 읽는 청빈한 모습들을 보면서 니체는 아름다움을 느낀 겁니다. 어릴 적부터 그런 모습을 보고 자란 아이는 물적 욕구가 클 수가 없어요. 우린 주말에 보통 뭐하죠?

똥팔씨 TV 보거나 돈 쓰러 다니죠. 밖에 나가면 다 돈이에요.(웃음) 신기하게 저는 핸드폰을 거의 만지지 않는데도 아이들은 알더라고요. 그게 재밌다는 걸 아이들은 보는 것만으로도 아나 봐요. 이렇게 니체 역시 가족이라는 울타리 안에서 형성됐다고 볼 수 있을 것 같아요.

니체는 나움부르크로 이사하고 그곳에서 초중등교육을 받습니다. 우리나라로 보자면 초등학교인 보통학교에서는 적응을 잘 못했고, 사립학교에서 음악과 고전 문학에 두각을 나타냈다고 해요. 14살에 시를 짓고 작곡을 했다고 하더라고요.

메뚝씨   니체의 작곡이 요즘 말하는 유행가 수준이 아니라 교향곡이었어요. 오페라 속 아리아를 작곡하기도 했죠. 피아노도 잘 쳤어요. 음악이 니체에겐 큰 위안이었죠. 외로웠던 니체를 달래는 안정된 쾌락이 음악이었으니까요. 니체는 평생 음악과 우정을 쌓고, 음악 덕에 힘을 얻었어요. 외로울 땐 음악이 최고죠.

똥팔씨   그리고 독일의 김나지움을 우수한 성적으로 졸업하고 본 대학으로 갑니다. 니체가 수학을 못했다고 하죠?

메뚝씨   니체는 모범생이고 우등생이었죠. 하지만 우리나라 오면 공부 못했을 거예요. 구구단부터 외워야 되니까.(웃음) 니체는 가치가 없는 지식을 싫어했어요. 음미되지 않는 지식을 멀리하고자 했죠. 물론 나중에는 수학을 부정하지는 않아요. 실증주의의 과학적 태도가 가진 설득력의 힘을 니체는 아꼈어요. 정확한 분석이 있어야 새로운 삶을 설계할 수 있다고 보았죠. 그러나 실증주의가 창조적으로 쓰이지 못하고 통계 분석 자료 안에서 상상력을 굴복시키는 모습을 보고 실망하기도 해요.

똥팔씨   그리고 본 대학에서 소위 말하는 꼰대로 유명한 리츨 교수를 만나요.

메뚝씨   그 보수적인 교수가 니체를 보고 눈을 번쩍 뜬 거죠. "이거 물건이네?"

똥팔씨 덕분에 라이프치히 대학으로 옮겨가서 고전문학을 전공하게 되죠. 여기서 흥미로운 사실은 박사학위도 없고, 아무런 스펙도 없는 니체가 논문 하나로 바젤 대학교 교수가 되었다는 거죠.

메뚝씨 니체가 살았던 장소가 지금 우리나라보다 유연했다는 증거죠. 제도가 유연한 것이 아니라 유연한 사람이 있었던 겁니다. 유연한 사람이 위대한 사람을 발굴할 수 있어요. 제도와 법률이 위대한 사람을 만들 수는 없죠. 만약 리츨 교수가 없었다면 니체는 제 과업을 달성할 수 없었을 거예요.

똥팔씨 1869년에 고전문학 교수로 있으면서 10년간 학생들을 가르치죠. 그리고 1879년에 표면상 병의 악화로 연금을 받고 퇴직합니다.

메뚝씨 그렇죠. 연금 받아야죠. 니체는 연금 대상자 될 때까지만 교수 생활을 했거든요. 제자들을 가르치는 일에 보람이 없진 않았으나, 학교라는 시스템을 싫어했던 니체는 미련 없이 교수 자리를 내려놓습니다.

똥팔씨 중요한 건 이유죠, 이유. 그냥 물러날 수가 없으니 병의 악화라고 했어요. 핑계의 냄새가 나죠? 실은 자유롭고 싶었던 것이 먼저지 않았을까요.

메뚝씨 아프긴 그전부터 늘 아팠어요. 몸이 예민한 탓이죠. 니체뿐 아니라 위대한 철학자는 대부분 예민해요. 세계를 받아들이는 촉이 발달해야 세계의 고통이 느껴지니까요. 무딘한 사람은 세계의 상처를 예리하게 받아낼 수 없기 때문에 사상을 치열하게 창안해낼 수 없어요.

목사의 아들, 무엇으로 하여금 신을 부정하게 했나?　　　　139

니체는 평생 통증에 시달렸어요. 니체가 건강에 최선을 다하고 자신의 철학을 건강을 위한 철학이라 부른 이유도 이와 같죠. 심지어 니체는 기압계와 온도계를 들고 다니면서 자신의 몸을 최적화시킬 수 있는 장소를 찾아다니기도 했어요. 최대로 건강한 상태에서 글을 써야 《즐거운 지식》이 될 수 있다고 믿었으니까요.

똥팔씨 그래도 병역의 의무를 피해갈 수는 없었네요. 비스마르크 시대에 군에 입대를 하지만 낙마사고로 의가사 제대를 했어요.

메뚝씨 그때에도 군복지가 있었네요. (웃음)

똥팔씨 1870년에는 자발적으로 프랑스 프로이센 전쟁에 의무병으로 지원해요.

메뚝씨 전쟁을 체험하고 싶었던 거죠. 극렬한 경험으로 세계에 균열을 낼만한 작품을 쓰고 싶었던 겁니다. 데카르트도 전쟁을 체험코자 십자군에 지원하잖아요. 물론 칸트는 안 가요. 헤겔? 절~대 안 가요. 이렇게 철학적으로 분류해보아도 재미있는데, 칸트나 헤겔은 철저한 아카데미 철학자였죠. 시간을 쪼개고 쪼개서 글을 쓰는 직업 윤리가 단단한 인물이었습니다. 강의는 매력적이었을지 모르지만 규칙적이고 재미없는 사람들이었죠. 자기계발이 잘된 철학자들이에요. 반면 데카르트는 누워서 놀다가 글을 썼어요. 그래서 책도 얇아요. 니체의 글도 실상 많지 않아요. 양보다 질이죠. 번개같은 직관을 좋아했으니까요. 창의적인 사람은 순간적인 발랄함을 위해 충분한 휴식을 취할 줄 아는 사람이죠. 니체는 자신의 철학이 매력적인 글장난이기보다 진실하길 바랐기에 전쟁을 경험하고 싶었던 겁니다.

프리드리히 니체

똥팔씨   1889년에 니체가 광장에서 말이 매 맞는 장면을 보고 끌어안
       고 기절을 한 뒤로 정신이 나갔다고 하더라고요. 감수성이 뛰
       어났죠.

메뚝씨   니체는 사람뿐만 아니라 모든 생명에 대한 감수성이 높았어요.
       나무도 좋아하고 동물도 좋아했어요. 니체가 과격하다는 말은
       니체를 잘 체험해보지 못한 사람들의 붙인 편견입니다.

똥팔씨   특히 노벨 문학상 수상자이자 비트겐슈타인의 스승이었던 버
       틀란트 러셀은 니체를 과격자라고 표현하면서 굉장히 싫어했
       잖아요.

메뚝씨   민주주의에 반대하는 귀족주의자라고 했죠. 러셀은 원본이 있
       고 이 원본을 지켜야 한다고 생각했어요. 이 원본이 합법적인
       도덕입니다. 통계로 용인된 가치, 과학적으로 증명된 가치가
       율법이 되어야 하고, 그 율법을 누구든 거부감 없이 지키는 사
       회가 러셀이 생각한 민주주의였어요. 그런데 니체는 이런 민주
       주의를 싫어했어요. 왜일까요?

똥팔씨   인간을 약하게 만들기 때문이겠죠!

메뚝씨   맞아요. 니체는 그 약한 인격체를 '반응적 인간'이라 했어요.
       반응적인 인간은 스스로 가치를 생산하는 적극적인 인간이 아
       니라 외부의 자극에 따라 삶을 수정하는 수동적인 인간을 말해
       요. 우리는 어릴 때부터 그 반응적 인간이라는 것을 아주 깊이
       교육 당하죠. "착하다"라는 형용사의 심연엔 반응한다는 뜻이
       있어요. 그러나 창의적인 인간은 나쁜 말로 반항하는 인간입
       니다.

똥팔씨   아~ 반응과 반항!

메뚝씨   반응과 반항은 대척점입니다. 창의적인 인간은 반항하는 인간이에요. 다르게 생각하고 다르게 느끼기에 반항할 수밖에 없는 거죠. 그런데 우리는 창의적인 인간을 기른다면서 반응하는 인간으로 키우고 있어요. 이건 말도 안 되죠. 앞뒤가 안 맞잖아요. 체제에 순응하면서 창의적인 사람은 없습니다. 비판적이고 다소 반항적인 아이를 키워야 창의적인 아이가 될 수 있죠. 비판적인 아이를 키우려면 명령을 최소화시켜야 해요. 비판을 허용해야 새로움을 구성할 습관을 키울 수 있으니까요. 똥팔씨는 아이가 못마땅한 일을 하고 있어요. 막 방을 어지럽혀. 그럼 뭐라고 해요?

똥팔씨   일단 언성이 높아지죠. 하-지-마!!

메뚝씨   대부분 그렇죠. 그런데 "이건 하지 마!"가 아니라 "이것까지는 하자"라고 말해야 합니다. 니체가 주장했던 궁극의 인간인 위버멘쉬의 조건은 반항을 허용하는 수준에 달려 있는 겁니다.

똥팔씨   그런 의미에서 니체가 과업을 이루는 데 니체의 몸이 반항한 듯싶습니다. 1889년에 글을 쓰는 것을 포기하고 1900년에 사망하게 됩니다.

메뚝씨   진짜 반항의 세기인 20세기를 목전에 두고 죽죠.

똥팔씨   니체의 유고들은 양이 굉장히 많던데요.

메뚝씨   유고는 본 작품을 쓰기 전의 흔적들이니까 완성된 작품이라고 보긴 어렵죠. 비트겐슈타인도 책이 짧아요. 니체에겐 완성된 작품만 남기려는 순결주의가 있습니다. 이 시대 지식인들이 배울 점이죠. 반면 양으로 승부하는 지식인들이 간혹 있어요. 이 사람들은 자기계발이 잘된 사람들이에요. 저는 사무실주의자들이라고 부릅니다. 개인적으로 싫어하는 지식인들이에요. 이들은 잡설이 너무 많고 과거에 있던 사상을 재탕하거나 과도한 인용으로 제 실력을 숨기는 사람들이에요.

똥팔씨   말이 많을수록 신뢰도가 떨어지죠.

메뚝씨   맞습니다. 잡설은 철학도 아니며 심지어 지식이라 보기도 힘들어요. 화려하다고 믿으면 곤란합니다. 심도를 파고들지 못한 지식은 가짜죠.

똥팔씨   마지막으로 니체와 철학에 대해 살펴볼게요. 이 시기를 크게 세 가지로 나눌 수 있을 듯해요. 첫 번째 시기로는 쇼펜하우어와 바그너로부터 영향을 받은 시기로, 1872년에 《비극에 탄생》을 시작하고 1873년에 《반시대적 고찰》을 저술합니다.

메뚝씨   초기는 보통 낭만주의 시기라고 하죠. 《비극의 탄생》이 이 시기 결정적 작품입니다. 비극이야말로 인간의 카타르시스를 구현한 진정한 예술이라고 니체는 생각했어요. 비극은 불편한 것을 더 불편하게 만들기에 아직 발굴되지 않았던 새로운 삶의 영토를 탄생시킬 수 있다는 주장이죠. 비극은 힘의 의지를 가늠할 수 있는 잣대예요. 불편을 통해 나 자신의 잠재력에 더 집중하도록 할 수 있다고 본 거죠. 현대 음악에도 이 정신을 찾아볼 수 있어요. 락과 재즈는 본래 불편하게 만들었어요. 잡음을 넣고 귀에 거슬리는 소리를 방출하면서 음악 그 자체에 대해 고민하도록 강제한 거죠. 비극의 불안과 불편은 창작자가 주인공이 아니라 독자나 청자가 주인공이 되는 예술을 의미하기도 해요. 비극을 보고 나면 나름대로 해석을 한단 말이에요. 그래야 이 불편한 심기가 사라지니까요.

똥팔씨   그러니까 사람들이 잘 안 보려고 하잖아요.

메뚝씨   김기덕 감독의 영화를 안 보는 심리도 같겠죠. 그러나 김기덕 영화를 보면 내가 주인공이 될 수 있어요. 관객이 연출에 참여할 수 있습니다. 불편하니까 내가 과거에 갖고 있던 질서를 재구성해야 해요. 그래서 비극의 탄생이야말로 《인간적인 너무나 인간적인》 요소가 될 수 있는 거죠. 비극은 인간이 각자 주인공이라는 진실에 접근하기 위해 살아있어야 하는 예술입니다. 관객과 독자 또한 제 삶의 주인이니까요.

똥팔씨   맞아요. 희극을 보면 주인공이 너무 멋져요. 행복하고. 제가 개입할 여지가 없죠.

메뚝씨   희극이 삶의 불안을 잠시 잊게 해주는 진정제라면, 비극은 통증을 있는 그대로 느끼게 하는 예방 주사입니다. 견딜 수 있는 균을 삽입하여 면역 체계를 만드는 예방 주사처럼 비극은 돌파하고 나면 삶의 용기라는 면역이 생겨요.

똥팔씨   비극의 순기능이네요. 쇼펜하우어와 바그너의 영향 때문일까요?

메뚝씨   특히 쇼펜하우어의 《의지와 표상으로서의 세계》라는 작품에 강한 영향을 받아요. 여기서 말하는 의지는 죽지 않을 권리예요. 위대한 영광을 위해 탄생된 것이 아니라 죽지 않기 위해서 섹스를 하고 가족을 만드는 겁니다. 무용한 거죠. 인간은 죽을 수밖에 없는데 이를 깨닫지 못하고 발버둥친다는 거예요. 삶 자체에는 아무런 의미가 없는데 달콤하게 포장한다는 거죠.

똥팔씨 그래서 좋은 건 빨리 죽는 거고 제일 좋은 건 안 태어나는 거라고 하죠.

메뚝씨 정작 본인은 장수했죠.(웃음) 그것을 읽고 니체는 충격을 받았어요. 자신이 공부한 문헌학의 공허를 맛보았던 거죠. 그러나 쇼펜하우어는 염세주의자였기에 니체는 그를 극복하고자 해요. 염세주의는 이 부정의 세계를 있는 그대로 받아들여 욕만 하는 허무주의니까요. 인간의 삶이 비극이라는 사실을 긍정하는 힘을 니체는 '힘의 의지'라고 부르며 쇼펜하우어를 넘어 인간을 재탄생시키고 싶었습니다.

똥팔씨 그럼 바그너는요?

메뚝씨 바그너는 본래 규칙을 거부하는 얼터니티브한 음악가였어요. 사람들을 충동질했죠. 원탁의 기사처럼 인간의 승리를 추동하는 거센 힘이 바그너의 음악에 있었습니다. 니체는 부정의 세계를 긍정하는 힘이 바그너의 음악에 있다고 느꼈어요. 바그너를 통해 인간이 어떤 원한도 없이 자기 자신에게 떳떳하게 설수 있는 힘을 표현할 수 있다고 생각했죠. 그러다가 바그너가 국가주의에 충성하면서 세련된 교양인으로 바뀐 모습을 보고 실망하면서 이렇게 이야기하죠. "오, 바그너. 당신이 경건해지다니."

똥팔씨　두 번째 시기에는 쇼펜하우어, 바그너와 결별하고 계몽주의 철학자였던 볼테르에 관심을 두기 시작했다고 하더라고요. 그 시기에 《인간적인 너무나도 인간적인》 책이 나오고 《아침놀》, 《즐거운 학문》 등을 씁니다.

메뚝씨　보통 《차라투스트라는 이렇게 말했다》가 니체의 주저라고 말하잖아요. 거기까지 상승하는 시기가 실증주의 시기죠. 또는 볼테르나 디드로 같은 계몽주의자를 니체가 사랑했던 시기입니다. 그런데 니체가 볼테르를 좋아했다는 게 이상하지 않나요?

똥팔씨　그러니까요. 니체는 문학적인 글을 썼잖아요. 볼테르는 백과사전으로 계몽 시대를 이끌었던 걸로 유명하죠.

메뚝씨　그게 바로 니체가 수학은 못했지만 홀대하지 않았다는 증거죠. 니체는 세계를 있는 그대로 읽어내고 싶어 했어요. 추상적 개념의 틀로 세계를 바라보는 전통 철학자들을 싫어했죠. 관찰된 사실과 정확한 정보로 인간의 내면과 세계의 실체를 이해하고 싶었던 겁니다. 어렸을 때부터 고문서를 탐식하면서 매우 실증적이고 과학적인 분류 방식을 익혔던 거죠. 볼테르와 디드로 같은 계몽주의자들 또한 백과사전을 편찬할 만큼 자료를 세밀하게 다뤘기 때문에 니체는 그 방법론을 세계와 인간을 세공하는 도구로 삼고자 했죠. 그러나 니체는 실증주의자들과 다른 방식으로 관찰된 사실들을 주조합니다. 실증주의자가 기준을 만들고 분류하면서 세계를 이해하고자 했다면 니체는 자기만의 방식으로 재해석하고 표현하면서 세계를 재편하고자 했죠.

실증주의의 문제는 해석이 독창적이지 않다는 데 있어요. 반응적 인간들에 대한 통계는 얼마든지 조작할 수 있거든요. 볼테르를 존경했으나 그의 작업을 넘어서고 싶었던 이유도 여기에 있어요.

똥팔씨   그 결실이 《차라투스트라는 이렇게 말했다》인 거군요.

메뚝씨   그렇죠. 실증 데이터를 바탕으로 분류하고 녹여내 문학적 상징들로 표현한 거예요. 《차라투스트라는 이렇게 말했다》를 쓰고 사람들이 오해할 듯싶어 더 구체화시킨 책들까지 쓰죠. 그것이 《선악의 저편》과 《도덕의 계보학》입니다. 마지막으로 건강의 악조건 속에서도 생기를 짜내 생을 정리하는 글을 쓰는데 《니체 대 바그너》, 《우상의 황혼》, 《이 사람을 보라》가 그 결과물입니다.

똥팔씨   마치 오랫동안 녹여낸 것들을 한꺼번에 쏟아붓듯 했죠. 그럼 생은 여기서 접고 이제 구체적인 니체의 사상에 대해 떠들어볼까요?

도덕하고 앉아있네

양도, 그 불편함에 대해서

똥팔씨   자, 이제 《도덕의 계보학》을 통해 앞서 우리가 던져보았던 질문, 도덕 교과가 필요한지 다시 얘기를 나눠볼까요?

메뚝씨   계보학이 뭘까요?

똥팔씨   뿌리를 찾는 일이죠. 역사를 거꾸로 올라가면서 그 탄생 기원을 찾는 방법이라 보면 될까요? 일종의 족보 같은 거죠.

메뚝씨   그렇죠. 말 그대로 도덕의 족보를 찾는 거죠. 가치의 기원을 찾아 그 원형을 탐구해보면 우리가 알고 있는 도덕이나 정의라는 가치들은 우연의 발생물이라는 거죠. 모든 가치는 우발적이라는 니체 주장에 대한 탐색 지침이에요.

똥팔씨   《도덕의 계보학》을 보면 영국인을 비아냥하면서 시작하더라고요. "이런 영국적인 경건한 놈들."이라면서. 영국의 공리주의를 바탕으로 형성된 도덕들을 비판하면서 시작한 것 같아요.

메뚝씨   그렇죠. 경건성의 원형에는 공리주의가 있죠. 민주주의라 포장된 우리 시대는 기본적으로 그런 것들을 장착하고 있어요. 마치 여론조사가 민심인 것처럼 받아들이는 식이에요. 벤담과 밀의 '최대 다수의 최대의 행복'이 공리주의의 뿌리죠. 니체는 세속에 만연한 당연한 상식을 추적하면서 공리주의의 기원을 발견합니다. 모두의 행복을 사칭하면서 다수의 인간을 얌전하게 길들이고자 했던 귀족적 논리가 사람들의 내면에 파고들어 상식이 되었다는 겁니다.

똥팔씨   또 하나 니체가 추적한 것이 공리주의의 원형인 기독교죠. 니체가 말하는 기독교는 구약이 아니라 신약인데, 신약을 비판하면서 계보학을 설명했어요.

메뚝씨   이거 엄청 좋은 소설이라고 하죠.(웃음) 당시 영국을 따라가고 싶어했던 독일을 니체는 부끄러워했어요. 그래서 "나는 독일인의 피가 흐르지 않는다."라고 표현하죠.

똥팔씨   니체는 프랑스를 엄청 좋아했잖아요.

메뚝씨   프랑스엔 경건함이 없죠. 지금도 그래요.

똥팔씨   프랑스 사람들의 열정적인 태도의 뿌리도 궁금해요.

메뚝씨   프랑스는 제2의 로마라는 인식이 깊었어요. 니체는《이 사람을 보라》에서 그리스보다 로마가 더 그리스답다고 씁니다. 이유인즉, 로마에는 자신감이 있었다는 거예요. 프랑스는 로마의 그 자신감을 수혈받은 국가라고 볼 수 있어요. 경건하거나 얌전하면 우유부단해지는 거죠.

똥팔씨   확실히 '영국적인 경건함'과 니체의 태도가 다르네요.

메뚝씨   프랑스는 전쟁에 지더라도 떳떳했고 사회가 진전됐어요. 그러나 영국은 전쟁에 이겼음에도 불구하고 사회가 보수화돼요.

우리나라와 일본도 비슷하죠. 우리나라는 전쟁에 이겼는데도 사회가 추락하고 일본은 전쟁에 졌는데도 잘 사는 것 같잖아요.

똥팔씨   일본에서는 전후복구가 사회를 도약시키는 데 엄청난 동기가 됐잖아요.

메뚝씨   그래서 니체는《선악의 저편》이란 책에서 이렇게 말하죠. "사람들은 자신의 집이 불타면 운다. 그러나 그 잿더미에서 밥을 먹는다." 이 말은 인간은 역경 속에서 더 가열찰 수 있는 본능이 내재돼 있다는 뜻이죠. 쫄지 말라는 겁니다. 어떻게 해서든 산다는 거죠.

똥팔씨   도덕의 계보를 추적하다보면 크게 그리스도와 영국의 공리주의라는 두 줄기로 나눌 수 있을 것 같아요.

메뚝씨   《도덕의 계보학》에 나오는 공리주의 비판은 사설이고 그리스도 비판이 핵심입니다. 가장 위대한 인간은 최대의 적과 싸워야 하거든요. 공리주의는 양아치 수준이죠. (웃음) 그리스도와 니체의 싸움은《차라투스트라는 이렇게 말했다》에 구체적으로 표현되어 있어요. 예수가 40일 고행해서 해탈의 경지에 올랐다면, 차라투스트라는 10년을 고행합니다. 종교에서 7과 40이 완전수라면 실증적인 완전수는 10이죠. 그래서 차라투스트라는 10년의 몰락을 경험합니다. 니체는 꼼꼼하게 실증적인 요소와 종교적인 요소를 대치하면서 글을 완성합니다. 과학적인 도구를 사용해 글을 쓰되 문학으로 번역하여 글의 맛을 살렸죠. 성서보다 더 매력적인 글을 완성해야 했으니까요.

                                          프리드리히 니체

《도덕의 계보학》을 보면 니체는 영국적 기독교보다 독일적 기독교를 더 싫어했어요. 독일은 종교개혁의 상징이자 신교의 대표적 발생지였으니까요. 니체는 루터와 칼뱅파의 종교개혁이 잘못 일어났다고 봤거든요. 구교와 싸워 금욕을 줄였어야 했는데 오히려 금욕을 강조하는 계기가 되어 버렸어요. 삽질하던 사람들을 공장에 가게 했을 뿐 종교개혁이 세계를 바꾼 것이 없다고요.

똥팔씨　자본주의의 태동이 종교개혁이라는 주장도 있잖아요.

메뚝씨　막스 베버가 그런 주장을 했죠. 니체는 이 독일적 관습의 파괴자가 되고 싶어 했어요. "나는 망치다."라는 니체의 유명한 비유의 탄생 배경입니다. 제대로 된 망치가 독일에는 없었기에 금욕이라는 철저한 의무의 덫을 부수지 못했으니까요. 망치는 원석을 깬다는 뜻이에요. 인간에게는 누구나 위버멘쉬의 원석이 있는데 미처 깨닫지 못했다는 거예요. 니체는 자신을 다이너마이트에 비유하기도 했죠. 원석은 다이너마이트의 폭발 이후에 나오니까 '나 같은 사람이 있어야 너희가 원석인 것을 안다'는 뜻으로 읽을 수 있죠. 이게 다 실증주의적으로 이 시대에 유행했던 것들을 상징으로 따온 것들입니다.

똥팔씨　《도덕의 계보학》 서문이 이렇게 시작하네요. "우리는 한 번도 자기 자신을 알아본 적이 없다."

메뚝씨　왜일까요?

똥팔씨　글쎄요. 사실 오롯이 저를 알아보는 시간을 갖기엔 좀 바쁘죠.

메뚝씨 그렇죠. 바빠서 정신이 몰입하지 못하다 보니 우리 자신을 알지 못할 수도 있죠. 그러나 이 문제는 신성을 바라보는 관점과 맞닿아 있어요. 인간은 신성을 부정하기 어려워요. 신성에 대한 해석을 바꿀 뿐이죠. 신성 자체를 니체는 부정하지 않았어요. 신을 부정했을 때 일어나는 효과에 집중했던 거죠. 인간이 인간 자신을 극복하는 긍지는 신을 부정했을 때 출현하거든요. 니체는 성경이 좋은 책이라고 말해요. 하지만 해석을 그리스도에게 맡기지 말고 자신의 책임으로 생각하라는 겁니다. 니체는 자신을 완성해 갈 놀라운 힘은 신이 아닌 인간에게도 있다고 설득하고 싶었어요. 내 존재의 책임을 완벽한 유일자에게 돌리려는 습관이 우리를 나약하게 만든다는 거예요. 종교는 인간이 나약해질 때 출현합니다.

똥팔씨 그래서 니체는 많이 불편해요. 이것과 연관되는 영화가 〈밀양〉인 듯해요. 어느 살인자에게 자식을 잃은 엄마가 교회에서 슬픔을 묻고 살인자를 용서하려 교도소를 찾아갔더니 살인자가 그러죠. 나는 이미 하나님을 만나 용서받았다고.

메뚝씨 종교의 한계가 거기 있어요. 제3자에게 책임을 돌려버릴 수 있는 평계의 근거가 되기도 하죠. 다이렉트로 만나고 싶은데. 자동차 보험도 아니고 왜 내 존재의 권한을 신이 마음대로 행사하게 둡니까? 우리가 사는 민주주의 사회도 그런 식으로 동의서를 받아 작동되는 시스템이죠. 선거를 통해 개인의 권리를 양도합니다. 그리고 불평만 하죠. 저 정치가 썩어서 나를 망치고 있다고. 우리는 너무나도 오랫동안 시작하기도 전에 포기하는 법을 배웠어요. 수동적 인간으로 길러진 거예요. 하지만 태초에는 반응적이고 수동적인 인간으로 탄생하지 않았어요. 발명된 거죠. 정의라는 덕목에 의해서, 도덕 교과서로 대표되는 사회적 법률에 의해서 '소중한 나'라는 윤리 양식을 통해서 타율적으로 구성된 겁니다.

똥팔씨   그래서 니체 책이 읽기가 버거워요. 불편하니까.

메뚝씨   따져보면 사실 우린 불편한 거 잘 참아요. 직장 생활 편해요? 우린 거기에 최고의 인내심을 갖고 있어요. 에너지를 다 소모 해버리죠. 그리고 집으로 돌아올 땐 고갈돼 있어요. 가족은 소중하다고 말은 하지만 집에서는 피곤해서 소홀해지죠. 그래서 직장에서 자아성찰하면 안 돼요. 나는 밥 버는 최소한의 노동을 한다고 생각하면 자아성찰을 나와 관계된 진짜 소중한 사람들과 엮을 수 있어요. 가치의 전도죠. 이게 니체가 계보를 추적하는 이유예요. 악취가 나는 데카당을 소중한 거라고 생각하는 이유죠. 인간은 원래 강했는데 약자들이 승리함으로써 지금까지도 약자들의 족보를 쓰고 있어요. 그 진실에 접근하여 불편하고 버거워도 돌파할 수 있어야 나 자신에게 접근할 수 있는 겁니다. 아무나 할 순 없는 거죠.

똥팔씨   그래서 니체를 귀족주의라고 이야기하는 거군요.

메뚝씨   그렇게 해석하는 사람들도 있죠. 그러나 니체는 단일한 범주로 귀속시킬 수 없는 변종의 철학자예요. 귀족주의자가 아니라 귀족의 속성까지 넘어서야 한다고 주장했던 사람이죠. 귀족이 존재의 목적은 아니에요. 약자들이 귀족을 질투해 죽였기 때문에 그 불굴의 속성을 발굴해서 인간의 품격을 찾아야 한다고 말했을 뿐이죠. 역사상 귀족은 소수였지만, 니체는 모든 인간이 귀족이 될 수 있다는 것을 긍정했어요. 그러나 혁명을 통해 가능하다고 생각하진 않았죠. 모두가 귀족처럼 품위 있는 삶을 살 잠재력은 있지만 아무나 그렇게 되는 것은 아니니까요. 그래서 80~90년대까지 니체가 잘 안 읽혔어요. 니체를 읽으면 혁명의 연대에 방해되었으니까요.

똥팔씨   그래서 히틀러 같은 독재자들이 니체를 짜깁기해서 선봉에 세운 거네요.

메뚝씨   선전 용도로 읽혔죠. 독일인들이 바로 위버멘쉬다. 가라! 그런데 오히려 그런 사람들이 반응적인 인간보다는 낫다는 것이 니체 철학입니다. 확실하고 당당하면 독재라도 괜찮다는 위험한 생각이죠. 그러나 달리 생각해볼 필요가 있어요. 우리는 과연 살아갈 이유가 확실한가요? 후회할까 봐 무섭죠. 본래 인간은 그 위험함을 돌파하면서 진화했어요. 위험 요소가 사라지면 인간의 의지 또한 상실되는 거예요. 《도덕의 계보학》에서 니체는 이렇게 말했죠.

> 원한을 지닌 인간은 정직하지도, 순박하지도 않으며 자기 자신에 대해서 진지하지도 솔직하지도 않다. 그의 정신은 곁눈질을 한다. 그의 정신은 은신처, 샛길, 뒷문을 좋아한다. 은폐된 모든 것은 그의 자신의 세계로, 자신의 안정으로 자신을 생기 있게 만드는 것으로 여긴다. 그는 침묵하는 법, 잊어버리지 않는 법, 기다리는 법, 잠정적으로 자신을 왜소하게 만들고 굴종하는 법을 알고 있다. 원한을 지닌 이러한 인간종족은 결국 반드시 어떠한 고귀한 종족보다도 훨씬 더 영리하게 된다. 또한, 그들은 영리하

                프리드리히 니체

다는 척도를 완전히 다른 척도로 최고급의 생존조건으로 존경하게 된다. 이에 반해 고귀한 인간에게 영리함이라는 것은 사치와 세련됨이란 미묘한 뒷맛이 따르기 쉽다.

프리드리히 니체《도덕의 계보학》

똥팔씨   곁눈질은 남을 의식한다는 건가요?

메뚝씨   우유부단하다는 거죠. 확신이 없어 곁눈질하는 거예요. 빠져나갈 구멍을 마련해 놓는 습성이죠.

똥팔씨   그렇다면 제 눈은 거의 가자미겠네요. 듣다 보니까 화나네. 니체도 자신의 선택에 후회 한번 안 하는 완벽한 사람은 아니었잖아요.

메뚝씨   물론 니체도 흔들렸어요. 다만 확신이 떨어져도 믿고 노력했던 거죠. 그게 바로 권력 의지예요. 아이들을 보면 후회하느니 차라리 망각하잖아요. 어른들도 망각하지만 아이들과는 반대죠. 망각하지 말아야 할 것을 망각하곤 해요. 기억하지 말아야 할 것을 기억하고요. 망각할 것은 과거고 기억할 것은 확신을 가졌을 때의 자신감이죠. 그래서 니체가 창안한 게 영원회귀죠. 다시 반복해도 긍정할 수 있는 이 생에 확신을 가지라는 거예요. "내 선택에 어떤 후회도 없다! 나는 가책을 느끼지 않는다! 나는 제대로 하고 있다! 사회가 이해를 못할 뿐이다!" 몰빵을 해야 돼요. 여행 가서 주머니에 남은 돈 헤아리고 명품이나 차 살 때도 다른 사람들이 어떻게 생각할까 고민해요. 뭐 어때, 그냥 하는 거야! 내가 번 돈이잖아! 다 써!

똥팔씨 진실과 대면하는 공부는 불편해요. 지금까지 편하게 누려왔던 걸 보고는 가차없이 손가락질하면서 넌 노예야! 그러니까.

메뚝씨 뭘 누려요?

똥팔씨 나도 남들처럼 산다는 안도감이죠. 평범함 같은 거요.

메뚝씨 통계학적 개념에 기대는 비겁함이에요. 다른 사람들이 그러니 나도 그래도 된다는 심리죠. 그러나 평범함이 생의 명분이 될 순 없어요. 평범함은 존재의 기본 바탕일 뿐 인간 완성의 조건은 아니죠. 평범함에서 한 걸음 진전하려는 의지가 인간입니다.

똥팔씨 제3논문을 보면 금욕에 관한 이야기가 나오는데 이것과 평범함이 관계가 있을까요?

메뚝씨 책 귀퉁이에 제가 이렇게 써놨네요. "금욕은 비정상의 정상화다." 인간에겐 욕망을 긍정하는 것이 정상인데 욕망을 부정하는 것이 정상처럼 되어버렸어요.

똥팔씨 평범하게 살기도 어려우니까 욕망하는 삶이 위험하다고 판단했기 때문이겠죠.

메뚝씨 그렇죠. 평범함도 어려운데 어떻게 높은 경지에 도전할 수 있겠느냐고 푸념해요. 그러나 존재의 실력을 키우면 돈을 좀 덜 벌어도 맑고 명랑하게 살 수 있어요. 물론 토대는 마련해줘야죠! 니체도 연금 받았는데.

프리드리히 니체

똥팔씨   최소한의 물적 토대는 사회가 만들어 주는 게 좋죠. 최저 임금을 올리는 게 제일 쉽고 빠른 방법 아닌가요? 물론 정부는 반기지 않겠지만요.

메뚝씨   안락해지면 비판적 인간이 탄생하기 좋은 조건이 조성되니까요. 그렇다면 반대로 최저임금을 만원으로 올린다고 해서 사람들이 제 삶을 작품으로 만드는 용기를 낼까요?

똥팔씨   쉽진 않겠죠.

메뚝씨   조건이 인간 삶의 방향을 돌릴 수는 있어도 온전히 바뀌게 할 순 없어요. 니체가 자신을 다이너마이트라고 명명한 이유가 여기에 있죠. 인간에게 필요한 것은 생활의 안정만이 아니라 생의 파동을 일으킬 수 있는 폭발까지입니다. 안정 뒤에 과잉된 에너지를 살벌하게 날려줄 폭탄이 인간을 완성시킬 수 있는 자극인 거죠.

대체 불가능한 존재

가책의 혼동에 대하여

똥팔씨   세 개의 논문으로 구성된 《도덕의 계보학》 중 제1논문을 보면 "선과 악, 우와 열"로 구성되어 있어요.

메뚝씨   선과 악이 뭐라고 생각해요?

똥팔씨   선과 악은 어렸을 때부터 악당을 무찌르는 만화 영화를 보면서 커왔으니 익숙하지 않나요? 드라마나 영화를 봐도 선과 악이 명백하게 대립되잖아요.

메뚝씨   그래서 대다수가 선한 것이 착한 거라고 믿지만 니체가 보기에 선함은 착함이 아니죠. 그렇다면 니체는 어떤 사람들이 나쁘다고 생각했을까요?

똥팔씨   앞서 반응적인 인간보다 독재자 히틀러가 낫다는 게 니체 철학이라고 했잖아요. 주인공은 항상 강하죠. 착한 사람이고. 그렇다면 설마 주인공의 강함에 의지하는 약한 사람들이 나쁜 건가요?

메뚝씨   딩동댕. 니체에게 선함은 강함이고 악함은 약함입니다. 그러나 우리는 약한 걸 착하다고 하죠.

프리드리히 니체

똥팔씨   선에 의지하여 따라가는 무리보다 악이 더 낫다는 영웅주의로
해석될 여지가 있는데요?

메뚝씨   그런 해석은 니체를 귀족주의라고 규정하는 안일한 잣대와 같
은 편파적인 규정이에요. 우린 모두 영웅이고 귀족의 자식이
며 신을 탄생시킨 궁극의 존재입니다. 선과 악의 연원을 따지
다 보면 쉽게 알 수 있어요. 독일어로 '나쁘다'는 뜻을 가진 단
어는 Schlecht예요. 이 단어는 '단순함'을 뜻하는 Schlicht에
서 나왔어요. 즉, 예전에는 단순한 게 나쁜 거였죠. 지금은 선
과 악의 룰이 있고 선에 가까우면 선한 것이 되고 악에 가까우
면 악한 것이 되었어요. 가치의 구분선이 구획돼 버린 거죠. 그
러나 가치는 시대마다 다르게 탄생해요. 그 맥락을 읽어내지
못하면 인간은 단순해지고 나약해집니다. 단순한 사람은 영웅
을 바라고 내 문제를 쉽게 양도하면서도 그것이 악함이란 생각
조차 못하죠. 니체가 보기에 이와 같은 사회가 극도로 악한 사
회인 거죠.

똥팔씨   그리스가 그랬잖아요. 약한 것이 나쁜 것이고 강한 것이 좋다
는 인식을 용인한 사회였다죠.

메뚝씨   그리스 시대에는 강함을 경쟁했었죠. 그리스에는 '아곤'이라
는 시장이 있었어요. 그 시장에는 계급장 떼고 정신의 강함을
경쟁하는 무대가 있었고요. 흔히 소피스트라 불리는 사람들이
활약했죠. 그런데 지금은 자기 논리가 어설퍼도 순응하지 않
아요. 자기 뒤에 완강한 세력이 버티고 있으니까 승복하지 않
아도 되는 거예요. 이게 약자들의 도덕입니다. 이러면 인간의

위상이 낮아져요. 존재의 질을 평가할 수 없죠. 평등이라는 말로 포장하지만 상대주의는 평등이 아니잖아요.

똥팔씨 하향평준일 뿐이죠.

메뚝씨 인간에겐 존재적 위상이 있습니다. 질이 다르죠. 모든 작품이 위대하다고 볼 수 없듯 인간이라는 작품 또한 품질이 좋은 게 있고 낮은 게 있어요. 이 모든 것들을 죄다 평등하다고 위치시키면 우리는 존재를 경쟁할 이유가 없어져요. 니체는 이 원한도 후한도 없는 경쟁이 선의 기원이라고 주장해요. 경쟁하는 선만이 발랄하고 명랑하거든요.

똥팔씨 그리스인들이 신까지 창조했다는 말도 있잖아요. 그렇다면 그들이 창조한 신들의 역할은 무엇이었을까요?

메뚝씨 신을 창조해 인간이 가지고 있는 불편함까지 전가시킨 거죠. 예를 들어, 내가 바람을 피우다가 걸렸어요. 양심에 스크래치도 나고 수치스럽겠죠. 그런데 그리스인들은 이런 수치심을 제우스의 방탕한 생활로 전가시켜 양심의 가책을 지웠습니다.

똥팔씨 그리스인들이 신들에게 죄를 위탁했다는 건가요?

메뚝씨 위탁이라기보다 전가죠. 내 잘못도 네가 가져가라고. 그만큼 그리스 시대의 인간은 강했다는 거예요. 양심의 가책은 자신의 몫이 아니라는 대단한 자신감이죠. 《도덕의 계보학》 제2논문을 보면 "양심의 가책"이 나와요. 왜 인간은 도덕을 믿고 비도덕적인 행위에 가책을 느끼는가를 추적하고자 했어요.

프리드리히 니체

똥팔씨   그러네요. 생각해보면 배운 것에 불과한데도 마음이 불편하고 따끔따끔해요.

메뚝씨   니체는 진짜 찔려야 될 것에 안 찔리고, 안 찔려도 될 것에 찔리는 경우를 본 거죠. 똥팔씨는 양심이 찔릴 때가 언제인가요?

똥팔씨   가장 흔하게는 거짓말할 때죠.

메뚝씨   거짓말은 용서 받을 수 있는 작은 잘못이에요. 물론 해도 된다는 뜻은 아니에요. 단, 가벼운 가책을 가책의 전부로 착각하면 안 돼요. 진정한 가책은 사회적 관계로 발생되는 수치심에서 느끼는 것이 아니에요. 니체가 진정 가책을 느껴야한다고 생각한 건 내 자신은 유일하다는 사실에 양심이 흔들린다는 겁니다. 나는 유일한 원석이고 대체 불가능한 존재라는 걸 인정하지 못하고 남한테 세공을 의존한다는 거에 가책을 느껴야 한다는 거죠. 그런데 그 가책을 우린 쉽게 씻어버립니다. 종교로, 권력으로, 돈으로 메우죠. 니체가 보기엔 그것이 가장 퇴폐적인 행위였어요. 자유에 반하니까. 인간의 가능성을 낮잡아 보는 행위가 니체가 말하는 더러움이죠. '나'라는 원석이 있는데 왜 다른 존재가 그것을 세공하게 둡니까? 꺼지라고 해야죠!

똥팔씨   인간은 모두가 신을 넘어설 수 있는 자격을 가진 존재로 탄생한 거네요.

메뚝씨   인간이 신과 맞서 이길 수 있는 이유는 신에겐 없는 죽음이란 최종 지점이 있기 때문이죠. 생이 유일한 이유이기도 하죠. 때문에 신보다 인간은 절실해요. 인간이 영원하지 않기 때문에 신을 이용할 자격을 얻은 셈이에요. 인간은 죽기 때문에 유일할 수 있어요. 영원하면 최선을 다해 살아갈 필요가 없잖아요.

똥팔씨　《차라투스트라는 이렇게 말했다》를 보면 도덕을 '주인의 도덕' 과 '노예의 도덕' 두 가지로 나눠 보고 있죠. 여기서 니체가 말한 노예의 도덕이 생의 유일함을 인정하지 않는 삶의 태도를 뜻하는 건가요?

메뚝씨　노예의 도덕은 만들어진 선을 찾는 행위를 말하죠. 존재가 공허함을 느낄 때, 허탈할 때가 각성의 기회임을 깨닫지 못하는 거예요. 앓고 난 후의 쾌활함처럼 진짜 도덕은 발랄한 생명력과 자생력을 인정하는 태도를 뜻하죠. 노예의 도덕은 외부에서 그 조건을 찾아요. 역경이 하나의 행운임을 인정하지 않죠. 상처에 함몰되고 한계를 미리 설정하여 패배하는 거예요. 그래서 자꾸 구원자를 찾죠. 당신이 좋은 사람이 되세요! 왜 다른 사람을 찾아요?

똥팔씨　누구나 선천적으로 원석을 갖고 있으니까 그걸 발굴하라는 거네요. 어린 아이들이 그렇죠. 아이들은 원석 그 자체니까요.

메뚝씨　《차라투스트라는 이렇게 말했다》를 보면 니체 존재론의 핵심이 나오죠. 인간은 낙타에서 사자로, 사자에서 어린아이로 진화할 수 있다고. 낙타는 성실한 근로자, 사자는 맹목적인 노동을 의심하는 귀족, 어린아이는 마냥 기쁘게 노는 존재예요.

똥팔씨　전쟁이 나도 해맑게 전쟁 놀이를 하는 게 아이들이잖아요.

메뚝씨　이 놀이의 존재가 인간의 궁극이라고 니체는 말합니다. 어떤 원한도 없이 현실 자체를 긍정하며 몰입할 수 있는 존재가 인간의 최종 지점이라고요. 그런데 우리는 모두 한때 어린아이였잖아요. 즉, 누구나 궁극의 가능성을 가지고 있다는 것을 말하고 싶었던 거예요.

　　　　　　　　　　　　　　　　　프리드리히 니체

똥팔씨   요즘 아이들은 니체가 얘기하는 긍정의 존재와는 좀 거리가 있죠. 어른들을 이용하잖아요. 귀여움으로. 도저히 그 눈빛을 보면 안 사줄 수가 없어요.

메뚝씨   아이들의 장난감에도 어른의 욕망이 모사되면서 노예의 도덕에 포섭되기 시작했어요. 옆에 애는 카트에 10만원짜리 장난감 상자를 담아 가는데, 우리 애는 5천원짜리 인형을 집어야 할 때 부모는 가책을 느끼죠. 사실 아이들이 실질적으로 원하는 건 10만원짜리 장난감은 아니에요. 10만원짜리를 사줬을 때 아빠의 자신감입니다. 5천원짜리 장난감을 사주면서도 이게 세상에서 제일 좋은 거야! 라고 보이는 아빠의 자신감이 미치는 영향력은 실로 크죠. 애들은 그게 진짜라고 생각해요.

똥팔씨   아빠의 자신감은 선물의 가치를 뛰어 넘는 좋은 유산인 것 같아요.

메뚝씨   아이들이 그 자신감을 모사하게 되죠. 아빠가 5천원짜리 장난감을 사줘도 똥차를 타도 떳떳하고 자신감을 갖고 있다면 아이도 흔들리지 않아요. 그런데 우리는 막 외제차 보면 감탄하잖아요. 10만원짜리 장난감 옆에서 5천원짜리 장난감을 건네야만 할 때 자신감이 쪼그라들어요. 그래서 노동 시간을 늘리고 아이를 교육시키는 확실함이 낮아지고 아이는 부모와 노는 시간이 불편해지고. 그러다가 애가 크면 데면데면하고.

똥팔씨   노동만 하다 보니까 제 자신이 없어져 버렸죠. 악순환이에요. 슬슬 니체가 얼마나 시원하게 폭발시켜줄지 궁금하네요. 《차라투스트라는 이렇게 말했다》를 자그마치 10년 전에 읽었어요. 기억이 가물가물해요.

메뚝씨 되새김질을 해야죠. 그렇다고 책만 봐서는 안 됩니다. 니체는 책을 통해 세상을 판단하는 것을 좋아하지는 않았어요. 독서와 함께 삶을 부지런히 부려야겠죠. 상처를 돌파하는 용기를 직접 실험해야 니체가 다가옵니다. 그러나 삶을 개선하려는 이 모든 행위가 금욕은 아니에요. 인내로 책을 읽어서는 곤란해요. 어려움과 사투하는 그 장면 자체를 축복으로 받아들이는 명랑함이 우선입니다. 보다 나은 인간이 되겠다는 날카로운 욕망을 키워야 해요. 니체는 이렇게 표현했어요. "양심의 가책이란 거꾸로 향하는 잔인성이다. 병자는 죄인이 되어버렸다." 책을 읽지 않았다는 가책보다 읽지 않은 책의 비밀이 궁금하다는 긍정의 욕망으로 시작했으면 좋겠습니다.

프리드리히 니체

전사 또는 엄마

어둠과 손잡은 찬란한 아침놀에 대하여

밤이 길다. 한겨울에는 5시부터 해가 기운다. 영희는 6시를 기다린다. 빛이 내려앉은 6시. 온 몸이 새파랗게 익어버리는 시간. 낮도 아니고 밤도 아닌 시간. 하루 24시간 중에 10분만을 허락한 빛. 낮에서 밤으로, 밤에서 낮으로 옮겨가는 시간. 영희가 어스레한 방에 누웠다. 덜 마른 빨래와 죽은 듯 늘어진 고양이. 벽에 걸린 달력. 먼지 쌓인 고무나무. 창 너머로 들리는 소리. 떠났던 사람들이 되돌아오는 소리. 아스팔트를 밀어내는 타이어와 엘리베이터를 오르내리는 발걸음 소리. 영희는 형광등의 무심함을 꺼버리고 푸른빛에 젖는다. 무엇을 하기에는 어둡고 그렇다고 까마득한 것은 아닌 시간. 영희가 젖는다. 몸을 내어 놓는다. 푸른 진동이 영희 몸에 내린다. 입을 맞춘다. 살갗에 내리는 빛. 영희가 말을 걸어본다. 답이 없다. 이것은 살도 아니고 말도 아니다. 육체도 아니고 언어도 아니다. 언제인가, 영희는 아무것도 아닌 이 시간과 빛을 기다린다. 지나쳤던 밤을 기다린다. 어깨 위 내려앉은 푸른 빛. 그것은 틈. 약간의 미열과 어린 숨 한 줌. 반복되는 순간의 증상. 째각째각. 시간이 지나간다. 10분이 지나면 다시 시작되는 24시간의 기다림. 한겨울, 밤은 길고 동틀 무렵까지는 아직 오랜 시간이 남았다. 영희가 형광 불을 켠다. 다시, 밤이다.

영희: 빛의 상징이자 세속의 대명사

— 이겨례

메뚝씨 저는 니체를 "전사와 엄마"라고 정의했어요.

똥팔씨 이미지가 너무 양 극단에 배치되어 있는데요. 전사는 강렬함, 엄마는 안정감. 왜죠?

메뚝씨 니체 책을 읽으면 포근할 때가 있죠. 그래서 니체 치료라는 것도 있어요. 철학 치료라고도 부르죠. 니체의 말은 명상하면서 들으면 따뜻해요. 그러나 그 안정감이 끝이 아니죠. 더 깊게 읽으면 과격하게 다가옵니다.

똥팔씨 과연 그럴까요? 온화함에서 만족할 것 같은데요.

메뚝씨 전사가 전쟁에 가면 엄마가 되는 경우들이 있어요.

똥팔씨 내 옆에 있는 전우가 총에 맞아 죽었을 때?

메뚝씨 죽음은 절대적 종점이니까 죽음 말고 전우가 다쳤을 때를 상상해보세요. 나는 괜찮은데 전우가 다치면 엄마가 돼요. 반대로 엄마가 전사가 될 때도 있죠. 아이를 보호하기 위해 또는 지하철에서 자리가 없을 때.(웃음)

똥팔씨 그렇게 보니 전사와 엄마가 완전히 양 극단은 아니네요. 사랑하는 사람과 있을 때는 온화해지고 사랑하는 사람에게 위기가 찾아왔을 때 과격해지고.

메뚝씨 그래서 니체에게 '~주의'라는 딱지를 함부로 붙일 수 없어요. 니체는 자신을 퇴폐주의자 데카당이라 명명하며 이렇게 말하죠. "나는 특정한 부분에서 데카당이다. 하지만 총체적으로는 데카당이 아니다."

프리드리히 니체

똥팔씨　제가 궁금했던 게 바로 이거였어요. 어떨 때는 자신이 데카당 이라고 하고 어떨 때는 아니라고 하는데 그 기준이 애매해요.

메뚝씨　내 자식을 위협하는 놈을 만났을 때 엄마는 데카당이 돼요. 적을 만난 전사 또한 기꺼이 잔혹해지죠. 적은 나를 가혹하게 만들어요. 그러나 가혹함이야말로 내 사랑의 질량을 잴 수 있는 바로미터예요. 건강한 사람은 가혹할 때와 온화할 때를 가리지 않는 철저한 사람입니다. 온화함은 나를 평화롭게 만들어주고 가혹함은 평화의 가치를 측정해주죠. 상충되는 듯 보이는 전사와 엄마가 사실은 단일한 유기체와 같다는 인식이 니체 철학이에요. 건강을 되찾기 위해 나는 이물질처럼 충분히 더러운 인간이 돼야 하고 이물질이 제거된 후에는 평화로운 엄마가 되어야 한다는 뜻이죠.

똥팔씨　보통은 전사가 되고 난 뒤 평화를 찾지 못하고 삐걱대잖아요.

메뚝씨　가책 때문이죠. 가혹함 그 자체에 양심이 흔들리는 겁니다. 가혹함을 긍정하지 못하는 거예요.

똥팔씨　그럼 이렇게 볼 수도 있겠네요. 한 번 전사는 엄마처럼 따뜻해지는 게 쉽지 않지만, 엄마는 전사였다가도 모성애를 살려 다시 따뜻해지는 게 빠른 것 같아요.

메뚝씨　니체가 남자보다 여자를 존재의 상부에 위치시켰던 이유죠. 니체는 이렇게 말합니다. "지혜는 여성적인 것이며 항상 전사만을 사랑한다." 지혜가 여성적인 이유는 전사를 기꺼이 사랑하기 때문이에요. 전사로 변신할 수 있는 존재기도 하고요.

똥팔씨 그렇다면 니체의 전사적 요소는 엄마가 되기 위한 시도였다고 볼까요?

메뚝씨 유명 팟캐스트 중 하나인 〈나는 꼼수다〉의 핵심 인물, 김어준 총수를 예로 볼까요.

똥팔씨 아주 마초적이죠. 언사도 다소 과격하기도 하고요.

메뚝씨 그런데 다른 각도로 살펴보면 여성스러운 면이 있어요. 엄마 같죠. 데카당을 공격할 때 충분히 더러워지고 약자의 편에 설 때는 엄청 포용적이란 말이에요. 얼핏 상반된 듯 보이지만 모순이 아니에요. 니체는 쇼펜하우어를 보고 그것을 깨달았죠. 쇼펜하우어는 살짝 천박한 사람이었어요. 옆방에 있는 헤겔을 모략하고 인간의 죽음을 이야기하면서 스테이크를 썰었다는 전설 같은 이야기도 있습니다. 살짝 경박했죠. 그래야 심각한 철학을 공격할 수 있었으니까요. 세계는 나쁘고 인간은 허망하며 짐승과 다를 바 없다는 것이 쇼펜하우어 철학의 핵심이에요. 철학의 위대함이나 인간적 휴머니즘 같은 것들도 다 조작된 거라고요. 니체는 쇼펜하우어를 읽고 나서 모범생의 옷을 벗었죠.

그러나 쇼펜하우어는 전사적 성향에서 끝났어요. 엄마가 되지 못했죠. 전사의 용기는 있었으나 엄마의 평화는 없었으니까요. 쇼펜하우어의 철학을 '부정의 니힐리즘'이라 하고 니체 자신의 철학을 '긍정의 니힐리즘'이라 불렀던 이유가 여기에 있어요. 바그너도 기존의 음악을 공격하는 전사로서의 풍모는 단단했지만 엄마로 변신할 수는 없었죠. 니체는 바그너가 관성이 아닌 평화를 몰랐다고 판단해요. 《우상의 황혼》이죠. 전사가 우상이 되었으면 엄마가 돼 사랑의 꽃을 피우고 다시 전사로 갈 채비를 해야 했는데 바그너는 노란 황혼녘을 감상하는 음악가로 후퇴했다고 생각한 거예요.

똥팔씨 그렇다면 바그너와 헤어지기 직전까지 썼던 《비극의 탄생》과 《반시대적 고찰》은 전사적 입장이었다고 볼 수 있겠네요.

메뚝씨 초기의 니체는 호전적이었어요. 《반시대적 고찰》의 1부는 독일 교양, 2부는 학문경영과 노동경영의 폭력, 3-4부는 문화 교양을 비판합니다. 교양이라는 옷을 입고 곁눈질하던 놈들을 다 까는 거죠. 니체는 "내 영민함은 하나가 될 수 있기 위해 하나로 모을 수 있기 위해 많은 것이 되어보고 많은 것이 있어보아야 했던 점이다. 나는 얼마 동안은 학자이지 않으면 안 되었다."라고 자신의 낭만주의 시기를 고백합니다. 낭만주의 시기가 니체의 데카당 시기예요.

똥팔씨 그러면서 니체가 그토록 싫어했던 이성주의가 니체를 보는 관점이잖아요.

메뚝씨 사실 니체가 이성주의를 싫어했다는 건 오해입니다. 니체는 이성을 중요하게 생각했어요. 단 본능을 억압한 잘못된 이성을 비판한 거죠.

똥팔씨 그래도 일반적으로 학계에선 근대에서 현대로 넘어오면서 철학의 사조가 이성에서 감성으로 옮겨왔고 그 중심에 니체가 있다고 배우잖아요.

전사 또는 엄마

메뚝씨   반계몽주의의 전위병으로 니체를 규정한 거예요. 그런데 니체가 누구를 좋아했다고 했어요? 계몽주의 철학자 볼테르잖아요.

똥팔씨   자신의 책을 헌사할 정도로 좋아했다고 하죠.

메뚝씨   니체는 볼테르의 생가까지 찾아갔어요. 볼테르가 죽은 날 책을 출간하기도 했죠. 니체는 스스로를 철학자라고 했는데 철학자는 이성으로 작품을 세공하는 사람입니다. 감성으론 철학을 할 수 없어요. 니체는 당대의 낭만주의 시인을 비판하면서 그들의 반이성에 속지 말라고 타일러요. 이성을 중시한 거죠. 단지 본능을 억압하는 잘못된 이성을 공격했던 거예요. 경험주의자인 로크와 루소도 경험이 중요하다고 해서 이성이 나쁘다고 보진 않았어요. 경험으로 축적된 이성이 변증법으로 추론한 이성보다 중요하다고 주장했을 뿐이죠. 니체는 본능 속에 이성이 녹아 있고 이성 속에 본능이 들어 있다고 보았어요.

똥팔씨   음, 중요한 해석이네요. 이성의 대척점으로 니체를 이해했기 때문에 니체 책이 어려웠나 봐요. 그렇다면 니체의 관점에선 이성중심주의와 감성중심주의라는 말은 있을 수가 없네요. 이성과 감성은 분리하는 것이 아니니까요.

메뚝씨   이성과 감성은 인간 내면을 구분해 구체적으로 이해하려는 시도일 뿐이죠. 이성과 본능을 분할하는 사고방식 또한 문제가 있어요. 인간에겐 짐승성도 있지만 신성함도 있죠. 동일한 실체를 바라보는 각도의 차이를 마치 본질인양 해석하는 것은 그릇된 방식이에요. 니체는 그래서 자신을 '다종의 관점주의자'

                              프리드리히 니체

라고 정의하기도 했습니다. 제가 엄마와 전사로 니체를 표현한 이유도 여기에 있어요. 엄마이면서 전사인 인간을 긍정할 수 있는데 우리는 엄마와 전사를 각기 다른 실체로 이해하고 있어요. 나태한 사고방식이라고요.

똥팔씨   흥분하신 거 같은데요?

메뚝씨   흥분해야죠. 뜨겁지 않은 상태에서 니체를 읽을 수는 없어요.

똥팔씨   그럼 메뚝씨 흥분을 좀 가라앉히도록 따뜻한 엄마를 얘기해볼까요. 《인간적인 너무나 인간적인》은 니체 사상의 전환점이라고 들었습니다. 엄마가 되려는 평온한 상태에서 인간의 새로운 희망을 보여주는 철학이라 보면 될까요?

메뚝씨   그 책에 이런 구절이 있죠. "당신이 이상적인 것을 보았다면 나는 인간적인 것을 본다." 인간적인 모습의 파편들을 쓴 거죠. 엄마는 이상적으로 세계를 보지 않고 인간적으로 봐야 해요. 엄마가 이상적이면 애들 가출해요. (웃음) 엄마의 관점으로 인간 자신을 긍정할 방도를 구체화시킨 책입니다. 엄마가 가지고 있는 특성인 온화함과 세심함을 표현한 거죠. 니체는 이 책을 "황야의 목초"라고 표현해요. 엄마만이 사막을 목초로 만들 수 있는 위대한 인간이거든요.

똥팔씨   동물의 세계를 봐도 주로 암컷들이 생산 활동을 도맡잖아요. 인간의 세계도 그런 것 같아요. 최근에는 그런 인식이 덜하지만, 이전에는 엄마가 생산 활동을 도맡는 건 아빠의 무능력함을 상징하는 것과 같은 분위기가 있었죠.

메뚝씨   역사에 이름을 남기는 사람은 엄마보다 아빠니까 그렇게 이해를 한 거죠. 그런데 진짜 중요한 인간은 이름난 영웅이 아니라 세계의 세부를 변화시킨 세밀한 감각을 가진 무명의 용사들입니다. 몇몇 영웅이 시대를 조성하는 것이 아니라 인간의 조건을 세밀히 사유했던 그 분위기가 시대를 규정하죠. 니체는 이 분위기를 서술하고자 했어요. 《아침놀》은 그런 의미에서 서술된 책이죠. 이 책은 갱도의 철학입니다. 내 생명력의 최소치에서 우리가 얼마나 큰 능력으로 견딜 수 있는가를 표현한 거죠. 고통의 시간 안에서도 인간은 아주 따뜻한 온기로 살아갈 수 있다는 긍정을 설파하면서 관성의 편견을 깨는 한 모델을 만들고자 했어요.

    고통의 끝까지 내려가야 편견들이 보입니다. 빛이 없는 곳에 들어가면 빛이 한올한올 살아 있음을 느끼죠. 니체는 많이 아팠고 고통이 자신을 잠식할 수도 있었지만, 아프면 아플수록 집중했어요. 너무 아파 권총으로 머리를 쏘았으면 할 때도 있었다고도 고백하죠. 그럼에도 갱도의 고통 속에서 포기하지 않았어요. 심층 속에서 위대함이 더 위대해질 수 있음을 깨닫죠.

똥팔씨   그렇게 계속 고통 속으로 들어가다가 파멸되는 게 아닐까요?

메뚝씨   다시 나와야죠. 고통도 지속되면 적응하고, 적응하면 관성으로 굳어질 수 있어요. 지하는 두더지처럼 음흉한 사람들의 세계거든요. 태양이 없는 사람들이죠. 세속을 버리고 수행의 과정만을 좇는 사람들이에요. 세상을 부정하면서 자신의 철학을 긍정할 수 없다고 니체는 보았어요. 세상을 긍정하기 위해 자신을 비우고 고통과 직면하는 겁니다. 전사의 과업이 끝났다면 다시 나와야 해요. 그 안에만 있으면 도취적으로 빠지죠. 없는 신도 발굴할 수 있어요.

똥팔씨   그런데 왜 《아침놀》이에요? 고통의 끝과는 대비되는 찬란한 느낌이잖아요.

메뚝씨   《해 뜨기 전이 가장 어둡다》는 에밀 시오랑의 책이 있어요. 저는 아침놀의 아이디어를 모방한 것이라고 봐요. 빛의 영광을 맛보기 위해선 가장 어두운 곳에 있어야 하는 거죠. 아침놀의 찬란함은 어둠이 만들어 내는 것이죠. 극렬한 쾌감은 칠흑의 어둠 뒤 순간적인 찰나에서 발산된다는 사실을 깨달았을 때, 인간은 어둠까지도 긍정할 수 있다고 니체는 보았어요.

똥팔씨   헤겔의 '미네르바의 부엉이'와 대척점에 있는 개념인가요?

메뚝씨   부엉이는 황혼의 사유죠. 황혼은 늙은이, 노인들의 회환 같은 철학이라고 니체는 말해요. 그래서 노인과 반대되는 어린아이를 데려오는 거죠. 인간의 생기는 황혼이 아니라 아침놀이에요. 동트는 해를 보고 우울한 사람은 없잖아요.

똥팔씨   그렇죠. 동트는 해를 보고 우울하기도 쉽지 않죠. 대부분 해가 지면 우울해 해요. 해가 져야 감성이 살아난다고 그때부터 글 쓰는 사람들도 많잖아요. 저도 아침보다 저녁에 글 쓰는 게 더 낫더라고요.

메뚝씨   진도는 잘 나가는데 아침에 읽으면 낯 간지러워요. 밤엔 시간이 잘 가니까 글이 잘 써진다고 착각하죠. 그러나 글을 쓰는 동안 시간이 더디게 가야 작품의 질이 좋아집니다. 밤에 쓴 것들은 뭔가 상징체계가 안 맞아요. 시인 보들레르도 그렇고 비평가 황현산도 "밤이 선생이다."라고 했는데, 니체가 보기에는 우스운 소리예요. 인간은 늦게 자는 것보다 일찍 일어나는 것이 훨씬 어려워요. 삶을 긍정하는 것보다 부정하는 게 쉽죠. 밤이 좋은 이유는 편하기 때문이에요. 죽음 충동이 생의 충동보다 쉬워요. 그리고 빨라요. 그러나 생의 충동이 죽음 충동보다 극렬합니다. 우리는 더 극렬한 쾌감을 위해서 빛이 없는 세계로 들어갈 수 있어야 해요. 인간적인 너무나도 인간적인 삶은 아침의 영광으로 시작돼요.

똥팔씨 새벽과 친해져야겠네요. 쉽지는 않겠지만. 자, 이제 《차라투스트라는 이렇게 말했다》를 볼까요?

메뚝씨 이 책의 부제는 두 가지입니다. 하나는 "모든 사람을 위한 책이지만 결코 어느 누구의 것도 아닌 책"이죠. 말하자면 허접한 인간들은 손대지 말라는 겁니다. 파괴될 수 있다는 뜻이에요. 다른 하나는 "고독에 대한 송가"입니다. 고독을 죽이겠다는 의지죠. "나는 고독을 정복했다. 내가 얼마나 쾌활하게 웃는지 보라"라는 니체의 자기 자랑이에요. 그래서 니체의 차라투스트라는 우울한 시간이 없어요. 잠깐의 몰락은 있지만, 결코 우울하지 않죠. 그것이 니체가 말한 위버멘쉬, 즉 초인입니다. 똥팔씨에게 초인은 어떤 존재예요?

똥팔씨 모든 걸 이길 수 있는 존재 아닐까요? 히어로 같은.

메뚝씨 일본식 번역이라 우리나라 뉘앙스하고 안 맞을 수 있는데 초인은 말 그대로 여태 존재하지 않았던 사람이에요. '최초의 인간'

프리드리히 니체

을 뜻하죠. 역사에 없었던 과업을 달성한 존재입니다. 위버멘쉬는 최초의 인간이고 반대말은 말인이에요. 이 말인이 진정한 데카당스, 퇴폐적 인간이죠. 차라투스트라는 자신은 위버멘쉬가 아니라고 했어요. 열등감이 있기 때문이죠. 위버멘쉬만이 위버멘쉬를 생산할 수 있습니다. 상처는 사람을 키우기도 하지만 그 과거가 열등감이라는 부정을 지울 수 없게 해요. 그래서 아이는 최대한 맑고 순수하게 자라도록 보호받아야 하는 겁니다. 니체는 이렇게 표현합니다.

> 우리 새로운 자, 이름 없는 자, 이해하기 어려운 자, 아직 증명되지 않은 자, 미래의 조산아인 우리는 하나의 새로운 목적을 위해 하나의 새로운 수단을 필요로 한다. 말하자면 새로운 건강을, 이전의 어떠한 건강보다도 더 강하고 더 능란하고 더 즐기며 더 대담하고 더 유쾌한 건강을 필요로 한다.
>
> 프리드리히 니체《차라투스트라는 이렇게 말했다》

초인은 다시 시작하는 인간, 새로 시작하는 인간입니다. 건강하고 유쾌하며 미래에나 도래할 기다림의 시초죠. 최고의 엄마가 되려면 최고의 파괴자도 될 수 있어야 해요. 따라서 우리는 엄마가 되기 전에 전사가 될 수 있어야 하죠. 시작은 파괴 이후에 오니까요. 그래서 니체는 부정도 원한도 없는 파괴적인 술의 신 디오니소스를 데려와요. 술의 정신을 배워 원한을 지워야 최초의 인간, 긍정의 인간으로 나아갈 수 있다는 겁니다. 물론 주정뱅이가 되라는 말은 아닙니다. 술이라는 약호가 지닌 불꽃의 힘을 믿으라는 뜻이죠. 진짜 술 먹고 개판 만들라는 뜻은 아니에요. 뭐 간혹 그럴 수는 있겠죠. 데카당과 상대해 전사가 돼야 할 때가 있으니까요. 참고로 니체는 《이 사람을 보라》에서 자신은 술을 안 먹는다고 고백해요.

똥팔씨   그렇다면 니체가 보기에 가장 나쁜 인간 유형은 어떤 사람인가요?

메뚝씨   우유부단한 인간이죠. 눈치 보는 인간입니다.

똥팔씨   누가 제 얘기라도 하는지 가슴이 따끔따끔하네요. 모든 사람에게 착한 이미지를 보여주면서 인정받으려는 인간이 말인이란 뜻인가요?

메뚝씨   말인은 자기가 없는 인간이에요. 인간은 시간을 부리며 존재를 증명하는데 우유부단한 인간은 자기가 기준인 시간이 없어요. 남을 의식하다 보니 내 세계를 완성할 수 없는 거죠. 《차라투스트라는 이렇게 말했다》를 출간한 뒤에 썼던 《선악의 저편》에 나온 철학이 우유부단과 단절하는 방법입니다. 현재가 아닌 미래를 설계할 수 있을 때 초인이 될 수 있는 거죠.

똥팔씨   책들이 별개의 내용을 다루는 듯 하면서 연결되어 있어서 복잡해요.

메뚝씨   《차라투스트라는 이렇게 말했다》가 외피의 문제를 살핀다면 《선악의 저편》은 내피의 문제에 천착합니다. 니체는 인간을 이해하기 위해선 그 인간의 내장 냄새를 맡아야 한다고 자주 이야기하는데 그 내장 냄새를 설명한 책이 《선악의 저편》이에요. 차라투스트라가 망원경이었다면 선악의 저편은 현미경인 셈이죠. 내장은 숨어 있죠. 육체의 내부에 있기 때문에 감출 수 있습니다. 우유부단한 자, 곁눈질하는 자는 변비를 앓고 있는 사람입니다. 부패를 숨기는 사람이죠. 똥을 잘 싸는 게 초인으로 가는 시작인 거예요. 주기적으로 똥을 싸는 사람이 과감한 사람이에요.

그다음에 쓴 책이《도덕의 계보학》입니다.《선악의 저편》에서 현미경으로 봤는데 미처 덜 본 게 있었어요. 데카당에 대해서 추상적으로 말했더니 사람들이 이해하지 못했다고 판단했죠. "구체적으로 말해줄게"라는 선언이《도덕의 계보학》입니다. 그래서 이 책만 논문이라고 니체가 말하죠. 세속에서 말하는 증명 방식을 택했으니까요.

니체의 마지막 시기인 1888년 이후에 쓴 책이《우상의 황혼》입니다. 여기서 "망치 들고 철학을 하라!"라는 말이 나옵니다. 니체는 여타의 철학자와는 달리 말기로 갈수록 더울 과감해지죠.

똥팔씨   니체의 상징과도 같은 망치가 말년에 나온 거군요. 또 다른 상징으론 다이너마이트도 있죠. 망치와 다이너마이트는 어떤 차이가 있나요?

메뚝씨   다이너마이트는 원석을 깨는 도구고 망치는 원석을 세공하는 도구죠.《우상의 황혼》에서 "나는 미소 짓는 악마다."라는 표현이 나옵니다. 인간을 세공하기 위해 나는 충분히 악마가 되겠다는 의지죠. 옛 진리가 나로 인해 끝났다는 뜻입니다. 우상을 파괴하고 비로소 인간의 긍지가 시작된다는 선언이기도 하고요.

똥팔씨   바흐찐과 비슷한 것들이 많은 것 같아요. "우상의 안에는 우리가 실천할 수 있는 것들이 없다." 그럼 우상을 숭배하는 인간을 니체식으로 표현하면 변비 걸린 인간이겠네요.

메뚝씨	그렇죠. 소화기관이 망가져 배설기관까지 느리게 작동하는 인간이죠. 니체 또한 변비를 심하게 앓았습니다. 문헌학자였던 그는 우상 숭배를 업보로 삼을 수밖에 없었으니까요. 그래서 니체 자신이 변비를 치료한 이력을 《이 사람을 보라》로 기록한 겁니다. 자신까지 사람들이 우상으로 만들까 봐 쓴 책이기도 하죠.

《이 사람을 보라》는 소크라테스를 비판하는 책입니다. 델포이 신전에서 가장 위대한 철학자가 자신이라는 신탁을 받은 소크라테스가 신탁이 틀렸다는 걸 증명하려 사람들에게 말을 거는 거예요. 우리는 소크라테스를 겸손한 인간이며 아름다운 인간이라고 믿고 있습니다만, 니체가 보기에 소크라테스는 변비 환자였던 거예요. 자신이 없으니 신에게 기대 변명을 늘어놓는다는 거죠. 니체는 《이 사람을 보라》에서 일만의 변명을 모두 지우고 오만하게 말해요. 나는 왜 이렇게 현명하고, 영리한데다 좋은 책들을 쓰는 건지. 어떤 푸념이나 변명도 안 할 거라는 자신감이죠. 소크라테스처럼 신에게 기대 자신을 숨기려고 하지 않겠다는 의지기도 하고요. 니체에게는 겸손도 눈치의 한 종류라고 봤어요. 사람이 겸손해야 한다고 말하는 건 복종하며 살라는 권고와 똑같다는 겁니다.

똥팔씨	멀리 왔습니다. 마무리해야 하는데 더 듣고 싶은 욕심도 나네요.

메뚝씨	과감히 끝내야죠. 궁금할 때 떠나야 제 힘으로 찾게 되니까요.

니체로 가는 길

《이 사람을 보라》　　　　　　　《니체를 쓰다》

현 위치　　　　　《차라투스트라는 이렇게 말했다》　　　프리드리히 니체

니체 문장은 이해되는 것이 아니라 체험되는 것입니다. 시처럼 애매하고 그림처럼 예쁘지만 주사처럼 아픈 까닭이죠. 자신의 일상을 빼곡하게 분석하고 천천히 니체 책과 버무려 보세요. 어떤 책으로 시작해도 무관합니다. 니체로 가는 가장 효과적인 방법은 용기와 과감함입니다. 팟캐스트 〈두 남자의 철학 수다〉 니체 강독 편을 꼼꼼히 들으시면서 니체 책과 대면하는 것도 좋은 길일 수 있습니다. 단, 성급하지 않아야 합니다. 천천히, 느리게 그렇지만 뜨겁게 읽어 가세요.

한 권의 책이라도 추천해줬으면 좋겠다는 작은 소리가 들리네요. 《이 사람을 보라》를 접하시고 《차라투스트라는 이렇게 말했다》를 다섯 번 이상 반복해서 읽어보시면 니체 사상의 뿌리가 어렴풋이 보일 수 있습니다. 긴 수련이 필요합니다. "전사 또는 엄마"에서 이야기한 내용을 바탕으로 전기부터 후기까지 차근차근 읽는 무식한 방법도 있습니다만, 쉽지 않은 일이라 추천하기가 어렵습니다. 스테반 츠바이크의 《니체를 쓰다》를 읽으면서 니체의 힘에 젖어 보는 것이 더 빠른 방법일 수 있습니다. 니체는 단발에 도약하고자 하면 순식간에 포기될 수 있어요. 천천히 끈질기게, 외롭고 지쳤을 때나 세속에 내면이 흔들릴 때마다 니체를 펴는 습관에 적응된다면 니체는 유래 없는 삶의 이정표를 제시해줄 수 있답니다.

미 셸 푸 코

정체성의 탐험가

행동하는 지식인으로서의 변모에 대하여

똥팔씨   광기에 관해 사유하는 시간입니다. 미친놈 이야기네요.

메뚝씨   미친놈은 중요하죠.

똥팔씨   오늘 밤을 달궈줄 철수는 프랑스 철학자이자 우리나라에서도 굉장한 지지를 받고 있는 미셸 푸코입니다. 푸코는 1926년 프랑스 푸아티에서 태어납니다. 아주 부유한 집안이었어요. 할아버지와 아버지가 외과 의사였고 집안 전체가 잘 살았다고 하네요.

메뚝씨   제1차 세계대전, 제2차 세계대전의 거친 풍파에서도 강건했던 집안이죠. 주변에서 가장 큰 종합병원 원장 집안 아들이었어요.

똥팔씨   외가도 엄청 부유했어요. 부동산도 많았고 재테크 능력도 탁월했다고 합니다. 어머니의 모토가 "자기가 할 수 있는 것은 자기 힘으로 하자"였던 이유였겠죠. 그런데 푸코에겐 아니었나 봐요. 푸코가 어려움을 겪을 때마다 엄마가 대신 해결해주었으니까요. 푸코는 엄마가 하라는 대로 척척 따라가는 모범생이었죠.

메뚝씨 푸코는 엄마 덕분에 그 어려운 라틴어 과외도 받고 학교생활의 소소한 문제들까지 해결했어요. 우리로서는 별로 낯선 광경도 아니죠.

똥팔씨 1930년부터 앙리 4세 명문 사립학교에 입학합니다. 푸코는 거기서 모든 면에 왕처럼 집중 받는 학생이었어요. 그러나 대부분의 철학자에게 영향을 주었던 큰 사건이 터지죠. 1939년에 제2차 세계대전이 발발하고 파리가 점령당하니까 파리에 있는 우수한 학생들이 학교로 전학 옵니다. 녀석들 때문에 푸코의 성적은 중하위권까지 떨어졌어요. 그래서 엄마가 안절부절못해 다른 학교로 옮겨버려요. 1943년에 바칼로레아 시험에 합격하고 푸코는 고등사범학교로 진학을 결정합니다. 하지만 첫 시험에 떨어지죠.

메뚝씨 이때 엄마가 대단한 과외선생님을 붙여줘요. 바로 프랑스의 역사적 지성, 코제브와 함께 헤겔을 프랑스식으로 재해석한 탁월한 사상가 장 이폴리트입니다. 콜레주드프랑스 교수까지 지낸 엄청난 인물이죠.

똥팔씨 푸코는 이폴리트를 만나 철학에 굉장히 관심을 보였고 공부에 몰두합니다. 그 결과 곧바로 고등사범학교에 4등으로 합격하죠. 이때 구술시험 면접관이 프랑스의 과학 철학자이자 푸코의 대표적 스승인 조르주 캉킬렘이었어요. 그러나 곧 푸코에게 시련이 찾아옵니다. 고등사범학교 입학 이전까지는 혼자 개인생활을 했었는데, 고등사범학교에 입학하고 나니까 공동생활이 필수였어요. 푸코에게 공동생활은 참을 수 없는 고통이었다고 해요.

미셸 푸코

메뚝씨   그 고통을 덜어 준 스승이 알튀세르였죠. 푸코가 밤마다 미친 놈처럼 발가벗고 돌아다니니까 알튀세르가 토닥여줘요. 푸코는 당시 자살기도도 많이 할 정도로 정신이 나약한 상태였지만, 알튀세르의 돌봄 덕분에 파괴되지 않을 수 있었어요.

똥팔씨   푸코는 당시 고민이 좀 많았죠. 특히 자신의 성 정체성에 대해 심각하게 고민했다고 하더라고요.

메뚝씨   성 정체성뿐만이 아니었어요. 고등사범학교는 프랑스 최고의 학생들이 오는 학교인 터라 성적이 자꾸 밀리기 시작해요. 푸코는 어렸을 때부터 철학을 접하진 않았거든요. 성 정체성과 지적 열등감까지 푸코를 괴롭혔는데, 무엇보다 제일 괴로웠던 건 학교가 재미가 없었어요. 고리타분했던 거죠. 고등사범학교는 보수적이고 폐쇄적인 공간이었으니까요. 그런 푸코에게서 자신의 모습을 본 알튀세르가 푸코를 아껴줬어요. 알튀세르도 푸코처럼 엄친아였고 고등사범학교의 고리타분한 분위기가 숨 막혔거든요.

똥팔씨   두 사람의 정치적 선택은 갈렸지만, 푸코가 알튀세르를 존경했죠. 알튀세르가 죽은 이후에도 자주 찾아갔잖아요. 두 사람이 다녔던 고등사범학교는 우리나라 사범대학과 비슷한 시스템인데 학위를 안 줘요. 다른 대학 가서 학위를 받아야 돼요. 대부분 소르본 대학에서 학위를 받는데 논문 써 내면 그냥 학위를 주는 형식입니다. 소르본 대학이 당시 프랑스에서는 서울대 정도의 명문대였어요. 그러나 고등사범학교는 그보다 더 상위 레벨이 다니는 그야말로 엘리트 학교죠. 푸코도 1948년 소

정체성의 탐험가

르본에서 학사 학위를 취득하고 1949년엔 심리학 석사 학위를 받습니다. 여기까지는 학자로서 탄탄한 길을 갑니다만, 또다시 시련이 찾아오죠. 1950년 교수 자격시험에 떨어집니다. 이때 심한 충격을 받아요. 자기는 굉장한 엘리트라고 자부하고 있었는데 실패를 용납하기가 어려웠던 거죠.

메뚝씨   흔들리는 푸코를 알튀세르가 달래주고 공산당에 가입시키기도 합니다. 그러나 1951년에 교수자격시험에 합격하고 현실적 정치 참여보다 자신의 정체성을 찾는 데 더 깊은 관심을 갖게 되죠. 당대의 공산주의는 동성애를 부르주아 퇴폐라고 생각했으니까요. 3년 만에 공산당을 탈퇴하고 자신의 정체성을 찾는 일과 학문에 집중하죠.

똥팔씨   1953년부터 니체의 사상들이 물들기 시작했잖아요. 이런 분위기가 공산당 탈퇴와 관계가 있을까요?

메뚝씨   깊은 관계가 있죠. 마르크스에서 니체로의 전환은 사회문제에서 개인문제로의 이행을 뜻해요. 니체는 사회적 구조보다 인간 내면에 집중한 철학자니까요. 알튀세르를 통해 마르크스를 접한 푸코는 마르크스로는 자신의 정체성을 해결할 수 없다고 보았죠. 니체를 만나 흔들리는 내면을 치유할 방도를 찾아요. 그 영향에서 1954년 첫 저서인 《정신병과 인격》을 발표합니다. 이 책은 1962년에 《정신병과 심리학》으로 재출간되죠. 《정신병과 인격》은 알튀세르의 영향을 받았을 때 쓴 것이고 재출간한 《정신병과 심리학》은 캉킬렘의 관점이 많아집니다. 정신병은 시대가 발명한 질병이란 관점은 캉킬렘의 아이디어거든요.

사회문제보다 개인 문제에 집착한 푸코의 특성을 여실히 보여
준 사례라 할 수 있죠.

똥팔씨   저서 발표 후 1955년부터 1958년까지 푸코는 스웨덴 프랑스
문화원에서 팀장으로 일하게 됩니다. 첫 직장이었죠?

메뚝씨   최초의 취업이었죠. 그것도 고위 외교관이었어요. 우리 같으
면 어깨에 힘 좀 들어갔을 텐데 푸코는 못마땅했죠.

똥팔씨   공무 수행차 갔다기보다 학문에 필요한 자료를 정리하고 자유
로운 삶을 살기 위한 방략이었던 것 같아요.

메뚝씨   자유롭게 도피하고 싶었으나 스웨덴의 문화적 보수성은 프랑
스와 차원이 달랐죠. 예나 지금이나 북유럽은 심심한 나라거든
요. 때문에 술과 섹스에 집착하기도 하고 재규어를 타다가 음
주 운전으로 사고를 내기도 하죠. 방황하던 시절이었어요.

똥팔씨   그 방황 속에서도 박사학위 논문《광기와 비이성》을 썼다는 사
실이 대단합니다.

메뚝씨   푸코에겐 알튀세르에게 배운 철저한 공부 습관이 있었어요. 아
무리 고단해도 하루에 4시간 이상 자료를 정리했다고 고백하
죠. 이 단단한 생활양식을 본받을 필요가 있어요.

똥팔씨   푸코는 스웨덴 도서관에서 그의 주저《광기의 역사》에 관련된
내용 대부분을 수집하고 정리합니다. 그러다가 1958년에 다
시 폴란드로 가서《광기의 역사》를 마무리를 하고 파리로 돌아
오고자 했는데 자리가 없어 독일 함부르크로 가죠. 거기서 칸
트의 인간학에 관련된 박사 학위 보조논문을 작성하고 마침내

《광기의 역사》가 완성됩니다. 1961년 《광기의 역사》가 세상에 나오고 1963년에 《임상의학의 탄생》이 출간돼요. 이 책들에서 푸코는 자신을 해부학자로 명명하죠. 자기 아버지가 메스를 들었다면 자기는 펜을 들어 역사의 이면을 파헤쳐 세세하게 밝히겠다는 의욕을 피력한 거예요.

메뚝씨   의사이고 세속적인 아버지를 넘어서겠다는 푸코적 신념이죠. 의식은 메스로만 하는 것이 아니라 펜으로도 탁월하게 수행할 수 있다는 선언이기도 합니다.

똥팔씨   두 권의 책에 대한 성과로 끌레르 몽페랑이라는 대학으로 강의를 갑니다. 굉장히 악마 같은 교수였다고 하더라고요. 그런데도 불구하고 인기가 굉장히 많았대요. 푸코가 강의하면 몇 백 명씩 몰렸어요.

메뚝씨   지난번에도 다뤘지만 철학은 그 체계의 완벽함보다 철학자 자신이 얼마나 지식을 사랑하고 압도적인 힘을 발산할 수 있느냐가 중요합니다. 푸코는 자신을 몰라주었던 사회를 향해 굉장한 비토를 쏟아낸 것이고, 그 힘에 압도된 사람들은 푸코의 말에 귀를 기울이게 된 거죠.

똥팔씨   이쯤에서 푸코의 생의 일대 전환을 겪게 한 책 《말과 사물》을 발간합니다. 단번에 대박 나서 유명인사가 되죠. 대체 어떤 내용이길래 책 한 권으로 유명인사 반열에 오르죠?

메뚝씨   이 책의 주제는 인간이라는 주체는 발명되었다는 거예요. 인간은 시간의 축적에 따라 진전되는 것이 아니라 시대마다 다르게 구성된 조작물이라는 주장이죠. 이 문제 또한 알튀세르가 고민했던 지점입니다. 이른바 반인간학이죠. 우리가 인식하고 있는 인간이란 개념은 18세기 이후에 탄생되었다는 겁니다. 이 책에서 푸코의 핵심 개념인 '에피스테메'가 등장합니다. 이 책으로 인해 사르트르의 실존주의와 대척점을 이룬 구조주의와의 본격적인 학문적 전쟁이 일어나기도 하요.

똥팔씨   그렇게 따지면 알튀세르의 호명테제와 별반 다를 것 같지 않습니다. 어떤 점에서 차이가 있는 거죠?

메뚝씨   푸코는 사르트르와 알튀세르의 대립에서 위험한 줄타기를 했어요. 푸코는 구조주의자도 아니고 실존주의자도 아니며 푸코 자신이라고 말합니다. 《광기의 역사》 때까지만 해도 사르트르의 여친 보부아르가 엄청난 서평을 써주고 상찬합니다만, 이내 실존주의를 공격하고 공산당이 푸코의 사상을 차용하려 하자 이를 거부합니다. 알튀세르와 사르트르보다 강력한 영향력을 행사하는 지식인이 되고 싶었으니까요.

똥팔씨   사르트르가 구조주의 논쟁에서 푸코를 비판하니까 캉킬렘이 푸코를 돕죠.

메뚝씨   프랑스 지성계의 구도를 잘 살펴보면 재미있어요. 당대의 주류 지식인은 대학이 아닌 재야의 실존주의자 사르트르였고 비주류가 오히려 대학교수들이었어요. 푸코는 재야보다 대학에 관심이 많았고 사회적 기득권 세력과 친했으니 대학교수들이 푸코의 편을 들어준 것도 당연하죠. 대표적 인물이 푸코의 과외 선생 장 이폴리트와 소르본 대학 지도교수 조르주 캉킬렘 그리고 스웨덴으로 푸코를 천거한 조르주 뒤메질이었어요. 이들은

모두 프랑스 최고의 고등교육기관인 콜레주드프랑스의 교수
가 됩니다. 그러나 푸코는 튀니지에서 정치적 각성을 하게 되
고 성공보다 더 중요한 세상을 만나게 됩니다. 튀니지 독립운
동에 참여한 제자들에게 감동한 거죠. 학생들의 용기와 지성에
놀래요. 독립운동하던 튀니지 학생들이 뇌가 섹시했거든요.
푸코는 그들을 지켜주고 싶었죠. 사회 변화에 대한 열망이 인
간을 아름답게 만든다는 사실을 깨닫게 된 겁니다.

똥팔씨   뜨거운 열정이 지성을 폭발시킨 셈이네요.

메뚝씨   맞아요. 인간이 자유를 열망할 때 문학도, 철학도, 예술도 탁월
해질 수 있어요. 신념이나 국가적 제도가 인간을 개선하는 게
아니에요. 자유에 대한 열망이 에너지를 발산하고 새로운 인간
에 대한 상상력이 폭발합니다. 그 뜨거운 에너지가 인간을 진
일보하게 만들죠.

똥팔씨   그 계기로 푸코가 변신하게 되는 거군요. 적극적인 사회 참여
지식인으로 말이죠. 1968년 3월에 튀니지에서 혁명이 일어나
고 그 영향으로 5월에 프랑스에서 혁명이 일어납니다. 그러나
푸코는 5월 혁명에 가담하진 않죠. 그럼에도 변신은 화려하게
했네요. 넥타이 벗고 머리 빡빡 깎고 패션에 신경 쓰고.

메뚝씨   이때부터 자신이 동성애자라는 사실을 숨기지 않았어요. 학생
들에게 배운 용기로 참여 지식인으로 환골탈태하는 거죠. 푸코
에게 튀니지에서 파리로의 귀환이라는 의미는 온전한 과거와
의 단절이에요. 자살 충동까지 사라지죠. 튀니지 학생 혁명이
완벽하게 새로운 푸코를 탄생시킨 거예요.

미셸 푸코

똥팔씨   그래서인지 1970년부터 푸코의 정치 참여가 뜨거워지죠.

메뚝씨   콜레주드프랑스 교수가 되었으니까요. 이 대학은 프랑스 최고
의 대학이자 시민 대학이에요. 프랑스 학자들에게는 꿈의 무대
죠. 엘리트는 다 이쪽으로 가고 싶어 해요. 지금도요. 장관급
지위를 보장받는 데다 정년이 없어요. 특히 시민들에게 인기가
높았던 푸코는 최고의 영향력을 행사하게 됩니다.

똥팔씨   또 엘리트 인맥들이 계속 지원해준 덕분이기도 하죠. 지금도
프랑스 엘리트들은 인맥을 굉장히 중요하게 생각하잖아요.

메뚝씨   프랑스 68혁명 이후 대학은 평준화되었지만, 소위 대학 위의
대학이라 불리는 그랑제콜 제도는 여전히 단단하거든요. 그랑
제콜은 기술, 행정, 인문 분야로 나뉘어 있는데 학교에 입학하
려면 고등학교 졸업 후 2년의 준비반을 거치고 다시 시험을 봐
야 합니다. 그만큼 고등사범학교는 그랑제콜의 인문 분야 최고
엘리트 양성기관이고, 그들의 꿈은 콜레주드프랑스에 들어가
는 거였어요. 학교 식당에서 웨이터가 메뉴를 주문받고 서비스
도 제공하고 심지어 팁도 받는대요. 무슨 드라마에 나오는 학
교 같죠.

똥팔씨   푸코가 대학의 역량을 활용해 스스로 최고의 지성인이 되고자
했던 욕망이 대단했던 거 같아요. 실제로 콜레주드프랑스 취임
후 푸코의 활약은 더 대단했다죠. 공개 강좌는 인기가 너무 많
아서 사람들이 밀리는 바람에 강의 시간을 아침으로 옮기기도
했어요. 강의 내용을 바탕으로 한 책들도 유명세를 탑니다.

메뚝씨   이런 강단 활동과 동시에 1971년부터 1977년까지 계속 사회 문제의 문을 두드렸어요. 찌라시 들고 시위현장에 뛰어듭니다. 대표적 사건은 감옥 정보 그룹을 만들어 감옥의 인권 문제를 건드리고 《감시와 처벌》을 출판한 거죠. 행동하는 지식인이 되기 전까지 푸코는 구조주의적인 관점에 가까웠어요. 사회 역사를 결정하는 핵심은 에피스테메라는 주장을 통해 결정론을 피력했다면 이제부터는 주체의 문제로 돌아와 비결정론적 입장을 취했어요. 다소 휴머니즘적인 푸코가 됩니다. 말년에 《성의 역사》 시리즈를 집필하게 된 계기도 푸코의 변신과 깊은 관련이 있습니다. 사회 구조 문제 연구에서 개인의 내면 탐구로의 이행이죠.

똥팔씨   고고학에서 《감시와 처벌》 이후 계보학으로 전환됐다고 하더라고요.

메뚝씨   니체에게 배운 계보학을 통해 주체를 완성하는 기술에 천착합니다. 그 기술을 자기애와 자기 배려로 정의하고 인간주의적인 사상으로 변환하죠. 그래서 혹자들은 푸코가 배신했다고도 이야기해요. 날카로웠던 푸코 철학이 선언문이 되고 팸플릿이 돼버렸다고요. 철학계에서 후반기 푸코 작업이 지금도 잘 다뤄지지 않는 이유기도 하죠. 푸코의 생에서 가장 중심이 됐던 키워드는 '광기와 섹스'입니다. 푸코 자신의 문제였던 까닭이죠. 윤리적 죄책감을 벗기 위해 이 문제에 집착했던 거예요.

똥팔씨   그럼에도 명성이 대단했죠. 프랑스뿐만 아니라 미국에서도 푸코는 유명인사였어요. 세계적 명성을 얻은 거죠.

메뚝씨 　푸코가 세계적 명성을 얻은 건 〈뉴욕 타임즈〉 덕분이에요. 푸코를 전면으로 실어줬거든요. 미국이 푸코를 명품으로 만든 거예요. 당시 미국으로 유학을 갔던 386세대들이 푸코를 수용하면서 우리나라에서도 명품이 됐어요. 미국이 띄우고 우리가 받는 형식은 비단 국가적 시스템만 있는 것이 아니에요. 철학에서도 우리는 사대주의적 경향이 짙어요.

똥팔씨 　프랑스에서 직수입한 철학이 아닌 거군요.

메뚝씨 　미국에서 일본으로 들어온 걸 베낀 거죠. 1980년대 푸코는 일본에서도 뜨거웠어요. 제2차 대전 이후로 일본은 무조건 미국 편이었으니까요. 미국에서 인기를 얻으면 곧장 일본으로 전해지고 재차 우리나라로 수입되는 거죠.

똥팔씨 　푸코를 접하는 지점이 중간 경로라는 게 아쉽네요. 그렇게 화려했던 시기도 금세 막을 내렸습니다. 1984년에 에이즈 합병증으로 죽게 됩니다. 푸코가 죽었을 때 프랑스 일반 대중들은 그가 에이즈 걸려 죽었다는 사실을 몰랐어요. 우리나라에서도 그 사실을 아는 사람은 매우 적었죠. 에이즈 자체를 잘 모르는 시기였다고 하더라고요. 더구나 푸코의 명성이 대단해서 설마 푸코가 에이즈에 걸렸을까 하는 의문도 있었겠죠.

메뚝씨 　아쉬운 죽음입니다만 푸코가 엄청난 신화가 되어버린 우리나라의 지적 풍토에는 문제가 있어요. 푸코가 영민한 철학자이긴 했으나 위대한 사람은 아니었어요. 그 문제에 대해선 광기를 본격적으로 다루면서 정리해볼까요?

죽음과의 대면 코드, 광기

광기를 질병으로 규정하는 사회에 대하여

나와 인연이 닿은 한 아이가 있었다. 초등학교 3학년. 어느 날 그 아이가 고래고래 소리를 지르며 교실에서 난동을 핀다. 젊은 교사인 나는 물리력으로 그 아이를 제압했다. 그 아이는 흥분을 여전히 가라앉히지 못하고 있다. 다음 날 그 아이의 눈은 반 이상이 잠겼다. 어깨도 축 늘어져 있다. 왜 그러지? 수업 시간 내내 꿈 여행을 청하려 한다. 약 먹은 날이다. ADHD 판정으로 조울의 정도에 따라 약의 통제 세계로 들어가는 아이였다. 약을 먹으면 그 아이는 시체다. 난 교실의 평화를 위해 의학적 조치에 따랐고 그것을 믿는 것이 최상의 방법이었다. 아니 그 호명이 나에게 면죄부가 되었던 것이다. 지금 생각해보건대 난 그 아이에게 할 수 있는 것이 하나도 없었다. 그저 깨어 있을 때 잠깐씩 딱지치기하며 놀아주었던 정도다. 누군가에게 혹은 어떤 권위에 무턱대고 맡겨버린 믿음은 무기력한 현실 속에 나를 가둔다. 내가 할 수 있는 것은 어떤 것도 없다는 알리바이가 형성되었다. 외부 시선도 나를 동조해준다. 다행이다. 나는 아무런 사고 없이 이 아이와 주어진 일 년을 보내면 된다. 시간이 흘렀다. 10년 이상의 시간이 흘렀다. 그 아이는 지금 무엇을 하고 있을까? 뉴스 보기가 싫어진다.

– 김형섭

미셸 푸코

메뚝씨   자, 광기갑시다. 광기.

똥팔씨   저는 광기보다 미친놈이라는 말이 조금 더 친근하게 느껴져요.

메뚝씨   광기에는 미친놈만 있는 게 아니라 바보도 있어요. 미친놈은 갑자기 흥분하는 사람이고 바보는 지적 능력이 다소 부족한 사람이에요. 흔히 정신지체라고 부르죠. 광기의 문제에서 푸코에게 중요한 것은 미친놈이 아니라 바보예요. 근대 이후 바보는 하나의 광기로 규정되었고, 그 규정이 오늘날의 우리 사회를 창조한 밑거름이었다는 겁니다. 푸코의《광기의 역사》는 그 과정을 추적한 책이죠. 바보가 위험한 질병이 된 배경에 지식이 있다고 푸코는 말합니다. 즉, 권력 중에서도 가장 막강한 권력은 정치도 경제도 아닌 지식이라는 뜻이고 권력의 배면에 성과 지식이 있다는 주장이죠.

똥팔씨   그러니까 독감이 유행할 때는 마치 옆에서 누군가 기침만 해도 자리를 피하듯이 광기도 하나의 위험한 질병처럼 만들어졌다는 거네요.

메뚝씨   《광기의 역사》를 보면 이런 부분이 있어요.

> 광인이 광인으로 인정되는 것은 광인이 질병으로 인해 정상 상태의 주변부로 옮겨졌기 때문이 아니라 광인이 우리 문화에 의해 수용의 사회적 명령과 권리주체의 능력을 판별하는 법률적 인식 사이의 접점에 놓여 있기 때문이다.
>
> 미셸 푸코《광기의 역사》

이게 뭔 소리냐. "야 너 나쁜 놈" 이렇게 해서 광기가 만들어진 것이 아니라, 사회의 모든 구성원이 광기를 질병으로 규정시키기 위해서 노력했다는 겁니다. 불편한 걸 치워버리고 싶었던 욕구죠. 르네상스 시대 때만 해도 광기는 천재의 징표였어요. 르네상스는 욕망의 시대였고 바흐의 말을 빌리면 부활의 시대였습니다. 부활의 시대는 해석이 중요해요. 지식의 타당성보다 독창성이 중요했으니까요. 그런데 푸코가 규정한 고전주의 시대에 오면 지식의 적용이 중요해져요. 분석이 지식 활용에 최전선이 된 이유죠. 원래 분석은 이해가 목적이었지 해석이 목적은 아니었거든요. 무언가를 해석하기 위해서 쪼개보는 거였죠. 그런데 고전 시대로 오면서 지식과 권력이 결합하게 됩니다. 근대는 고전 시대가 완벽히 실행된 세계죠. 따라서 근대 말기는 중세예요. 물론 근대 초기에는 공산주의 운동 같은 부활 운동이 있었어요. 모든 발명이 그때 나타났으나 바삐 실패했죠.

똥팔씨   그러니까 중세에는 신의 자리를 꿰찬 게 지식이라는 거네요.

메뚝씨   실질적으로 자리를 꿰찬 건 돈이고, 신을 표현하는 방식이 지식이었죠.

똥팔씨   그렇다면 왜 하필 광기를 건드린 걸까요? 시대를 결정하는 요소들은 광기 이외에도 많았을 텐데 말이죠.

메뚝씨   푸코는 "광기란 죽음을 가르쳐주는 장치"라고 표현해요. 르네상스 시대까지는 죽음을 현실세계에 대면하면서 살 수밖에 없다는 인식이 있었지만, 고전주의 이후 죽음은 생의 바깥이 되어 버렸어요. 죽음을 대면하면 죽음은 극복되지만 죽음을 덤핑 처리해 버리면 극복이 안 돼요. 잠시 그 불편함을 망각할 뿐이죠. 그렇게 근대는 죽음을 이용해 사람들 내면에 불안을 심고 권력 구조를 재생산한 겁니다. 《광기의 역사》는 고고학자의 발굴 기록물이에요. 고고학자는 유물을 붓으로 꼼꼼하게 헤치지 않고 복원하는 사람이잖아요. 푸코도 그들처럼 역사적 문헌이란 질료를 가지고 탐구한 거죠.

똥팔씨   그럼 꼼꼼하게 다 읽을 필요는 없겠네요. 갑자기 마음이 편안해졌어요. 그래도 죽음과 광기의 관계는 정확하게 와 닿지 않습니다. 죽음을 대면하면 죽음이 무섭지 않다는 얘기인가요?

메뚝씨   무섭긴 하죠. 그러나 나도 죽는다는 사실을 가르쳐주는 광기를 이해하면 죽음을 통해 보다 나은 인간으로 변환될 수 있어요. 사회 또한 마찬가지죠. 종교가 들어올 틈 또한 없어집니다. 우리나라에 기독교가 주류로 파급된 시기가 바보들이 감금된 산업화 이후부터예요. 바보들이 없어지니까 죽음의 대면이 사라지고 죽음이 불투명해지니 오히려 종교는 자본처럼 거대해진 거죠. 동네마다 교회가 하나씩 세워진 원인을 저는 이렇게 해석하고 싶어요. 광기가 사라졌다는 사실은 단지 국가적 폭력에 의해 그들을 감금하고 몰아낸 것만이 아니라 죽음이 불편해서 우리 모두가 그들을 쫓아낸 겁니다.

똥팔씨   바보라고 불리는 사람들을 특수시설에 보내버리기도 했죠. 보고 싶지 않았으니까요.

메뚝씨　죽음을 대리하는 광기가 없으면 죽음은 참을 수 없는 공포가
되죠. 오늘날 사람들은 죽음을 쓰레기처럼 분리수거하고 싶어
해요. 실제로 대부분 장례식장이 지하에 있거나 근처에 분리
수거함이 있어요. 이처럼 광기가 은폐되면 더 큰 폭력이 도래
합니다. 인간이 사회의 부품으로 전락한 거죠. 죽음에 대한 용
기를 잃었으니 사회 변화에 민감할 수 없는 몸이 되었어요. 푸
코가《말과 사물》에서 인간이란 개념이 미래의 어느 날 지워질
것이라고 했죠. 인간은 시대가 만든 발명품이란 이야기예요.
푸코는 그 사실을 처음엔 광기로, 다음엔 성으로 증명하려 했
던 거죠. 광기는 평범한 우리에게 강력한 타자예요. 그들을 밀
어내면 우리는 타자가 없는 세계에 사는 겁니다. 오물이 없는
세계는 가짜고 무결한 세상엔 진실이 없습니다.

똥팔씨　무결하다고 우리끼리 동조하는 시대에 살고 있는 거네요.

메뚝씨　광기는 햄릿과 돈키호테에 대한 이해예요. 둘 다 죽음을 공포
로 대하고 시대에 부적응하는 비정상인이지만, 이들을 통해 우
리는 공감하고 해학을 얻고 위안을 얻고, 새롭게 나라는 존재
의 퍼즐을 맞출 수 있잖아요. 이런 광기를 가진 인물들이 분명
히 배움을 주는 데도 이들을 은폐하면 우린 죽음이랑 공포에서
벗어날 수 없어요.

똥팔씨　그렇다면 광기를 되찾을 방도는 없을까요?

메뚝씨　예술과 철학이 근접한 답안을 주겠죠. 예술가는 광기를 보면
서 영감을 얻고 철학자는 그들의 타자성을 끊임없이 불러오니
까요. 그들과 접속하면 다른 생이 열리는 거죠. 포스트구조주

의의 비조라 불리는 프랑스 철학자 모리스 블랑쇼는 《광기의 역사》에 대해 "한계까지 가 봐야 그 문화에 외부가 생산되는데 그 외부를 소개시켜주는 책으로서 《광기의 역사》는 읽을 만하다."라고 말합니다. 다시 말해 우리 삶의 외부를 생산하는 데 일조할 수 있다는 이야기죠.

똥팔씨　죽음의 불안과 공포의 차이가 광기의 역사를 말해준다는 거군요. 푸코가 광기를 데려온 이유를 알겠네요.

푸코 스캔들

명품, 그 뒷면에 대하여

똥팔씨   그런데 분명 메뚝씨는 푸코를 별로 좋아하지 않는다고 제가 알고 있는데 지금까지 이야기한 바로는 푸코는 딱히 싫어할 구석이 없는 독창적 철학자 같은데요?

메뚝씨   이제부터 반전입니다. 스캔들을 까보면서 푸코를 명품으로 만든 우리나라 지성의 허접함을 한번 들춰 보자고요.

똥팔씨   오, 흥미진진한데요. 이제 푸코의 사생활로 들어가는 건가요?

메뚝씨   그렇죠. 《루이비통이 된 푸코?》라는 책이 있어요. 이 책의 부제가 "위기의 미국 대학, 프랑스 이론을 발명하다"예요. 그러니까 미국이 푸코를 명품화시켰다는 이야기죠. 명품화시킬 수 있는 매력적인 걸 찾은 거죠. 우리나라도 푸코를 가장 탁월한 사상가 중 한 명으로 손꼽고 있죠. 우리가 지금까지 다룬 철학자들에 비해 푸코 책은 모든 책이 번역되어 있고 연구자도 많은데다 대중들 또한 현대 철학하면 푸코를 떠올립니다. 그 현상은 지금 우리 지식계가 편협하다는 증거라고 저는 생각해요.

똥팔씨   세계적 유행에 따라 수용된 철학이라는 뜻이군요.

메뚝씨 　맞아요. 유행에 편승한 거죠. 미국은 지식 기반이 약했기 때문에 푸코를 데려왔고 한국의 철학계는 푸코를 재차 수입한 거예요. 현대 프랑스 철학만 보아도 푸코보다 매력적인 철학자는 많아요. 블랑쇼와 바타유도 그렇고 사르트르, 알튀세르도 제가 판단컨대 푸코보다 위대한 철학자였죠. 그런데 우리는 푸코만 읽어요. 가끔 들뢰즈도 읽긴 합니다만, 거의 푸코가 현대 철학의 대표자가 되었어요. 거품이 너무 낀 거죠.

똥팔씨 　그럼 푸코 스캔들로 거품을 꺼뜨리겠다는 거네요. 아슬아슬하겠어요.

메뚝씨 　푸코 스캔들은 여섯 가지로 정리했지만 핵심은 하나예요. 푸코를 이해하는 데 중요한 건 오로지 '성'입니다. 자신의 정체성을 학문적으로 풀어 보고픈 욕망이 푸코 철학 그 자체라고 앞서 이야기했죠. 사생활 또한 오직 그 한가지 때문에 발생된 문제들이에요.

자, 그럼 첫 번째 스캔들부터 이야기해볼까요? 따단! 1950년 초 푸코가 20대 시절 젊은 음악 천재 피에르 불레즈와 활동하던 모임들과 어울렸어요. 이때 젊은 작가인 장 바라케와 열렬히 연애를 했습니다. 하이데거와 니체를 읽으면서 몸을 섞었죠. 핑크색 팬티를 입고 오랄 성교와 항문 성교까지 합니다. 그때 바라케는 푸코의 문학적 착상들을 음악으로 만들었는데, 한 명의 관찰자가 등장하죠. 바로 《사생활의 역사》를 쓴 역사가 폴 벤느입니다. 푸코가 《성의 역사》를 집필하는 데 결정적 단초를 제공한 인물이기도 하죠. 둘은 몹시 친했는데 폴 벤느는 푸코가 지나치게 여자를 혐오하는 것을 싫어한 반면, 푸코는 폴벤느의 이성애를 싫어했어요. 때문에 이들의 삼각 구도는 불편한 관계가 되었고 푸코는 자신의 향락을 더 이상 즐길 수가 없었죠.

똥팔씨　마음의 준비를 할 겨를도 없이 마구 쏟아지네요. 그런 자료는 대체 어디서 구하나요?

메뚝씨　잘 찾아보면 있어요. 자, 그럼 두 번째 스캔들. 푸코는 요리를 잘했어요. 특히 파스타를 엄청 잘했대요. 그걸로 남자를 유혹했죠. 말빨 또한 좋아서 식사 시간을 함께 하는 게 즐거운 사람이었어요. 그래서 사람들이 푸코네 집에 놀러 가는 걸 좋아했어요. 그 대표적인 사람이 롤랑 바르트입니다. 바르트는 푸코가 스웨덴에 있었던 시절 자주 내방하여 몸을 섞은 인물이에요. 추후에 롤랑 바르트는 푸코의 추천으로 콜레주드프랑스 교수가 되죠. 푸코는 외로움을 참지 못했어요. "광기는 고독 속으로 이행된다. 내가 미친 이유는 고독 때문"이라고 고백하곤 했죠. 푸코는 고독을 달래기 위해 남자를 자주 초대해 유혹했어요. 실제로 술과 마약도 즐겨했어요. 만취 상태에서 운전하다가 차를 도랑에 처박기도 했죠.

똥팔씨　이건 그나마 약하네요. 사실 누구나 그 정도 향락에는 빠질 수 있잖아요.

메뚝씨　기다려봐요. 조금씩 더 뜨거워질 거예요. 세 번째 스캔들은 푸코가 1957년 폴란드 바르샤바에서 프랑스 문화원 책임자로 있을 때였어요. 당시 폴란드는 제2차 세계대전 후폭풍이 가라앉지 않았고 그 혼란을 이용한 독재정권이 지배했습니다. 곳곳에

서 시위를 하는데다 촛불을 켜놓고 글을 써야 할 만큼 경제적
상황까지 좋지 못했죠. 푸코에겐 고난의 시기였죠.

똥팔씨   푸코는 스웨덴에선 보수적 분위기가 싫었고 폴란드에선 공산
당에 대한 혐오를 느꼈다고 하더라고요.

메뚝씨   공산당이 난폭한 폭동을 주동해서 여론이 좋지 못했죠. 여하튼
당시 폴란드는 혼란한 상황이었습니다. 그때 사회적 명성이 높
은 푸코가 정부에게 비판적이니까 폴란드 정부에서 푸코에게
사람을 붙여줘요. 아주 잘생긴 청년을. 그 청년은 가정 형편이
어려워 등록금을 마련해야 했죠. 이 청년이 푸코에게 접근해서
하룻밤을 지냈는데 그 현장을 폴란드 정부 요원들이 덮칩니다.
이를 빌미로 푸코에게 더 이상 나서지 말라고 협박했던 거죠.

똥팔씨   그때까지만 해도 자기 정체성을 드러내기 싫어했으니까요.

메뚝씨   유럽에서도 거의 70년대까지 동성애를 인정하지 않았어요. 푸
코는 두려웠죠.

똥팔씨   이해는 갑니다만 섹스를 좋아했던 푸코의 모습은 살짝 실망스
럽네요.

메뚝씨   아직 멀었어요. 네 번째 스캔들 갑니다. 푸코에게 프랑스 교육
부에서 장학관을 파견합니다. 프랑스의 보수적 교육 제도를 바
꿔보자는 취지였죠. 어여쁜 여자 장학관이었는데 그녀는 푸코
의 요리와 지성에 홀딱 반해버렸어요. 푸코가 교육 개혁안을
쓰면 프랑스 교육이 바뀌겠다고 확신했겠죠. 푸코의 매력에 빠
져 와인을 살짝 마신 그녀는 푸코 생각에 잠을 이루지 못하다

가 결국 푸코가 잠든 방으로 몰래 들어가서 침대 이불을 살며시 들췄어요. 그런데 푸코 옆에 어떤 남자가 옷을 홀딱 벗고 있었고 푸코는 그 남자 품에 아기처럼 안겨 있었던 겁니다. 장학관은 경악하고 도망갔죠. 이게 교육부에서 푸코의 개혁안이 채택이 안 된 이유라고 해요. 그리하여 프랑스 대학은 개혁을 미뤘죠. 그 결과 보수적인 학교 분위기를 타파하기 위해 68혁명이 일어납니다. 이 당시를 푸코가 이렇게 술회해요. "나 때문에 68혁명이 일어났다."(웃음)

똥팔씨   그럴 수 있겠네요. 개혁안을 채택했으면 68혁명이 일어나지 않았을지도 모르죠.

메뚝씨   다섯 번째 스캔들은 푸코가 독일 함부르크 문화원장으로 취임했을 당시 일상의 무료함을 달래고자 수려한 작가들을 데리고 술집과 홍등가를 자주 다닐 때였어요. 이때 같이 다닌 무리 중 대표적인 인물이 프랑스 신소설 운동 루보 로망을 이끈 핵심 인물로, 극작가이자 영화감독인 알렝 로브그리예와 공쿠르상까지 탄 당대 최고의 소설가 피에르 가스카르였어요. 함께 스트립쇼 클럽도 가고 홍등가도 다녔죠. 푸코는 술집에서 매너 좋고 잘 노는 손님이어서 박사님이라는 별칭까지 있었대요. 여자들에게 진흙탕에서 옷 벗고 레슬링을 시키기도 했습니다. 특히 복장 도착자들과 자주 어울렸대요. 푸코는 특히 분홍색 속옷을 좋아했죠.

똥팔씨   와, 영화에서나 보던 장면인데요. 그런데 이런 사적인 생활이나 개인적 취향은 인정해줘야 하지 않을까요?

메뚝씨   공부와 사상 철학의 근본 목적은 우리 쾌락의 구조를 바꾸는
         거예요. 그런데 푸코는 공부를 하고 나서도 자신의 쾌락 관성
         이 바뀌지 않았다는 게 문제예요. 현실적 권력의지에서 철학을
         이용한 거죠.

똥팔씨   이제 방어하기도 어렵네요. 기왕 온 거 끝까지 가보죠. 여섯 번
         째 스캔들은 뭔가요?

메뚝씨   마지막 여섯 번째 스캔들은 1963년에 고등사범학교에 멋진 신
         입생이 들어오면서 발단이 되죠. 이 신입생이 사회학자 다니엘
         드페르입니다. 드페르는 푸코의 마지막 친구이자 임종을 지킨
         연인이었죠. 푸코가 병을 앓았을 때 의사들이 에이즈 환자를
         얼마나 짐승처럼 다루었는지를 꼼꼼하게 기록한 책을 출판해
         에이즈 인권운동에 앞장서기도 했죠. 드페르는 완벽한 푸코의
         남자였어요. 롤랑 바르트와 푸코의 사이가 급격히 틀어진 그
         이유에 드페르가 있어요. 롤랑 바르트 또한 드페르를 사랑했거
         든요.

똥팔씨   롤랑 바르트랑 푸코도 사랑하는 사이가 아니었나요?

메뚝씨   두 사람은 신체적인 관계였어요. 그래서 드페르를 가운데 두
         고 삼각관계가 형성된 거죠. 1970년부터 푸코와 드페르는 파
         리의 명품 거리 보지라르에 로얄층 아파트를 얻어 같이 살아
         요. 68혁명 이후니까 동성애에 대한 관용이 있었죠. 그들은 거
         실을 책으로 채워 넣고 페추니아 잎 사이사이에 대마초를 키워
         나눠 피기도 해요. 드페르는 양성애자였기 때문에 가끔 여자를
         만나 외도를 하기도 했어요. 푸코와 드페르는 테라스에서 파리

시내 구경하는 것을 좋아했는데, 특히 푸코는 매일 아침마다 맞은편 아파트 남자의 몸매를 망원경으로 관찰하면서 드페르한테 얘기해주는 취미가 있었다고 합니다.

똥팔씨 관음증까지 있었네요. 어떻게 이런 게 다 기록으로 남아 있었나 봐요. 제가 알고 있는 것도 몇 개 있었지만 모르는 것도 많네요.

메뚝씨 푸코 책을 예전부터 읽었던 똥팔씨도 몰랐다는 사실에 우리나라 인문학계의 한계가 있습니다. 제가 유독 푸코를 공격 대상으로 삼는 이유는 우리나라 인문학계의 편파성 때문이에요. 물론 이 이야기를 듣고 푸코 철학을 나쁜 철학으로 판단하는 태도도 그릇되죠. 푸코는 명품도 아니지만 어설픈 철학자도 아닙니다. 배울 것이 분명 있지만 위대한 철학자는 아니죠. 저는 살아가는 모습이 그 사람의 철학이라고 생각합니다. 니체도 말했지만 자기 삶이 작품이에요. 분리해 생각할 수 없어요. 술과 성의 충동을 못이기면서 어떻게 단독적인 철학을 창조할 수 있겠어요. 물론 푸코가 시위에 나가서 대중들 앞에 나서고 선언문도 쓰고 약자의 해방운동에 나서긴 합니다만, 그 진정성에 무엇이 있었을까요? 타인의 고통이 진실로 아팠을까요? 푸코가 노벨상을 받았다면 사르트르처럼 "돈만 줘 상은 안 받을래" 했을까요?

똥팔씨 자기 명성을 위시하는 인물이었다는 느낌이 강하게 드네요.

메뚝씨 이런 비판적 시선이 우리나라엔 전무합니다. 대학에 있는 지식인뿐 아니라 재야에서도 안 해요. 재야의 철학연구소들 다수가 푸코를 비롯한 후기구조주의를 전공한 사람들이거든요. 자신의 공부를 비판하기는 어려워요. 그런데 우리나라 철학의 대중화는 그들에 의해 이뤄지고 있어요. 저처럼 이상한 사람도 필요한 이유죠. 공부하지 말라는 이야기는 아니에요. 다만, 푸코를 시대의 아이콘으로 소비시켜버리는 데 미국의 편파적 제국주의가 작용한 사실까지 이해하면서 사람들의 입방아에 자주 오르는 철학자 이외에도 관심을 가졌으면 하는 바람입니다.

똥팔씨　저도 푸코를 대단한 사상가로 알고 있었고 그의 책은 거의 전부를 가지고 있습니다만 아는 것이 별로 없었다는 것에 동의할 수밖에 없네요. 하지만, 푸코가 전사로서 기질이 단단했다는 것만은 메뚝씨도 인정해야 할 거예요.

메뚝씨　맞습니다. 지기 싫어했죠. 분명 푸코의 공격력은 배울 점이 있어요. 푸코가 공격성을 드러낸 세 번의 유명한 논쟁 사건이 있었어요.

똥팔씨　데리다와의 논쟁 말이죠?

메뚝씨　맞아요. 데카르트의 《성찰》에 나온 문장 가지고 싸우죠. 데카르트가 이렇게 말했잖아요. "나는 광기를 보고 내 감각이 이상하다는 것을 깨달았다." 푸코는 《광기의 역사》에서 이 문장을 징후적으로 읽으면서 데카르트 때부터 근대라는 에피스테메가 시작된 것이고 광기가 탄생했다고 주장하죠. 그런데 이 주장을 데리다가 비판했어요. "데카르트는 광기를 근본적인 것이 아니라 감각적인 한 예로 보았을 뿐이다. 푸코의 언어도 어디까지나 이성의 언어이지, 광기의 언어는 아니지 않은가."

똥팔씨 푸코, 너 또한 이성을 바탕으로 한 합리적인 자료로 데카르트처럼 썼지 않았느냐는 말이네요. 한마디로 그럼 니가 한 말도 광기의 언어냐는 거죠?

메뚝씨 무의미한 논쟁이죠. 데카르트부터 근대가 시작되었든 칸트부터 시작되었든 별 관계없어요. 현재의 현상이 중요한 거죠. 논쟁을 걸어 데리다 또한 명성을 얻죠.

똥팔씨 처음에 데리다가 시비를 걸었을 때 푸코는 가만히 있었잖아요. 데리다는 파리고등사범학교에서 푸코가 아꼈던 제자였기도 했으니까요. 그러다가 10년 뒤에 반박하는 글을 썼다고 저는 알고 있습니다.

메뚝씨 한 번 하고 말았어야 했는데 데리다가 푸코를 계속 건드리죠.

똥팔씨 그래도 데리다가 구속당했을 때 푸코가 도와주기도 하잖아요. 나중엔 화해도 하고요.

메뚝씨 죽을 때가 되면 감상적으로 변하죠.(웃음) 푸코와 데리다의 화해는 두 철학자가 명성을 얻은 후 논쟁이 피상적으로 마무리되면서 이뤄졌어요. 소모적 논쟁이었다는 증거예요.
두 번째 논쟁은 독일의 철학자 하버마스와의 대결입니다. 이 논쟁은 상당히 유명하죠. 푸코가 하버마스는 획일적 합리주의 그 자체와 동일시했다고 비판합니다. 이런 말을 덧붙이죠. "비판이란 사물이 이만큼 좋지 않다고 말하는 것에 있지 않고 이것이 어떤 유형의 과정들 위에 익숙한 개념들 위에 확립된, 검토되지 않은 생각들의 방식들 위에 받아들여진 실천의 근거를

미셸 푸코

드러내는 데에 있다." 즉, 비판의 기반을 살피는 것이 비판 자체의 효과보다 중요하다는 이야기예요.

똥팔씨   담론의 계보를 따지자는 거네요.

메뚝씨   하버마스는 이렇게 반박합니다. "비판이란 정의상 평가적인 주장을 행하는 것을 의미하며 이러한 주장들은 혹시 도전을 받는다 하더라도 타당한 이유에 의지하여 정당화되어야 한다." 전 하버마스를 싫어하는데 이 말은 푸코의 말보다 더 아름다워요. 비판은 평가라는 주장이죠. 욕먹어도 해야 하는 것이 비판이에요. 건전한 사회로의 이행은 오물을 묻히며 가는 겁니다. 물론 하버마스가 옳다고 말하긴 어려워요. 하버마스는 푸코를 신보수주의자로 규정하죠. 그러나 분명 푸코는 사회 진전을 위해 노력한 바가 있으며 푸코의 철학이 진보에 기여한 점 또한 있습니다. 마지막으로 촘스키와의 논쟁이 있었죠.

똥팔씨   언어학자겸 사회 운동가 노암 촘스키 말이죠? 다방면으로도 싸웠네요.

메뚝씨   인간이 언어를 습득하는 데는 생득장치가 있다는 경험론과 반대되는 입장을 주장한 것으로 유명한 언어학자죠. 활발한 사회 운동가기도 해서 지금도 현안 문제가 있으면 과감하게 입을 여는 분이죠. 푸코는 하버마스한테 비판받은 똑같은 지점에서 촘스키를 비판했어요. 《인간의 본성을 말한다》는 책으로 묶여 나왔죠. 푸코의 주장은 인간 본성은 규정될 수 없다는 겁니다. 인간은 태어나면서 사회에 의해 규정된 부산물이죠. 촘스키는 인간의 위상을 낮춰보는 푸코를 인정하지 못했죠. 이 논쟁이 TV

로 방영됩니다. 촘스키의 관심사는 인간 정신에 내재된 휴머니즘적 특성이고 푸코는 사회 조건들에 의해 규정된 인간 내면에 대한 탐구였어요. 그러나 이 화려한 논쟁은 방법론의 차이일 뿐이라는 결론에 도달합니다. 허무하죠.

똥팔씨   결론 없는 백분 토론이네요.

메뚝씨   철학을 소비하는 활동이었을 뿐이죠. 푸코는 뜨겁게 시작해서 서늘하게 끝나요. 그게 제가 푸코를 과소평가 하는 이유죠. 그는 분명 독창적인 사상가는 맞습니다만 탁월한 사상가는 아니에요.

똥팔씨   푸코를 좋아했던 입장에서 아쉬운 부분이긴 하지만 메뚝씨의 일갈에 동의할 수밖에 없네요.

미셸 푸코

자신을 끔찍이 사랑한 철학자

나 자신을 아름답게 만드는 기술에 대하여

똥팔씨   이번 철수는 어떻게 정의하셨나요?

메뚝씨   "권력에 대한 순박한 해부학자"로 정의했습니다. 푸코는 순진
하다 못해 순박한 철학자예요. 제 정체성을 다듬기 위해 권력
을 해부하는 철학을 사유했으니까요.

똥팔씨   일리가 있네요. 사르트르와 대비되는 부분이죠.

메뚝씨   사르트르는 자기를 지워가면서 타인을 향한 철학을 구축했고,
푸코는 제 정체성을 사회에 정당화시키기 위해 권력을 해부하
고 철학을 사용했어요. 알튀세르는 제 정체성의 혼란을 철학
에 투사하진 않았거든요. 반면 푸코는 솔직했죠. 철학에서도
삶에서도. 그러나 푸코가 나쁜 일을 했다는 건 아니에요. 철학
은 철학자 자신의 극복 의지니까요. 보통은 은밀하게 드러내는
데 푸코는 대놓고 드러냈을 뿐이죠. 가족과 학교에 받은 상처,
동성애로 인한 상처들을 지식이란 칼로 해부한 거죠. 사람들의
인식을 바꿀 수 있도록 자신의 철학을 담론의 꼭짓점에 우뚝
세웠습니다. 보통 사람들은 상처를 잊거나 대치하는데 철학자
푸코는 상처를 정면으로 바라보고 그것을 예리하게 분석하여
스스로 치료한 거죠.

똥팔씨   저 같이 우유부단하거나 예민한 감수성이 없으면 철학 공부가 쉽지 않은 것 같아요.

메뚝씨   철학은 반응이 아닌 자극입니다. 창이고 칼이죠. 창이니까 아프고, 그 창을 예리하게 갈아야 하니 예민한 거죠. 그런데 우리는 그 예민함을 과하다는 핀잔으로 몰아내려 해요.

똥팔씨   예민한 사람 옆에 있으면 힘들잖아요.

메뚝씨   화나고 힘들죠. 시인하고 살아봐요. 엄청나게 까다로워요. 그러나 그 예민함이 우리 사회에 필요해요. 불편하다고 해서 가치 없는 것이 아니잖아요. 심지어 광기까지도 사회의 균형을 위해 붙어 있어야 할 덕목이죠. 사회적 소수자들 또한 우리를 불편하게 하는 사람들입니다.

똥팔씨   그 불편함의 구체를 푸코의 책으로 소개해주세요. 어떤 책부터 가실 건가요?

메뚝씨   《말과 사물》부터 합시다. 지식과 권력의 관계를 해부한 푸코의 대표작이죠. 초기 푸코는 저널리스트에 가까웠어요. 기자처럼 글을 썼죠. 《말과 사물》의 부제가 "인문과학의 고고학"이에요. 정보를 수집하고 남의 말을 붙여 제 의견이 없는 듯 쓰는 저널리즘적 글쓰기를 차용한 거죠. 물론 푸코가 문학적 표현력은 좋아요. 어렸을 때부터 시와 소설을 아꼈으니까요.

사물을 해부하는 철학이 고고학이고, 인간의 족보를 따지는 것을 계보학이라 해요. 사물은 고고학으로, 생명은 계보학으로 해부할 수 있죠. 푸코의 첫 번째 공언은 인간을 사물처럼 해부

         미셸 푸코

하는 고고학의 틀을 마련했다는 겁니다. 고고학은 '지식 권력'을 해부하는 칼이에요. 푸코는 《말과 사물》에서 인간 또한 하나의 사물처럼 시대적 부산물이라고 정의했어요. 인간의 역사는 선형적인 발전에 있지 않고 단절돼 있다는 주장이죠. 시대를 대표하는 지식권력이 인간을 규정하고 재단하고 그 재단된 지식을 통해 인간이란 개념이 발명되는 거예요.

똥팔씨 푸코 철학의 진화 과정은 지식권력에서 생체 권력으로의 진행이라 알고 있는데 《말과 사물》이 지식권력의 해부를 중심에 둔 대표적 푸코 작품이라고 보면 되겠네요.

메뚝씨 《말과 사물》의 핵심은 말을 지배하면 현상이 바뀐다는 겁니다. 어떤 지식이 역사를 지배하느냐에 따라 역사는 재구성된다는 것이죠. 푸코가 콜레주드프랑스에 가려고 그토록 애쓴 이유도 여기에 있어요. 역사를 바꿀 힘이 있어야 자기 정체성의 근거를 확보할 수 있으니까요. 결과는 매우 성공적이었죠. 《말과 사물》의 서문을 보면 이런 문장이 있어요.

> 인간이 발명된 것은 그렇게 오래된 일이 아니며, 또 그것은 죽음에 가까워지고 있다. 만약 이들의 배치가 생겨난 것처럼 없어지는 운명이 있다고 한다면 사람 또한 해변에 새겨진 얼굴과 같이 사라질 것
>
> 미셸 푸코 《말과 사물》

똥팔씨 시대마다 발명된 인간의 탄생 배경을 탐구한 책이겠네요.

메뚝씨   시대를 결정하는 언표와 말들이 있었다는 거죠. 우리가 알고 있는 인간은 근대가 발명해낸 하나의 개념입니다. 때문에 근대가 끝나면 발명품도 지워지겠죠. 푸코는 "미래의 사람들은 이렇게 성적인 범람을 즐기는 우리에게 이렇게 말할 것이다. 광대들이었다."라는 예언을 통해 미래까지 영향력을 행사하고자 했어요. 푸코는 르네상스를 유사성, 고전주의를 표상, 근대를 실체로 규정하기도 했죠. 그중 근대야말로 가장 폭력적이고 퇴폐적인 시대라고 보았어요. 차라리 고전주의처럼 어떤 원본을 표상하려는 인간의 의지가 근대가 발명한 확실성보다 인간적일 수 있습니다.

똥팔씨   고전주의 시대엔 원본이 있으면 그 원본에 정확한 모사물을 표상하고자 노력했었잖아요. 신과 인간의 원본인 이데아를 표현하려는 인간의지가 담겨 있었던 것 같아요.

메뚝씨   표상은 상상력을 동반해요. 경험하지 못한 실체를 표현해야 하기 때문이죠. 예컨대 신을 표현하려면 신에 가까운 인자들을 재구성할 수 있는 상상력이 기반돼 있어야겠죠. 반면 근대적 인간은 데이터와 통계들을 믿으니까, 통계 바깥은 별로 이해하려고 노력하지 않아요. 근대는 계산기가 주인공이죠. 이른바 빅 데이터 시대니까요.

똥팔씨   통계 바깥의 인간은 인간이 아닌 셈이네요.

메뚝씨   그렇죠. 푸코의 바람은 근대적 인간을 지우는 것이었죠.

똥팔씨   푸코의 생각은 알튀세르와 비슷한 부분인 많은 것 같네요.

메뚜씨 비슷하지만 알튀세르가 철학으로 평등한 세계를 창안하고자 했다면, 푸코는 철학 자체를 목적으로 두었어요. 이런 방법은 당시 푸코를 비판하는 원인이 되기도 했죠. 68혁명 전후 변화의 물꼬가 트고 있는 시점에서 푸코의 주장은 사회 참여에 별반 도움이 되지 못한다고 사르트르와 보부아르는 평가했어요. 보부아르는 《광기의 역사》를 극찬했는데 《말과 사물》로 오면서 철학이 사변의 놀이로 끝날 수 있다는 생각 때문에 푸코를 경계합니다. 왜냐하면 푸코의 생각은 마르크스 사상을 현재 시점에서 다룰 수 있는 방도가 약해요. 뭉치기도 바빠 죽겠는데 이런 담론을 형성시키는 푸코를 보부아르는 인정하기 어려웠죠. 자기가 띄워 줬는데 자기를 실망시킨 푸코의 글을 보고 화가 났어요. 쿠바혁명도 일어나고 베트남 반전 시위로 변화에 대한 열망이 뜨거운 시기에 찬물 뿌리는 거니까요.

사르트르는 푸코가 가장 열등감을 느꼈던 인물이에요. 철학자가 사회를 움직이는 힘을 사르트르에게 보았죠. 사르트르는 목숨을 걸고 철학을 실천한 인물인 터라 현대사 거의 모든 국면에 주인공일 수 있었지만 푸코는 살짝 비겁했어요. 그러나 푸코의 대중을 활용하는 능력은 사르트르만큼 탁월했죠. 근대적 인간을 지워 자신의 상처를 치유하기 위해선 대중적 지지를 받아야 하니까요. 세계로 강연을 다니며 제 이름값을 높이고자 했던 이유도 그와 같죠. 푸코가 사르트르처럼 문학적 글을 쓰고자 했던 이유는 대중의 힘을 보다 강렬하게 받고 싶은 열망이었어요. 역사를 다시 써 새로운 국면의 사회로 진입시키겠다는 의지가 푸코의 생을 지배합니다. 제 정체성을 정당화시키는 데 철학을 사용한 거죠.

중요한 점은 역사가 형이상학적인 동시에 인류학적인 기억 모델에서 영원히 벗어나도록 역사를 이용하는 것이다. 다시 말해 역사를 반기억으로 변화시키는 것이 초점이다.

미셸 푸코《니체, 계보학, 역사》

역사를 통해 만들어진 신체를 치환하기 위해서는 역사의 기억을 완전히 파괴해야 한다는 겁니다. 푸코는 자신의 방법론을 "회색의 조심스럽고 끈기 있는 실록"이라고 얘기를 해요.

똥팔씨   회색이라면 검은색도 흰색도 아닌, 좌우가 빠진 색이라는 거군요.

메뚝씨   그렇죠.《How to read 푸코》라는 책에는 이런 말도 나와요.

고상함에 대해 비판하고 역사를 발명, 재구성해야 한다. 한편에는 스스로와 언제나 일치하게 되는 영원한 진리 정신의 불멸. 의식에 본질에 대한 제약이 있는 믿음을 옹호하는 고상한 철학 체계가 있고 다른 한편에는 자기를 내세우지 않고 난 체하지 않으나 효과적으로 정확하고 예리하게 한 계보학이 있다.

요하나 옥살라《How to read 푸코》

좌우 진영의 정치적 활동 못지않게 탈정치적 방법을 통해 정치를 사용하는 푸코의 철학 또한 정치입니다. 이 정치를 위해 지식인은 적극적이어야 한다는 거죠.

똥팔씨   회색분자의 정치도 정치라는 거네요. 어쩌면 푸코는 중도주의자는 아니었나 싶어요.

메뚝씨   맞습니다. 푸코는 분명한 정치 노선이 없었어요. 그러나 푸코의 정치 참여는 뜨거웠습니다. 탈정치의 정치죠. 정치 혐오를 이용한 정치라고 볼 수 있어요. 제가 푸코를 살짝 비겁한 지식인이라 규정한 이유도 여기에 있고요. 지식은 삶에 파고드는 권력이어야 합니다. 다른 사람에게 개입하고, 작용하고, 때려야 하는 거죠. 그러나 푸코에겐 약자에 대한 예민한 감수성이 없었어요. 타고난 엘리트였고 빼어난 멋쟁이긴 했지만 사회 변화를 위해 제 목숨을 저당 잡힐 만한 그릇이 못됐죠. 이를 위해선 약자를 체감할 수 있는 감성의 기반이 있어야 합니다. 자신의 주변에 강렬한 타자가 존재해야만 가능한 일이죠. 따뜻한 가정과 자식이 없었다는 사실이 푸코의 감성이 무딘 원인이에요.

똥팔씨   충분히 이해가 되네요. 그렇다면 이제 푸코의 또 다른 저작 《감시와 처벌》로 넘어가 볼까요. 이 책을 위해 푸코가 교도소를 엄청 들락날락하죠.

메뚝씨   교도소를 들락날락하면서 들뢰즈와 함께 죄수 인권 운동 단체인 감옥 정보 그룹, GIP를 만들었어요. 여기서 유명한 말을 해요. "범죄는 이제 약호화되었다. 벌을 주는 권력은 규칙이 제약을 받는 기호들로 구성되었다." 즉, 감옥의 효용성은 끝났다는 것입니다. 이제 벌은 직접적인 신체의 폭력으로 나타나는 것이 아니라 약호화, 추상화된 거세로 출현합니다. 사람의 양심과 감성, 인식을 지배하는 것이 죄와 벌이 된 거죠. 때문에 감옥이란 장치는 더 이상 쓸모 있는 교화의 작용 공간이 아닙니다. 오히려 이 사회체제를 지탱하기 위한 도구인 셈이죠.

감옥은 범죄 예방에 아무런 역할을 하지 못한다는 것이 이 책의 주요 논점이에요.

똥팔씨 교도소에서 가장 많이 쓰는 단어 중 하나가 교화인데도 교화가 안 되는 장소라는 거네요.

메뚝씨 근대 감옥 이후로 감옥은 신체를 괴롭히진 않아요. 감옥이라는 말 자체를 불쾌하게 만들어 우리를 지배하는 거죠. 감옥이 약호로 변했다는 뜻입니다. 예전에는 신체의 고통이 정신을 압제했다면 이제는 정신의 고통이 신체를 지배하는 거예요. 푸코는 이를 "영원이라는 것에 감금된 신체"라고 표현합니다. 니체의 말이기도 하죠.

근대 이후 신체는 나약해졌고 나약한 신체는 강한 정신을 만들지 못했어요. 지배가 쉬워진 셈이죠. 이제 권력은 말만 하면 됩니다. 《감시와 처벌》 첫 머리엔 잔인한 장면의 소설 기사가 나와요. 그 과장된 기사를 사람들이 읽어서 공포를 느끼도록 창작된 것일 뿐 실제가 아니에요. 그러나 우리는 실제의 경험보다 추상적 관념을 더 무서워해요. 신체를 가혹하게 다루는 형벌은 과거의 것이니 이 시대가 조금 더 낫다는 편견을 심어, 변화의 단초를 봉쇄하는 권력 작용이 감옥이죠. 이 사회에서 배제되면 죽음이라는 인식을 심어주면서 외부가 없는 권력의 공간으로 잡아두는 겁니다. 이것이 푸코가 말한 생체 권력 장치예요. 겁만 주는 겁니다. 아주 어렸을 때부터 말이죠.

똥팔씨 그렇다면 그 겁은 학교에서 주는 거겠네요.

메뚝씨 　푸코도 똑같이 말했어요. 교육에 대해 부정적이었죠. "감옥은 범법자를 재생산하는 도구가 되기도 하고, 학교는 사회 부적응자를 생산하는 데 일조하며, 병원은 병자를 더 병자처럼 만드는 데에 관여하고, 공장은 노동자를 기계화시키는 훈련프로그램이다."

똥팔씨 　군대가 빠졌는데요.

메뚝씨 　푸코는 군대 안 갔으니까.(웃음) 감옥과 학교와 공장과 군대는 하나다. 생체 권력을 재생산하는 약호화된 개념일 뿐이라는 말입니다. 직접적 처벌이 아니라 감시라는 간접적 처벌을 통해서 생체 권력을 지배하는 것이 근대로 그 유명한 파놉티콘이죠.

똥팔씨 　원형 모양 감옥 말이죠?

메뚝씨 　맞아요. 생체 권력이란 결국 몸에 대한 두려움을 키워 인간을 얌전하게 관리하는 장치예요. 근대 이후 사람들은 몸의 통증에 벌벌 떱니다. 고통 속에서도 담담한 용기의 인물을 찾기가 어렵죠. 비교할 수 있는 사람이 없으니 신체적 고통에 지배당한 세계에 살게 된 거죠.

똥팔씨 　생체 권력이라고 하면 어려우니까 사람의 영혼과 정신을 감시하고 지배하는 권력이라고 표현하는 것도 적절한 것 같아요. 이와 유사한 게 병원이 있죠. 병원에서도 겁주잖아요. 관리 안 하면 일찍 죽는다고요.

메뚝씨 "주체가 된다는 것은 힘과 지식의 연계 안에서 가능할 뿐"이라고 푸코는 말했죠. 몸의 힘과 정신의 힘이 연결될 때 인간은 자기 삶의 주인이 될 수 있어요. 정신이 몸을 감금한 사회에서 인간은 자유로울 수 없습니다. 외압이나 억압에 의한 착취가 아니라 성공을 위한 자기개발의 논리로 스스로를 착취하는 시스템은 푸코가 예견한 근대부터 발명된 거죠. 제가 보기엔 생체 권력이란 근대의 발명품이에요. 감시받다 보면 스스로 감시하게 되어 있죠. 이제 감시자는 각자의 정신 안에 있는 거예요.

똥팔씨 그렇다면 자기 착취의 사회란 신체를 정신 안에 감금하는 시스템이며 이는 신체적 고통에 대한 공포 속에서 온다는 거군요.

메뚝씨 그렇죠. 신체적 고통이 관념화되면 스스로를 감시하는 자발적 노예 시스템이 완성됩니다. 완벽한 신분사회로의 진입이죠. 따라서 근대의 완성은 중세로의 복귀예요. 체제가 변화를 멈추면 암흑기로 진입하는 것이죠. 중세 사람들은 피로하고, 권태로우며, 생기를 잃은 정신에 지배를 받고 사는 사회를 뜻합니다. 오늘날의 우리와 많이 유사하죠.

똥팔씨 그게 마지막에 푸코가 《성의 역사》를 쓴 이유겠네요. 성은 피로와 권태를 회복하기 위해 탁월한 성능을 지닌 인간만의 특징이니까요.

메뚝씨 제 생각도 그래요. 푸코는 말년에 사회 구조와 역사 연구인 반인간학적 담론에서 주체의 자유를 회복하는 인간학적 탐구로 선회합니다. 사회참여보다 개인의 역량 확충이 우선이라는 것을 깨달은 거죠. 《성의 역사》는 1권부터 3권까지 차례로 "지식

미셸 푸코

의 의지", "쾌락의 활용", "자기 배려"라는 부제를 달고 있어요. 성의 탐구 없이는 주체의 완성은 불가하다는 주장이죠. 체제 혹은 법에 지배받지 않을 잉여를 창조하는 행위가 성입니다. 성은 지식과 같은 의지고, 자신의 쾌락을 활용하는 방법이며, 스스로를 배려하는 형식일 수 있죠. 결코 합법화가 될 수 없는 절대적 자유가 성입니다. 법 없는 성을 창안할 수 있어야 인간은 자유라는 쾌락을 얻을 수 있죠. 예컨대 이런 상상은 참 거시기합니다만, 똥팔씨랑 제가 결혼을 해서 성행위를 자유분방하게 하면서 서로 어떤 윤리적 거부감도 못느끼는 걸 감당할 수 있을까요?

똥팔씨   그냥 거부감부터 느껴지는데요.

메뚝씨   그러니까요. 그런데 사르트르와 보부아르는 실천했죠. 이 둘은 제도의 틀 바깥으로 향할 때만이 성이 사랑으로 승화될 수 있다고 믿었기에, 각자의 성생활에 윤리적 잣대를 대지 않았어요. 푸코는 "나를 대신해주지 않는 권력을 상상할 때만이 지식의 의지에 비로소 다가선다."라고 말했는데 여기서 말하는 '나'가 성에 대한 관성이고 우리 쾌락의 제도화된 구조를 뜻해요. 즉, 내 쾌락구조를 다시 쓸 때 철학은 생에 힘을 보탤 수 있다는 거예요.

똥팔씨   보편윤리를 강조한 칸트와 유사한 것 같은데요?

메뚝씨   푸코가 후반부에 칸트를 읽기 시작했거든요. 《계몽이란 무엇인가》는 칸트의 신문기사를 차용해 쓴 겁니다. 지식이 의지를 품지 못하고 무력하게 닫힌 논리로 추락하는 원인은 상상력의 부재 때문이고, 그 핵심은 마르크스주의자라고 덧대요. 당대의 마르크스주의자들은 새로운 존재보다 새로운 사회에만 관심이 많았습니다. 푸코에 의하면 문제는 경제가 아닌 거예요. 모든 문제를 하나의 형식으로 분석하려는 태도가 더 큰 문제죠. 형식과 틀도 중요하지만, 그 형식이 시대마다 다를 수 있다는 자각이 더 중요합니다. 이를 놓치면 진보는 운동이 아니라 이상향의 이미지가 되는 겁니다. 진보란 질문을 품고 나아가는 결코 완결될 수 없는 무한 진행을 뜻합니다.

"문제는 힘 관계들을 해체하여 완벽하게 투명한 의사소통이 이뤄지는 유토피아로 보내려고 노력하는 일이 아니라 지배를 최소화하면서 어떠한 힘의 유희도 받아들일 수 있게 할 요소들이 법의 지배, 관리 기술 그리고 윤리 · 도덕적 기품을 인간의 자아에 부여하는 일"이라고 푸코가 말했어요. 말년의 푸코는 지식이 의지의 밑절미가 되고 그 의지가 인간에 대한 잘못된 기억을 타파시키는 반기억 장치로 쓰이는 문제, 즉 개인을 해방시키는 방법론에 집중합니다.《성의 역사》1권은 지식이 이와 같은 의지의 소산임을 말하고 싶었던 겁니다.

똥팔씨   《성의 역사》가 3권까지 있잖아요. 2, 3권에서는 분위기가 좀 달라진 게 느껴지더라고요.

메뚝씨   푸코가 일본에 머물면서 선불교의 영향을 받았거든요. 소크라테스가 되고자 했죠.《성의 역사》2권과 3권은 변신한 푸코가 인간이 관성을 깬 탁월한 역사를 탐구한 책입니다. 창조적 삶이란 새로운 쾌락의 방식을 발굴하는 삶이라고 말하고 싶었던 거죠.

푸코는 변신의 달인이에요. 전기와 후기의 푸코가 다르고, 중년기와 장년기의 푸코가 달라요. 전기에는 날카로운 분석력을 자랑하던 푸코에게 많은 사회학자가 배신감을 느끼기도 하죠. 현재 한국의 사회학도 그렇습니다. 사회를 비판하는 예리한 칼날이 선불교의 주체철학으로 변모한 걸 이해할 수 없는 거죠. 그래서 한국에서는 푸코의 후기 철학을 잘 안 다뤄요. 그런데 저는 철학도로서 푸코의 후반부 책이 훨씬 감동적이라고 주장하고 싶어요. 죽음과 가까워지면서 비로소 정신 차린 거죠.(웃음)

똥팔씨   역사는 관성의 쾌락과 싸운 흔적이고 그 싸움에 참여하는 것이 자기 배려라는 뜻인가요?

메뚝씨   새로운 쾌락을 만드는 발판으로 지식과 역사를 활용해야 한다는 거예요. 유쾌하게 살기 위해 지식이 필요한 거죠. 푸코가 말하는 자기 배려란, 내 쾌락이 체제에 의해 형식화되어 있다는 진실을 깨닫고 제 자신을 작품처럼 가꾸는 기술입니다. 고차적 쾌락을 위해 낮은 쾌락, 그러니까 체제에 길들여진 쾌락을 절제할 수 있는 기술이 철학이라는 거죠.

똥팔씨   사회가 가진 역사에 대해 고고학적으로 탐구가 필요하고 그 후 바꾸는 것은 너의 몫이라는 뜻이네요. 이런 논리라면 굳이 푸코가 초기 입장을 배반했다고 보는 건 오류 아닌가요?

메뚝씨   저도 그렇게 생각해요. 철저한 분석 후엔 개인의 역량이 중요한 거죠. 다른 사람의 철학이 자신의 몫을 해결해줄 순 없어요. 다만 출구로 안내해줄 뿐이죠. 쾌락을 적극적으로 활용하는 기술을 연마하는 자기 통치술이 푸코가 말하는 자기 배려죠. 요컨대 내가 나 자신을 아름답게 만드는 기술이 궁극의 윤리입니다. 어때요. 똥팔씨는 자신을 배려하고 있나요?

똥팔씨 　하고는 있는 듯도 한데 쾌락을 적극적으로 활용하고 있진 못하고 있어요. 내 쾌락을 활용하기보다 타인의 쾌락에 맞추는 편이죠.

메뚝씨 　내 쾌락을 연마하기 위해선 오로지 나만을 위해 활용하는 시간을 확보해야 해요. 무엇이 되었든 하고 싶은 것을 미련 없이 소모할 수 있어야 타인 지향적 삶에서 벗어날 수 있어요. 다만, 그 쾌락 또한 체제에 의해 구조화되어 있다는 사실을 깨닫고 새로운 쾌락을 생산하려는 욕망까지 품어야 좋습니다. 내 안에 내가 없어도 찾아야 하는 거죠. 예술이 좋은 도구예요. 예술의 무용한 쾌락 충전은 삶을 고양시키는 순수한 기술이 될 수 있어요.

똥팔씨 　예술을 보통 우리는 사치라고 생각하잖아요. 예술할 시간 있으면 돈 벌어야 한다고 말이죠.

메뚝씨 　순수한 사치는 중요해요. 최소한의 노동만 하고 나머지 시간엔 존재의 진폭을 강화할 수 있어야 품위있는 삶이죠. 웃을 때 더 웃고, 울 때 힘껏 더 울 수 있어야 해요. 감정의 파장을 확장시키기 위해서는 예술이 필요해요. 그리고 예술을 통해 나 자신도 작품이 되는 겁니다. 푸코는 말년에 자신의 인생을 회고하면서 존재를 작품으로 만드는 행위에 필요한 요건을 이렇게 표현해요.

나에게 동기를 유발하는 것을 말하자면 그것은 아주 간단했다. 몇몇 사람들이 보기에는 그거 자체만으로 충분할 수 있기를 기대했었다. 그것은 호기심인데 어쨌든 약간은 고통스럽게 매달 릴만한 가치가 있는 유일한 호기심. 알아야 할 만한 것을 제 것으로 흡수하고자 하는 호기심이 아니라 자기 자신을 자유롭게 하는 데 도움을 줄 수 있는 것에 대한 호기심이었다.

미셸 푸코《성의 역사 2》

나를 작품으로 창작하는 행위는 "자신을 자유롭게 하는 데 도움을 줄 수 있는 것에 대한 호기심"입니다. 자신을 배려하면서 아끼고 쾌활하게 해줄 호기심을 긍정하는 것이 진정한 쾌락의 활용이죠. 물론 약간은 고통스럽고 살짝 아픕니다. 그러나 호기심이 거세된 생은 비참하잖아요. 알고 싶은 게 없을 때 인간은 송장처럼 무력해지거든요.

똥팔씨 　자기 배려를 위한 호기심을 갖고 시간과 정성을 쏟아야겠습니다.

메뚝씨 　제 자신을 예술의 경지까지 올리려면 오랫동안 강도 높게 지속해야 해요. 그래야 근육이 만들어지는 거니까요. 그럼 오늘 밤도 슬슬 마무리를 하죠. 푸코는 "해방은 개별화와 총체화의 효과 중 하나만 공격한다 해도 다가올 수 없으며, 오히려 정치적 합리성의 뿌리 자체를 공격해야만 다가올 수 있다."라고 말했는데 저는 이 문장은 이렇게 번역했습니다.

"자유의 추구는 정상화에 대한 저항이고 이 저항을 수행할 수 있는 역량 강화는 다른 삶의 방식을 개발하는 적극적 삶의 실험이다. 그것은 체제를 재생산하는 도구에서 벗어나(오늘날 도취적 자아) 단독의 경지를 건설하는 행위다."

푸코로 가는 길

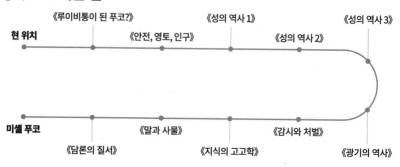

푸코 독해를 포기하고 싶을 때

푸코는 역사를 제 철학의 증거로 쓰기에 책이 두꺼워요. 꼼꼼한 독해가 어려운 이유죠. 그러나 실망하실 필요는 없답니다. 푸코는 세계적으로 거대한 유행을 탄 탓에 쉽게 접근할 입문서가 많거든요. 우선 《루이비통이 된 푸코?》를 추천해요. 메뚝씨가 다소 신랄하게 푸코를 비판한 이유가 이 책에 상당수 녹아 있어요. 미국과 프랑스 학계의 진면을 볼 수 있어 재미도 쏠쏠합니다. 《안전, 영토, 인구》라는 콜레주드프랑스 강의록도 푸코의 초입을 열어주는 훌륭한 안내서예요. 번역도 잘 되어있어 술술 읽히는 맛도 있고 현대 사회 현상을 바라보는 혜안을 만들어 준다는 의미도 깊어서 좋은 책이죠.

많은 연구가들이 푸코는 후기보다 전기가 좋다고 진단하지만 메뚝씨는 반대예요. 죽음으로 갈 때 푸코는 비로소 철학자가 무엇인지 깨닫게 되었거든요. 푸코의 저작 중 《성의 역사》 시리즈를 먼저 추천하고 싶은 이유예요. 특히 2권 쾌락의 활용을 추천해요. 솔직히 푸코 책 중 이 책만

미셸 푸코

읽어도 좋겠다고 독백하곤 하죠. 특히 5장 〈죽음에 대한 권리와 삶에 대한 권력〉은 푸코만이 쓸 수 있는 놀라운 사유 실험입니다.

《성의 역사》로 푸코가 익숙해지시면 푸코의 역사 시리즈물을 접해보세요. 《광기의 역사》와 《지식의 고고학》이 좋겠네요. 그러나 《광기의 역사》는 분량도 만만치 않아서 정독하기는 어려울 듯해요. 1부만 보셔도 좋답니다. 《광기의 역사》와 《감시와 처벌》은 같이 읽으면 과거와 현대 폭력의 기원을 파헤치고 싶은 푸코의 열망과 접선할 수 있답니다. 《지식의 고고학》은 그 열망의 틀을 제공하는 참고 도서로 살펴보시면 좋고요.

푸코를 스타로 만든 《말과 사물》은 번역서가 두 개가 있어요. 이광래 교수의 번역본은 짐작컨대 영문 재역 같지만, 가독성은 이규현의 《말과 사물》보다 좋아요. 아쉽게도 절판된 책이라 구하긴 쉽지 않을 듯해요.

여기까지 오면 푸코 독해를 포기하고 싶은 충동에 사로잡힐 거예요. 그럴 땐 《촘스키와 푸코, 인간 본성을 말하다》와 같은 대담집을 들어 그 충동을 상쇄시킬 수 있어요. 일본 책 《푸코, 바르트, 레비스트로스, 라캉 쉽게 읽기》를 택해도 좋겠고요. 그것도 싫어지면 푸코 평론 《미셸 푸코, 1926~1984》를 잡으세요. 프랑스 현대 철학계를 낱낱이 톺아보는 맛이 훌륭하거든요.

푸코의 종착역으로 메뚝씨는 《담론의 질서》를 추천해요. 콜레주드프랑스 취임 연설문인데 푸코로 박사 학위를 받았다는 재야의 철학자 이정우씨가 푸코를 이해하는 개념을 덧붙여 놓아서 총체적인 푸코 사유 그림을 그리는 데 유용해요. 사실 이 책만으로도 푸코 정복은 어느 정도 가능하죠. 그러나 미묘한 사상적 진화를 꿈꾸신다면 최종으로 아껴두세요. 이 책은 푸코를 시작하는 것보다 정리하는 데 더 유용하니까요.

조르주 바타유

문제는 性이야!

마약과 섹스 그리고 철학에 대하여

똥팔씨   오늘 밤은 성의 문제를 다룰 텐데요. 시작하기도 전에 긴장되
네요. 굉장히 위험한 수위에서 시소 게임을 할 것 같아요. 성에
대한 편견을 버리고 주제에 접근해주셨으면 좋겠습니다만, 제
자신을 비롯해 우리나라의 전반적 풍토가 성에 관해 굉장히 폐
쇄적이기 때문에 수다의 방향과 농도를 짐작하기가 까다롭습
니다.

메뚝씨   한국에서 성은 여태 노골적으로 폐쇄적이죠. 반면 성산업은 눈
부시게 발달해 있어요. 변태도 많고요. 금기가 없으면 욕망이
없죠. 최고의 금기는 최상의 욕망이니까요. 성이라는 높은 금
기에 철학이 필요한 이유죠. 물론 조심해야겠죠. 변태로 몰릴
수도 있어요. 그러나 성을 보다 깊은 차원에서 이해할 때 인간
심연을 이해할 수 있어요. 성 범죄와 추행을 나쁘다고 판단하
는 상식의 기준을 넘어 왜 그런 현상이 발생하는지 추적해 봐
야죠. 직장동료를 만지고 어린 아이들 추행하는 게 좋을 리가
없잖아요.

똥팔씨   좋은 게 웃긴 거죠. 벌써 화가 나려고 하는데요.

메뚝씨 그런 변태를 감금하지 못하는 공권력을 비판하는 것과 함께 변태가 그런 행동을 통해 만족을 얻는 이유를 물어야 해요. 왜? 그 짓이 좋은지. 왜? 사회적 관계를 파괴하면서까지 그 짓을 하는지 캐봅시다. 이 의문은 인간 이해의 뼈대일 수 있어요.

똥팔씨 우리나라에서 성에 대해 오픈 마인드를 갖기란 힘들죠. 이번 주제는 확실히 위험하겠는데요.

메뚝씨 위험해야지. 철학은 위험한 활동이지.

똥팔씨 금기가 강할수록 오히려 성에 대한 반작용이 나타나는 것 같아요. 제가 애초부터 위험을 과장한 이유가 배수의 진을 치고 가려는 수작이거든. 영화 〈원초적 본능〉에서 샤론 스톤이 소설로 살인의 알리바이를 만들 듯 말이죠. 오늘 철수의 철학을 따르다 보면 변태를 용인하는 듯 보일 수 있을 것 같거든요.

메뚝씨 변태를 변태라고 말하는 사람이 너무 많아 성을 왜곡하고 있다고 생각해요. 성 문제가 교육제도와 국가 장치의 허술함에 있다고 말하는 것은 쉬운 판단이죠. 성을 관리할 수 있다는 사고방식은 자칫하면 성을 왜곡할 수 있어요.

똥팔씨 성생활이 혼탁하고 문란해져도 괜찮다는 논리는 아니겠죠?

메뚝씨 문란해도 됩니다. 심지어 혼탁해야 해요.

똥팔씨 벌써 심장이 벌렁벌렁하네요. 오늘 밤 수다를 아슬아슬하게 만들 철수를 소개합니다. 조르주 바타유. 프랑스를 대표하는 저주의 작가. 어둠의 철학자. 밤의 황제. 삶과 죽음의 사이에서 성을 주제로 설득력 있게 주장한 철학자가 되겠습니다.

메뚝씨 밤의 황제요? (웃음) 확실히 수식어가 화려한 만큼 바타유 전에 철학에서 성의 문제를 다룬 유례가 없어요. 성은 위험했기 때문에 금기시 됐죠. 바타유는 성의 문제를 건드려야 궁극의 철학이 될 수 있다고 주장했습니다. 극단까지 가보지도 않고 어떻게 철학이라고 부를 수 있겠습니까?

똥팔씨 프랑스 사회가 예전엔 굉장히 보수적이었잖아요. 당시만 해도 68혁명이 일어나기 전이니까요. 그 속에서 바타유의 발언들과 책들은 도발 그 자체였을 것 같아요.

메뚝씨 대단했죠. 책도 책이지만, 바타유가 자신의 사상을 몸소 실천하며 살 수 있었다는 게 더 대단해요. 창녀촌과 매음굴을 제집 드나들듯 하고, 마약은 물론이고 집단으로 섹스를 하면서 쾌락의 끝까지 체험했으니까요. 당대 프랑스는 보수적 분위기가 있있어도 철학자의 도발은 용인해줬던 것 같아요. 푸코도 만만치 않았잖아요. 지금이었으면 잡혀갔을 거예요. 인터넷에 올라왔을 걸? "푸코가 옆집 산다. 조심해라."

똥팔씨 극단을 용인할 수 있는 사회가 훨씬 성숙한 사회인 거죠. 그런 의미에서 오늘의 주제는 바로 "에로티즘엔 죄가 없다."

메뚝씨 알튀세르에 이은 두 번째 '없다' 시리즈네요. "내 안엔 나 없고, 에로티즘엔 죄가 없다."

똥팔씨 바타유는 1897년 프랑스 남부지방에서 태어났어요. 아버지는 매독환자였다고 하죠. 당시엔 매독이 흔했나 봐요? 니체도, 푸코도 매독에 걸렸다고 하더라고요.

메뚝씨 매독이 흔했다는 사실은 금기의 사회에서 성적불만을 풀 수 있는 방법이 없었던 까닭이기도 하죠. 프로이트의 고향 오스트리아 역시 매우 보수적인 사회였기 때문에 오히려 사창가가 많았어요. 그러니까 인간은 성적 불만을 어떻게라도 해소해야 하는데 당시에는 위생관리가 안 됐다는 거죠. 우리나라도 예전엔 성병 관리가 필요했었어요. 그래서 박정희 대통령이 제가 살았던 동두천 고향에 미군부대 사창가의 위생 관리를 위해 병원을 세우기도 했죠.

똥팔씨 금지는 하지만 뒤에서는 암묵적으로 용인해줬다는 증거겠네요.

메뚝씨 적극 용인해줬죠. 당시 우리나라에서 미군들을 접대하던 대표적 사창가가 있던 곳이 보산동과 광암동이었어요. 전성기 때는 2만 명까지도 살았대요. 엄청나죠? 제가 태어난 곳은 광암동이고, 중학교 때 이사한 곳이 보산동이에요. 두 곳에서 10년 이상 살았죠. 제 나쁜 의분이 조성된 저주에요.(웃음)

똥팔씨 어쩐지 메뚝씨가 바타유를 대하는 게 예사롭지 않더라고요.

메뚝씨 동두천은 1970년대까지만 해도 한국의 엘도라도였어요. 선견지명이 있던 제 아버지가 서울에서 이사한 이유였죠. 당시에 동두천은 GDP가 울산보다 높았어요. 우리나라가 70년대까지 보릿고개가 있었는데, 미군부대에서 나오는 물자로 먹고사는 동두천 사람들은 나름대로 풍요로웠습니다. 당시 짜장면이 몇 백원이고 공장에서 일을 해도 시간당 몇 백원 밖에 못 받았는데, 미군에게 몸을 팔면 화대로 평균 10달러를 받았대요. 그때 당시 1달러가 5백원이 조금 넘었으니까 막대한 수입이었죠.

동네 분위기가 그렇다 보니 저는 어렸을 때 해가 지면 동네 골목을 맘껏 돌아다닐 수가 없었어요. 미군들은 길거리에서도 하고, 주말이면 숲 속에서도 하고, 냇가에서도 하고, 별의별 변태적인 짓들을 다 했어요. 저는 자주 목격했죠. 어렸을 때부터 볼 꼴 못 볼 꼴 다 봤어요. 당시 미군들은 우리나라 여성들을 가축처럼 대했죠. 미군을 접대하는 여성 중에는 특히 전라도 사람들이 많았대요. 핍박이 심한 전라도에서 먹고살기 힘드니까 동두천으로 밀려온 거죠. 불행한 우리 역사입니다. 그럼에도 파괴되지 않았으니 다행이고, 바타유 같은 철학자가 있어서 제가 어린시절의 상흔에 지배되지 않을 수 있었어요. 제겐 고마운 철학자죠.

똥팔씨　바타유도 어린시절이 편안하진 않았나 봐요. 아버지는 매독의 합병증으로 눈이 멀었고 어머니는 여러 정신적 질환으로 자살 시도도 여러 번 했었다고 하더라고요.

메뚝씨　부모 모두 심각하고 어두웠죠.

똥팔씨　제1차 세계대전이 발발하자 바타유는 전신마비가 온 아버지를 버리고, 어머니와 피난을 가요. 홀로된 아버지는 얼마 못가 죽었다고 해요. 그 때문에 바타유는 강한 죄책감에 시달리죠.

메뚝씨　엄마가 아빠를 죽이고 싶어 했던 거예요. 거기에 아들을 동참시킨 거죠.

똥팔씨　가정환경이 비정상적이니까 성격에 문제가 있을 수밖에 없었겠죠. 유년시절부터 거의 범죄 수준의 비행을 하면서 살았다고 해요. 그러나 바타유는 불행을 극복하고 위대한 철학자가 되었습니다. 그 힘이 종교였다는 게 조금 아쉬운 부분이네요.

메뚝씨 인간은 결핍을 참기 어려워요. 존재적 충만을 가져올 계기를 찾을 수밖에 없죠. 종교는 가장 빠른 치료 방법입니다. 신앙을 얻으면 존재의 결핍이 채워지거든요. 기도하면 빨려 들잖아요. 알튀세르도, 푸코도 그랬죠. 신을 영접할 때 극도의 만족감이 들어오니까요.

똥팔씨 저도 시도는 해봤지만 극도의 만족감은 못느껴봤어요. 옆에서 다들 울고 소리치고 하니까 저도 막 눈물이 나왔을 뿐이죠. 뭔가 충만되는 느낌은 있었습니다.

메뚝씨 나와 타인이 다르지 않다는 연대감이 격동적인 충만을 만들어내는 거죠. 외롭지 않을 때 결핍됐던 실존의 공허가 채워지거든요. 그게 바타유가 진지하게 종교 속으로 빠져든 이유죠. 신학교에 입학했을 때 얼마나 경건했는지 친구가 고백한 문장이 있어요.

> 스무 살에 오베르니의 산악지방에서 그는 스스로에게 노동과 명상의 삶을 부여하면서 성좌의 삶을 영위했다. 그는 혼자서 철학 분야 바켈로레아를 준비했고 동시에 종교와 신학을 공부했다. 그는 분위기가 아주 엄숙했던 할아버지 집에서 공부했는데, 이 집은 그가 저녁이면 틀어박히곤 했던 오래된 로마식 성당 근처에 있었다. 그는 성당 지기가 육중한 성당 문을 닫는 소리조차 듣지 못한 채 기도와 명상에 잠기곤 했다.
>
> 조르주 델테이유(바타유의 어린시절 친구)

조르주 바타유

똥팔씨   바타유가 철학이 신성과 연결되는 지점을 찾아가잖아요. 어린
        시절 경험이 작용한 결과인가요?

메뚝씨   존재의 결여를 '내적 체험'으로 치료한 자신의 경험을 철학적
        으로 승화하고픈 의지였죠. 바타유가 종교 체험과 내적 체험을
        구분하면서 종교 체험은 내적 체험을 오해했다고 주장해요. 종
        교가 아니더라도 종교적 경험을 느낄 장치가 많다는 의미죠.
        오히려 종교는 그 독특한 경험을 신앙이라는 체계로 가둘 수
        있어요. 종교적 체험과 철학적 체험이 다르지는 않지만, 철학
        은 열린 체험이고 종교는 닫힌 체험이라는 거죠.

똥팔씨   바타유가 종교 체험에 한계를 느낀 계기가 세 사람을 만난 이
        후라고 하더라고요. 영국 방문에서 우연히 만난 베르그송,
        1970년부터 읽기 시작한 니체, 그리고 졸업여행으로 스페인
        에 갔을 때 만난 투우사의 죽음이라고 합니다. 그들과의 만남
        이 바타유의 생을 종교에서 철학으로 전환시키는 결정적 체험
        이었을 것 같아요.

메뚝씨   그라네르라고 당대 가장 유명한 투우사가 갈기갈기 찢겨 죽은
        광경과 그 죽음을 체험하는 사람들의 시선을 바타유는 경험했
        죠. 사람이 눈앞에서 잔인하게 죽어가고 있는데 사람들이 도망
        가지 않고 끝까지 지켜봤어요. 그 경험 후 바타유는 깨닫습니다.
        인간에겐 죽음이 공포만이 아니라 일종의 쾌락일 수 있겠구나.

똥팔씨   그 후 바타유는 사제의 길을 접고 사서의 길을 가죠. 파리에 있
        는 국립고문서학교에 들어갑니다. 바타유는 성실한 공무원이
        었나 봐요. 1급까지 올라갔대요.

메뚝씨 　 도서관장이었죠. 바타유는 자신의 직업을 끝까지 지킨 성실한 사람이었어요. 고위공무원이었기 때문에 경제적 여유가 다소 있었죠. 잡지도 만들고 어려운 문필가들에게 경제적 도움도 줄 수 있었던 이유기도 합니다.

똥팔씨 　 사서로 있는 동안 가명으로 책을 냈어요. 자기 이름으로 처음 낸 책이 1943년 《내적 체험》이라고 해요. 아무래도 바타유가 소심한 면이 있었기 때문에 공직자로서 과감한 시도는 꺼렸던 것 같아요.

메뚝씨 　 시대적 배경도 한몫했어요. 1930년대 분위기는 삭막했으니까요. 파시즘이 유행했죠. 제1차 세계대전 이후 독일은 나치 정권이 들어오고 프랑스는 보수적인 국수주의가 싹텄습니다. 이런 분위기를 견제코자 예술적 실험들이 창궐하기도 했는데, 대표적 사례가 초현실주의 운동이죠. 바타유 또한 초현실주의자들과 친하게 지냅니다. 나중엔 결별하지만 초기에는 엄청 친해서 초현실주의의 대부 앙드레 브르통과 매음굴, 창녀촌을 전전하며 잡지도 만들어요. 마약과 섹스 그리고 철학을 접착시키려는 놀라운 실험이었죠. 그 와중에도 잘못하면 잡혀가겠다는 불안이 있었겠죠. 공무원이었으니까요.

똥팔씨 　 불안한 걸 견디면서도 가깝게 지내던 초현실주의자와 갈라선 이유가 무엇인가요?

메뚝씨 　 성을 바라보는 관점이 달랐어요. 바타유는 초현실주의자들이 부르주아 퇴폐가 될 수 있다고 판단한 거예요. 초현실주의자들은 시체 앞에서 시를 쓰기도 했는데, 바타유는 그들이 시체 앞

　　　　　　　　　　　　　　　　　　　　조르주 바타유

에서의 창작 행위 자체가 목적이 되어버렸다고 판단해요. 초현실주의자들은 즐기기 위해 금기를 활용할 뿐, 금기를 위반하면서 나타나는 진정한 인간 이해까지는 달성하지 못했다고 본 것이죠.

똥팔씨   초현실주의자들의 문제의식이 예술성 외부로 나갈 수는 없다고 판단한 거군요.

메뚝씨   그렇죠. 예술은 예술 자체의 만족도 중요하지만, 그 바깥으로 향할 수 있는 확장력까지 지녀야 해요. 대중을 흔들고, 사회에 반항하며, 세속의 규칙을 오염시킬 수 있는 공적 용기까지가 예술이죠.

똥팔씨   공적 용기가 바타유의 반파시즘 운동으로 이어진 거겠네요. 《반격》이라는 잡지를 만들어 반파시즘 운동에 앞장서기도 했으니까요. 바타유는 종교적, 사회학적, 철학적 서클들을 무지하게 만들더라고요. 바흐찐도 서클 활동하길 좋아했잖아요. 비슷한 맥락 같은데요. 사람들과의 교류를 즐겼나 봐요.

메뚝씨   바타유는 사람과 깊숙하게 접속했어요. 실패하더라도 같이하고 싶어 했죠. 이 용기를 배울 필요가 있어요. 우리는 인간관계를 맺을 때 지레 겁먹고 계산하고 갈등하잖아요. 그런 미지근한 결정으로 관계를 시작하면 후회가 크죠. 관계에 성공해도 후회하는 경우가 많아요. 권력의 위계 관계를 세우고 파이를 먼저 차지하려는 이기적 속성이 출몰할 수 있죠.

반면 바타유는 진실한 사람이라 느껴지면 묻지도 따지지도 않고 깊숙한 관계로 발전했어요. 예컨대 브르통이 미국으로 망명하고 도망갔을 때도 바타유는 후회하지 않았어요. 바타유 자신은 브르통과의 관계에서 충실했기 때문에 미련이 없었던 거죠. 타인과 새로운 삶을 조성하려면 그 사람이 뭘 좋아할까를 고민하는 게 아니라, 내가 지금 얼마만큼 그 사람을 좋아하는가를 가늠해야 해요. 내가 당신을 좋아하면 당신에게 접근하면 되는 거죠. 관계는 우정의 스토킹입니다. 학창시절을 기억해봐요. 친한 친구랑 밥 먹을 때, 화장실 갈 때, 놀러 갈 때, 심지어 나쁜짓 할 때도 얼마나 따라다녔어요. 친구가 나처럼 느껴져 관계를 진실하게 했잖아요. 어른이 돼 잘못된 관계 방식을 배우며 우리는 바타유가 시도한 무궁한 시도들을 위험하다는 딱지를 붙여 몰아내고 있어요. 상투적 관계가 정상적인 관계처럼 되어 버렸죠.

똥팔씨   그래서일까요. 바타유는 비밀 단체도 많이 만들었어요. 대가리가 없는 사람들이라 뜻인 '무두인'이 대표적이죠. 반기독교적 서클이었고 "우리는 니체를 표방한다."가 무두인의 캐치프레이즈였다고 하더라고요. 1941년에는 비공식그룹 '소크라테스 학회'도 만들고, 1945년에는 《크리티크》라는 비평잡지도 만들죠.

메뚝씨   바타유는 사회문제를 건드리고 싶어 했어요. 이 실천적 지성의 결과물이 나중에 《저주의 몫》이라는 책으로 실현됩니다. 바타유가 가장 공들였다고 하는 작품이기도 하죠. 인류학자 마르셀 모스를 만나고 20년 이상을 《저주의 몫》 문제에 꽂혀서 극진히 천착했죠. 철학자 니체와 인류학자 모스와 헤겔이 바타유에게 많은 영향을 줍니다. 그중 니체가 가장 강력했죠. "프랑

조르주 바타유

스 현대사상은 니체의 사생아"라는 데리다의 말의 출발 지점이 바타유예요. 니체는 프랑스에 세스토프라는 러시아 철학자를 통해서 수입됐는데 이걸 처음 만난 사람 또한 바타유고요. 바타유는 세스토프와 친했죠. 헤겔의 실천 철학은 코제브의 그 유명한 강의를 통해 만나게 됐어요.

똥팔씨   코제브는 프랑스 지성사에서 엄청난 영향을 주었다고 하더라고요.

메뚝씨   대표적인 사람이 바타유, 초현실주의 브르통, 철학자 라캉입니다. 라캉은 바타유 전부인의 남편이기도 하죠. 그밖에 사르트르의 절친 레이몽 아롱과 메를로 퐁티, 그리고 루이 알튀세르가 있었어요. 지식인의 사회적 참여를 강조했던 마르크스주의자들이 이 강의에서 새로운 지적 돌파구를 찾았죠.

똥팔씨   이 강의를 헤겔의 코제브식 주석이라고 이야기하더라고요.

메뚝씨   헤겔의 프랑스판 주석은 라캉, 푸코, 알튀세르의 스승이었던 장 이폴리트식 주석과 헤겔 학자에 몸바쳤던 철학자 코제브식 주석이 있습니다. 이폴리트식 주석은 과학적이었어요. 푸코에게 영향을 주죠. 반면 코제브는 약간 시적인 해석이어서 예술과 철학을 접합시키고자 했던 사상가들에게 영향을 줍니다. 여하튼 헤겔이 도래했다는 사실은 바타유가 살았던 사회를 징후적으로 나타내는 거예요. 헤겔이 읽힐 때는 사회가 보수적이고 폐쇄적인 경향이 있거든요. 마르크스가 헤겔을 읽었을 때도 유사했고 지젝으로 대표되는 헤겔주의자들이 유행하는 지금의 분위기도 많이 닮았죠.

똥팔씨 넋두리와 헤겔이 어울린다는 말씀이신가요?

메뚝씨 헤겔 철학은 황혼을 논합니다. 시대의 말기, 그러니까 시간의 끝에서 절대정신을 이야기한 철학이죠. 전환기에 헤겔이 유행하는 이유죠. 지금도 지젝으로 대표되는 헤겔주의자들의 활동이 활발하잖아요. 우리가 사는 21세기에 헤겔이 다시 읽히는 이유도 이와 같다고 저는 봐요. 세계 전체가 노쇠하고 있으니까요. 바타유는 헤겔을 통하지만 헤겔주의자가 되진 않았어요. 역사 속 철학보다 현실을 탐구하는 문학에 집중하죠.

똥팔씨 《에로티즘》의 결론에 철학과 언어의 관계에 대한 이야기가 기억나네요. 그 책에 이런 말이 있죠. "정상, 그 절대적 순간은 철학이 추구하는 그것과는 다른 것이다. 철학은 그 자체에서 빠져나오지 못한다. 철학은 언어를 벗어나지 못한다. 철학은 침묵을 허용하지 않을 정도로 언어에 종속되어 있다."

메뚝씨 철학은 언어의 한계를 벗어날 수 없기 때문에 불가능한 문제를 건들 수밖에 없다는 겁니다. 바타유의 《불가능》이라는 소설책이 세상에 나온 이유죠. 철학은 불가능의 영토입니다. 가능의 영토로는 궁극의 사유에 접근할 수 없어요. 라캉 철학의 핵심이기도 하죠. 라캉의 다다를 수 없는 공간인 실재계 개념은 바타유를 본뜬 것입니다. 그런데 우리나라의 지적 풍토는 라캉을 엄청난 철학자로 대접하지만 바타유를 아는 사람은 별로 없다는 겁니다. 안타깝죠. 절판된 책도 너무 많아요.

똥팔씨 공부하면 할수록 느끼는 거지만 잘 알려진 철학자보다 은둔의 철학자가 더 매력적이에요. 이제 바타유의 작품을 위주로 살짝

조르주 바타유

이야기해볼까요? 바타유가 활동한 작품 분야는 소설, 미학, 철학으로 분류할 수 있을 것 같습니다. 프랑스에서는 바타유 전집이 나왔어요.

메뚝씨   푸코가 서문을 썼죠. "바타유는 20세기 최고의 작가였다."

똥팔씨   소설은 《하늘의 푸른 빛》, 《눈 이야기》, 《불가능》이 번역됐습니다. 지금은 《불가능》만 구매할 수 있고요. 나머지 책은 중고로 구매하거나 도서관에서 빌려 봐야 해요. 미학 관련된 책으로는 마네와 라스코 벽화와 관련된 책이 있는데 한국에는 번역본이 없네요.

메뚝씨   바타유는 마네를 좋아했고 한스 발둥 그린이라는 작가도 좋아했어요. 시체가 음부를 만지고 있는 야시시한 그림을 그린 작가죠. 푸코가 브뢰겔의 그림으로 광기를 설명하는데 그 상상력의 원천 또한 바타유입니다. 광기에는 두 종류가 있다고 푸코 편에 말했죠. 바보와 미친놈. 푸코는 바보를 연구했고 바타유는 미친놈을 연구했어요. 최고의 미친놈은 강간범이죠.

똥팔씨   교도소에서도 가만두지 않는다는 또라이 부류죠.

메뚝씨   강간은 최고의 금기예요. 그 금기를 뚫을 수 있는 사람은 최고의 권력자예요. 이 시대엔 자본가죠. 연예인들 데려가서 광란의 밤을 보낼 수 있는 사람은 오직 자본가뿐입니다. 가끔 그런 기사를 보면 혀를 차고 욕하면서 보잖아요. 왜일까요? 인간이 모두 타락해서? 아니죠. 바타유는 최고의 금기가 있기 때문에 최상의 욕망이 생긴다고 봤어요. 역사를 들춰보면 사례가 많습니다. 예컨대 중세의 초야권이 그렇죠. 농부의 딸은 결혼하기 전에 신랑보다 먼저 성주와 하룻밤을 보내야만 했어요. 영화 〈브레이브 하트〉를 보면 이 제도가 시발점이 되어 혁명이 일어나죠. 남의 여자를 탐하는 것은 엄청난 금기이기에 활발한 욕망을 생산할 수 있어요.

똥팔씨 바타유의 대표적인 책 중 하나인 《에로티즘》을 이해하는 핵심이겠네요. 바타유는 1962년 7월에 눈을 감습니다. 죽기 직전까지 작품을 썼다고 하더라고요.

메뚝씨 푸코는 병실에서 논문 수정하다가 죽고 알튀세르는 숨이 끊어질 때까지 글을 썼고 메를로 퐁티는 데카르트 책을 필사하다가 죽었어요. 자신의 업보에 죽을 힘까지 소모하는 의지, 그 힘. 저는 꼭 체험해보고 싶습니다. 저는 어디서 뭘 하다 죽게 될지 궁금하네요.

똥팔씨 병원에 누워서 죽겠죠.

메뚝씨 안 돼!

똥팔씨 바타유의 마지막 말은 "다 그런 거지 뭐"였대요.

메뚝씨 그 말은 중의적으로 의미가 있어요. 하나는 자신이 죽는다는 절대불변의 사실을 오랫동안 알고 있었다는 고백이고, 다른 하나는 그래서 나는 죽음을 준비해 왔다는 포부의 표현이에요.

똥팔씨 우린 죽음을 애써 외면하고 피해가려고 어떻게 하면 오래 살까, 덜 아프게 죽을까를 고민하는데 대단한 사람이에요.

조르주 바타유

메뚝씨   프랑스 현대시의 한 정상을 조성했던 시인 르네 샤르도 바타유에 대해 "오늘날 인간의 주요 영역은 모두 당신에게 속해 있습니다. (…) 우리는 자신의 생각에 충실한 한 인간을 보기 위해 오랫동안 당신의 뒤를 따를 것입니다."라고 썼죠. 바타유와 친구였던 블랑쇼와 레비나스 또한 찬사를 아끼지 않았습니다. 독일의 철학자 발터 벤야민도 바타유에게 많은 영향을 받았고요. 바타유보다 용기 있는 철학자가 나올 수 있을까 싶을 정도로 과감한 사람이었어요.

보통의 인간은 유한하다는 사실을 잊고 싶어 하죠. "인생 뭐있어?"라는 속설도 있잖아요. 언젠가 죽는데 준비할 이유가 없다는 논리는 죽음의 불안을 해소하는 것이 아니라 잠시 연기할 뿐입니다. "인생 뭐있다."라고 말해야 돼요. 작은 의미라도 숭고하게 여길 줄 알아야 장차 다가올 죽음에 조금이라도 떳떳해질 수 있죠.

에로티즘엔 죄가 없다

황홀경의 또 다른 이름에 대하여

요즘 가장 많이 쓰는 단어는 '하지 마'입니다. 아빠는 곧 금지의 화신이 되었죠. 물론 아이의 생명과 직결되는 아주 예민한 행동들에 대한 제지로서 던지는 말이지만 어느 순간 그 말은 습관처럼 따라 붙게 되었습니다. '금지', '금기' 이 주위에 맴도는 흥분의 느낌을 이미 알고 있는 것일까요? 14개월째 접어드는 아이는 아빠 얼굴 한번 보고 씩 웃습니다. 그리고 과감히 저의 금지를 조롱하듯 식탁 위로 아니 올라갈 수 있는 곳이라면 어디든 올라갑니다. 금기는 생명을 지키는 중요한 장치입니다. 하지만 위반이 주는 느낌은 살아 있음을 느끼게 하는 짜릿한 죽음과의 대면이기도 합니다. 금기와 위반의 시소 게임은 이렇게 시작되나 봅니다.

4살 된 큰 딸 아이가 있습니다. 어느 순간부터 아빠의 '그것'에 관심을 갖기 시작했습니다. 엄마, 동생, 자신에게 없는 것이 아빠한테는 있습니다. 우연히 닿습니다. "아빠 이게 뭐야?"라며 만져 보려고 합니다. 전 못 만지게 합니다. 자꾸 만지려 합니다. 제가 강력히 금지를 하니 엄마에게 가 손가락으로 가리키며 묻습니다. "아빠한테 있는 거 저거 뭐야?" 엄마도 당황한 듯 머뭇거리며 "고추야"라고 대답합니다. 어느 날은 자기도 갖고 싶다고 합니다. 그리고 엉뚱하게도 살 수 없냐고 묻습니다. 전 여전히 낯 뜨거워 금기와 침묵으로 저의 영역을 지키고 있습니다. 저는 아직도 에로티즘에게 죄를 묻고 있는 바보 아빠 같습니다.

- 김형섭

조르주 바타유

똥팔씨   성에 대해 감히 이야기해볼까요? 바타유의 주저 《에로티즘》을 통해 성의 문제를 파헤쳐 보죠. 제목이 확 끌려서 빠르게 펼쳤다가 너무 난해해서 확 덮어버리는 책이죠.

메뚝씨   매력적인데 까다롭죠. 에로티즘 자체가 그런 거니까요. 좀 더 이해하기 쉽게 영화를 통해 에로티즘에 접근해보도록 하죠. 〈원초적 본능〉으로요. 똥팔씨는 이 영화 좋아하시나요?

똥팔씨   싫을 수가 있나요? (웃음) 대놓고 볼 수 있는 영화가 아니라 은밀히 즐겼던 기억이 있습니다. 〈원초적 본능〉은 90년대에 혈기 왕성했던 아재들의 숨겨둔 욕망을 자극한 전설적 영화죠. 샤론 스톤의 관능미에 절절맸던 남성들 많았어요. 살인마 샤론 스톤을 추적하던 형사가 오히려 사랑에 빠지는 내용이잖아요. 마지막엔 샤론 스톤이 마이클 더글라스까지 죽이겠다는 야시시한 암시로 끝나죠.

메뚝씨   가까운 시일 내에 죽이겠다는 거죠. 볼 장 다 봤으니까요. 이 영화에 지금까지 전설로 꼽히는 유명한 장면이 나오잖아요. 취조실에 들어가 심문하는 사람들 앞에서 샤론 스톤이 다리를 꼬았다가 방향을 바꾸죠. 아주 천천히. 이 장면에서 뭘 볼 수 있었는지 기억나요?

똥팔씨   아, 그거 잊을 수 없죠. '털'이었죠. 그거 보면서 우와… 90년대 전에는 털까지는 못 봤어요. 우리나라엔 편집본만 개봉되었잖아요. 군대 가서 본 거 같아요.

메뚝씨   바타유가 미국에서 명성을 얻었을 때가 90년대 초중반이에요. 〈원초적 본능〉이 1992년에 개봉됐거든요. 바타유의 《에로티즘》

에로티즘엔 죄가 없다

이 미국에서 명성을 얻을 즈음에 영화가 나왔는데, 신기하게도 이 책의 맨 마지막 장에 '털'에 관한 이야기가 나와요. 이 털이 바타유의 에로티즘을 이야기하는 데 단초가 됩니다. 인간은 언제 에로티즘을 느낄까요?

똥팔씨　샤론 스톤 같은 여자를 볼 때?

메뚝씨　물론 절정의 가인을 보면 흥분되죠. 그러나 그것은 에로티즘의 시작에 불과합니다. 아름다움을 바타유는 젊음이라 정의하는데 에로티즘은 그 젊음 너머에 있어요. 샤론 스톤이 가장 절정기에 아름다운 육체를 가지고 취조실에 앉아 있을 때 남자들은 경탄합니다만, 털을 보고난 뒤 취조실의 모든 인간은 동물로 변하죠. 에로티즘은 아름다움이란 극도의 인간성에서 출발하여 그 인간성을 파괴하고 싶은 짐승성이 발현되는 순간, 에로티즘은 폭발하는 거죠.

똥팔씨　사람들이 그 순간 숨이 멎잖아요. 화면 너머 우리처럼.

메뚝씨　짐승으로 변한 거죠. 바타유는 이 변신이 에로티즘을 이해하는 단초라고 보았어요. 인간은 젊음의 극한인 성스러운 미, 신성을 봤을 땐 경탄합니다만, 그 털을 보는 순간 에로티즘이 자신을 사로잡고 있던 인간성을 해체하죠. 에로티즘은 인간성이 무장 해제되는 바로 그 시점이에요. 영화에선 샤론 스톤의 '털'을 보는 순간 암컷을 정복하고 싶은 사자의 본능처럼 남자들은 나보다 센 놈이 있는지 살핍니다. 제일 센 놈이 샤론 스톤을 차지하는 거죠. 이처럼 인간은 신성과 동물성을 양가적으로 지니고 있어요. 교양있고 착한 인간이라도 동물성은 지울 수 없어요.

조르주 바타유

만약 지워질 수 있다고 자만한다면 그것은 위선이고 거짓이라는 뜻이죠.

똥팔씨　에로티즘이 절정의 아름다움을 파괴하고 싶은 동물적 본능이라는 말인가요?

메뚝씨　그렇죠. 파괴하고 싶은 이유는 단순합니다. 아름다움은 하나만 있어야 돼요. 두 개 세 개 막 있으면 아름다운 게 아니죠. 그래서 명품은 항상 소량만 생산되는 겁니다. 마케팅 전략에선 명품이 대중화되면 상표를 숨기기도 하잖아요. 마찬가지로 아름다움은 유일해야 돼요. 유일신이 신성의 꼭짓점인 이유죠. 다신은 아름다움이 신성으로 가지 않고 짐승성으로 향할 수 있습니다. 제우스의 에로티즘 실현이 그리스 신화의 뼈대이듯 말이죠. 인간은 신성과 동물성의 양 극단에서 포만감을 느끼고, 그 중간에 있을 땐 흔들려요. 죽음의 공포를 썻을 수 없으니까요. 그래서 신성의 극단이나 동물성의 극단에서야 죽음까지 초월할 수 있습니다. 바타유가 보기에 신성은 간접적인 거짓 세계고, 동물성의 극단인 에로티즘만이 진실이라고 보았어요. 그것을 이렇게 표현하죠. "에로티즘은 죽음까지 초월한 삶이다."

똥팔씨　인간의 한계를 에로티즘이 초월할 수 있다는 뜻인가요?

메뚝씨　죽음을 돌파하는 힘은 논리와 이성엔 없다는 겁니다. 이성적이고 의식적인 인간은 죽음 앞에 무력해요. 제아무리 논리적 추론의 달인이라 해도 죽음을 돌파할 수는 없죠. 죽음은 사유되는 게 아니니까요. 따라서 유일한 방법은 인간의 야수성을 폭발시키는 겁니다. 에로티즘은 위험한 욕정이기에 죽음까지 무찌를 수 있는 인간의 잠재력을 실현할 수 있어요. 인간의 짐승성은 과거에 묶여 미래를 예단하지 않고 죽음이라는 막막한 미래를 돌진할 자신감까지 줍니다.

똥팔씨 "오갱끼데스까~"라는 대사로 유명한 영화 〈러브레터〉는 에로티즘이 아니겠네요. 로맨틱하게 보일순 있지만, 죽은 사람의 추억에 묶여버리면 과거에 감금당할 수도 있을 것 같아요.

메뚝씨 과거를 통해서 미래를 잠식당하는 것이죠. 그런데 에로티즘은 과거도 미래도 없는 순간이 시간 전체를 포괄하는 충만된 경험이에요. 〈러브레터〉는 너무 경건하기에 에로티즘을 오해하게 만들죠. 에로티즘은 황홀경의 다른 이름입니다.

똥팔씨 바타유가 기도로 느낀 내적 체험과 매음굴에서 맛본 황홀경은 별 차이가 없다는 거군요.

메뚝씨 그렇죠. 종교는 도덕이나 선이라는 옷을 입었는데, 에로티즘은 왜 사냥 당해야 하는지 궁금했던 겁니다. 그래서 "철학을 섹스의 차원으로 끌어내려야 하고, 섹스를 철학의 차원으로 끌어올려야 한다."고 주장하죠.

똥팔씨 그래도 지식인이 성의 문제를 다룬다는 게 쉽지 않았을 텐데요.

메뚝씨 그 위험한 문제에 천착하면서 바타유가 위대한 말을 하죠. "금기가 위반을 부른다." 죽음은 원천적인 인간의 금기죠.

똥팔씨   바타유 철학에서 가장 중요한 개념이 '금기와 위반'이군요. 사실 성적 금기를 파고들고자 하는 욕구는 죽음을 위반하지 않는다는 욕구보다는 비교적 쉬운 것 같은데요. 죽음에 금기를 두는 이유는 뭘까요.

메뚝씨   체제 유지를 위해서죠. 국가는 반드시 죽음을 포장해야 합니다. 모두가 죽음이라는 금기를 위반하려고 한다면 체제는 붕괴돼요. 문명 세계가 동물적 세계가 되겠죠. 인간은 동물적 세계를 축소하여 문명적 세계를 유지합니다. 체제를 연속하기 위해선 인간은 축소될 수밖에 없어요. 문명이 발달할수록 인간이라는 주체는 쪼그라들어 난쟁이가 되는 것이죠.

똥팔씨   사회 시스템은 죽음을 두렵게 만들잖아요. 이 체제 밖으로 나가면 죽을 것 같이 선전하니까요. 2015년 하반기를 휩쓴 메르스 사태 때도 그랬죠.

메뚝씨   푸코는 광기를 다스리면서 국가는 인간에게 공포와 불안을 심어줬다고 주장했죠. 그 유지 수단을 에피스테메라 불렀고요. 반면 바타유는 시대마다 다른 에피스테메가 아니라 모든 역사에는 제도를 만든 근원적인 금기가 있었다고 봤어요. 그 금기가 에로티즘을 탄생시켰다는 거죠. 바타유는 인간의 범주를 확장시키고 싶어 했습니다. 난쟁이가 거인이 되면 세계를 통째로 읽을 수 있는 눈이 생길 수 있거든요. 물론 신과 맞설만한 거인이 되는 것은 쉽지 않습니다만, 바타유는 《눈 이야기》라는 자전적 소설을 쓰면서 쥐꼬리만 한 가능성이라도 실현하고 싶었던 겁니다. 〈쥐 이야기〉라는 소설의 탄생 배경이기도 하죠.

에로티즘에서 주장하는 그 털이 쥐꼬리고 단서예요. 인간이 신성까지 가로지를 수 있는 과감함의 계기를 털이 자극하는 거죠.

똥팔씨   우리가 지금 앉아 있는 이 공간만 벗어나도 엄청나게 많은 금기가 도사리고 있는데 바타유는 가장 원초적인 금기, 가장 단순하고도 보편적인 금기인 근친상간도 특별한 유형이라고 얘기하더라고요. 대부분 근친상간은 보편적인 금기 아닌가요?

메뚝씨   그만큼 매혹적이죠. 인간은 금기에 벌벌 떨잖아요. 그래서 위반은 굉장히 매혹적이어야 하죠. 금기와 싸울 수 있는 매력은 오로지 에로티즘밖에 없어요. 성은 신성한 거니까요.

똥팔씨   사실 금기를 금기라고 인식하는 것 자체가 어려워요. 예를 들면 근친상간이라는 금기를 깬다는 건 생각하고 싶지도 않잖아요. 보통은 금기가 아니라 당연한 거라고 생각하죠. 말씀하셨듯, 강력한 에로티즘이 느껴졌을 때에서야 금기를 인식하겠지만요. 금기가 인간 내면을 지배하는 동안 왜 우리는 이토록 둔감한 걸까요?

메뚝씨   금기를 벽에 비유해볼게요. 벽 가까이 있으면 제아무리 낮은 벽이라 해도 절대적 장애물이죠. 벽에 바짝 서면 벽이 세계 전부가 되어 버리니까요. 우리에겐 금기라는 벽에 바짝 붙으려는 잘못된 습관이 있어요. "할 수 없다."는 푸념을 정당화시키는 데 익숙해지는 거죠. 용기는 자기 앞에 선 벽에서 한발 뒤로 물러나는 거예요. 한발만 물러서도 벽의 높이가 살짝 보입니다. 높이가 가늠되면 지금 이 순간에 몰입할 과업에 눈 뜰 수 있죠. 물론 체제는 우리를 벽 앞에 바짝 붙도록 강제하죠.

조르주 바타유

똥팔씨   그럼 약자의 입장에서 헬조선, 헬조선이라고 하는 건 스스로 벽이랑 더 바짝 붙으려 가까이 가는 거군요. 스스로 금기를 만드는 거네요. 일종의 자발적 금기인가요?

메뚝씨   자발적 금기 현상은 무기력을 낳고 아무것도 할 수 없다는 믿음을 확대시켜요. 이게 진정한 헬조선 현상이죠. 신분사회로 회귀하는 거예요. 바타유는 인간의 이와 같은 패배주의를 염려했어요. 고지에서 내려다보니, 별로 높지도 않은 벽 앞에 주저앉아 구원을 바라는 인간의 나약함을 본 거죠. 이 무기력을 다스릴 공격적 희망이 바로 에로티즘임을, 바타유는 온몸으로 설파하고자 했죠.

예를 들어 봅시다. 샤론 스톤 같은 8등신 미녀와 하룻밤을 보냈다고 상상해보세요. 물론 우리가 그럴 일은 없겠지만.(웃음) 아름다운 그녀와 에로티즘의 절정기를 보내요. 그럼 그 순간 내 앞에 놓인 절대적 벽 위를 날아가는 듯한 충만함이 든다는 거죠. 이 완벽한 자유가 과연 일시적인 포만감이라고 규정할 수 있을까요? 바타유는 의심했어요. 요컨대 '에로티즘은 죄가 없다'는 겁니다. 오히려 에로티즘을 사회적 차원으로 끌어올리면 저 높은 금기에 도전할 수 있는 쾌활한 용기를 얻을 수 있어요. 에로티즘을 억압하면 사회는 광기의 폭력에 파괴되기도 합니다. 금기의 사회에선 차별과 희생양은 필연이죠. 금기가 인간 내적 에너지를 막아 다른 쪽으로 터져 나오거든요. 여기서 나오는 희생양이 여자예요. 에로티즘을 오해한 대가죠. 선사시대부터 이어졌던 희생제의가 그 증거고요. 지금도 에로티즘을 억압하는 사회일수록 사회적 약자인 여자를 희생시킵니다.

똥팔씨 교양 있는 사회를 표방하는 사회일수록 포르노가 발달한다고 들 하잖아요. 가까이에 있는 일본이 대표적이라고 생각해요. 자유를 억압하고 금기의 벽이 높아지니까 음지의 영역이 넓어 지는 것 같아요. 수위 높은 AV나 묻지마 살인처럼. 오히려 바 르게 살자고 강조할수록 약자가 희생양이 될 수 있겠네요.

메뚝씨 위선이 가장 큰 폭력이 될 수 있어요.

똥팔씨 그렇다면 에로티즘을 슬기롭게 다룰 방도는 없을까요?

메뚝씨 바타유는 마송의 불쾌한 그림으로 설명해요. 마송의 그림은 르 누아르와는 정반대죠. 르누아르가 지적 자극을 일으킨다면 마 송은 동물적 자극을 끌어올립니다. 그런데 이 두 화가의 정점 에는 에로티즘이 있어요. 그 절정이 마네입니다. 마네는 푸코 도 인용하죠. 마네의 그림은 벗을랑 말랑하기에 기묘해요. 원 래 완전히 벗는 것보다 벗을랑 말랑 할 때가 야시시하잖아요. 이와 같은 예술은 에로티즘을 감금하거나 왜곡하지 않고 솔직 담백하게 표현할 수 있는 가장 좋은 수단이죠. 사회는 이 예술 로 인간 내면의 폭력성을 해소시킬 수 있습니다. 예술적 표현 의 자유가 세계의 평화인 셈이죠.

똥팔씨 대다수의 논란은 표현의 자유에 삿대질을 하면서 생기니까요.

메뚝씨 에로티즘에는 세 가지 종류가 있어요. 육체적 에로티즘, 심정 의 에로티즘, 신성의 에로티즘. 육체적 에로티즘은 생식 쾌락 이에요. 개나 인간이나 똑같이 느끼는 그 즐거움입니다. 심정 의 에로티즘은 평온의 쾌락이에요. 사랑하는 사람과 육체적 관계를 가진 후 누워있을 때 느끼는 편안함 같은 거죠. "내가 너 책임질게" 이런 거 있잖아요.

똥팔씨 영화에서는 항상 담배 피던데.

메뚝씨 남자는 심정의 에로티즘을 잘 모른다는 거죠. 남자는 육체적
에로티즘이 에로티즘의 전부라고 오해하는 경우가 많아요. 여
자는 남자에 비해 심정의 에로티즘에 민감합니다. 아이를 생산
해야 하기 때문에 좋은 유전자를 잘 골라야 하거든요. 남자는
여자와 몸을 섞은 후 정복의 포만감에 담배를 피우지만, 여자
는 안락함을 느껴 숙면에 빠집니다. 제 유전자를 전수할 조건
이 완성되었으니까요.

에로티즘의 세 번째는 신성의 에로티즘입니다. 초월쾌락이라
고도 부르죠. 이는 존재의 고립감을 뚫고 영원히 살 것 같은 절
대적 충만 상태를 말합니다. 그러니까 아주 사랑하는 사람과
매우 놀라운 기교로 육체의 합일을 이루면, 그 포만감은 신성
보다 강력할 수 있다는 의미죠.

똥팔씨 테크닉이 중요하겠네요. (웃음)

메뚝씨 화려한 테크닉(웃음)으로 에로티즘의 황홀경에 도달하면 에
로티즘은 신성까지 위협할 수 있어요.

똥팔씨 저는 바타유가 여러 여자를 만나면서 항상, 매번 황홀경에 빠
졌다는 게 이해가 안 돼요.

메뚝씨 몸소 실험하신 거죠. 바타유의 《불가능》이라는 소설책에 보
면 〈쥐 이야기〉가 나오는데, 한 사내가 10대 여자를 사랑한 이
야기예요. 그런데 그 여자는 이미 남편이 있었어요. 간통이죠.

어느 날 밀애는 발각되고, 여자를 포기해야 하는 사내는 사랑의 열정이 식지 않아 겨울 눈판에 쓰러져 죽을 뻔합니다. 이 이야기는 바타유 자신의 경험으로 죽기 세 달 전에 썼습니다. 마지막으로 솔직해지고 싶었던 거죠. 바타유의 매음굴 체험담도 에로티즘을 제 몸으로 실현한 과감한 고백이에요. 매음굴에서 여러 여자를 만났지만 바타유도 심정적, 초월적 쾌락까지 못나갔어요.

똥팔씨 그런 면에서 저는 마르크스가 존경스럽네요. 자기 가족을 죽는 날까지 사랑하며 살았던 사상가의 삶이야말로 매력적이에요.

메뚝씨 인간적으로도 단단한 철학자가 사상적으로도 매력있죠. 그러나 그것은 마르크스가 부인 예니를 만날 수 있었던 운명 때문입니다. 알튀세르나 바타유, 롤랑바르트 같은 철학자는 그런 행운이 없었어요. 푸코도 마찬가지였죠. 특히 바타유는 유년 시절부터 불행의 씨앗이 싹텄잖아요. 아빠는 눈 먼 매독환자였고 엄마는 아빠를 버리고 싶어 했던 우울증 환자였으니까요. 바타유에게 배울 것은 그 운명에 순응하지 않았던 '급진적 진실성'이에요. 어렸을 때부터 혼자 프랑스 대입시험이었던 바칼로레아를 준비할 만큼 강인했죠.

똥팔씨 아무리 불행해도 인간 자신의 의지에 따라 삶이 달라질 수 있다는 지나친 주체 중심주의 논리처럼 들리는데요.

메뚝씨 그렇진 않아요. 인간이 넘을 수 있는 장애물은 우리가 상상하는 것보다 높아요. 능력에 따라 다르긴 해도 분명 세계와 싸울 잠재력은 모두가 지니고 있어요. 그 싸움이 결과가 세속적 성공이라면 당연히 가능하지 않은 것을 가능한 것처럼 말하는 수상한 논리가 될 수 있겠지만, 인간적 완성이라면 모든 책임을 주체에게 돌리는 환원주의와 다른 가능성을 만들어 낼 수 있어요.

똥팔씨 　좀 전에 언급했던 헬조선이라는 말도 20대들에겐 주체중심주의와 맞닿아 있잖아요. 사회가 불안의 벽을 점점 개인에게 접근시켜 넘을 수 없게 한다는 거죠. 이런 맥락에서 사회가 우리의 잠재력을 발굴하지 못하게 하는 방향으로 나아가는 것도 어느 정도 영향이 있지 않을까요?

메뚝씨 　사회의 활력이 축소되고 있다는 뜻이죠. 어른과 아이란 생물학적 규정이 대표적이라고 볼 수 있어요. 예전엔 10대에 결혼했잖아요. 인간의 성장은 사춘기만 지나면 완성된다는 사실을 알고 있었기 때문에 독립하여 세계와 직접 대면할 자격을 가질 수 있었어요. 그러나 오늘날 사회의 활력이 축소된 탓에 홀로서기의 나이가 늦춰지고 있어요. 지금은 서른 언저리까지 갔죠. 이 현상은 사회가 인간을 길들이는 기간이 늘었다는 뜻입니다. 인간의 잠재력이 지속적으로 낮아지고 있다는 증거죠. 사회는 꼼꼼하게 오랫동안 우리를 길들이고 있었어요.

사춘기는 성적인 완성 단계에 이르렀다는 조짐이에요. 그때부터는 성적 자유를 허가해야 합니다. 위생관념과 생명윤리를 안내해주고 그 책임을 물으면 되는 거죠. 거기에 도덕의 눈을 덧대면 에로티즘을 오해하고, 인간을 오해하고, 인간의 동물성을 터부시해요. 그래서 마치 인간은 동물이 아닌 것처럼 받아들이게 하죠. 그러나 인간은 분명 동물의 한 종류고, 그 동물성을 잃었을 때 사회는 얌전해집니다.

똥팔씨 바타유는 금기사회의 동기가 노동이라고 했잖아요. 에덴동산에서 쫓겨난 후 남자는 노동해야지만 살아남을 수 있고 여자는 출산의 고통으로 하나님을 위반한 죗값을 치른다고 말이죠.

메뚝씨 바타유가 보기엔 에덴동산이 오히려 감옥이거든요. 감옥에서 밥은 주지만 섹스는 안 되잖아요. 감옥 밖에선 밥을 안 줘도 섹스는 할 수 있어요. 에덴동산에서의 탈주는 감옥으로부터의 탈주죠.

똥팔씨 에덴동산에서 쫓겨나면서 인간의 자유가 시작됐다는 거군요. 그렇다면 반대로 에덴동산에서 쫓겨났기 때문에 노동을 할 수밖에 없게 되면서, 에로티즘이 금기시되었다고도 볼 수 있지 않을까요? 노동 시간엔 섹스하면 안 되잖아요.

메뚝씨 노동 세계는 인간을 이해할 내적 체험의 기회가 없어요. 노동 시간이 길수록 인간은 인간을 오해하고 에로티즘은 마녀사냥 당할 수밖에 없죠. 먹고사는 문제가 전부가 돼 버리니까요. 바타유는 이렇게 표현했습니다.

> 오랫동안 에로티즘은 우리의 사유세계로부터 배제돼 왔다. 우리의 사유 세계가 생산성과 유용성이라는 관점인 노동주의에 초점을 맞췄던 탓이다. 음담패설의 옷을 입은 에로티즘은 오해당했기에 사유의 차원에서 승화되지 못했다.
>
> 조르주 바타유《에로티즘》

노동주의가 에로티즘을 오해케 했고, 고통과 쾌감을 분리시켰죠. 극렬한 쾌락은 엄청난 고통을 수반한다는 일원론적인 세계관을 노동세계가 몰아낸 거죠. 에로티즘은 극도의 쾌락이기에 절대적 고통인 죽음과 쌍생아이기도 해요. 한스 발둥 그린 그림을 보면 해골이 여자의 음부를 만지고 마송의 그림을 보면 벌거벗은 여인을 강탈하는 죽은 노인이 나옵니다. 고통과 쾌감은 하나라는 진실을 표현한 것이죠. 바타유가 말한 "에로티즘은 죽음까지 파고드는 삶"이라는 의미는 유독 인간만이 성행위를 에로티즘으로 승화시킨다는 뜻이고, 죽음이란 완벽한 금기에 대항할 수 있는 힘이 에로티즘 안에 있다는 겁니다.

똥팔씨 결혼이 금기가 아니라 위반의 자유가 됨으로써 행복한 삶을 연장시키는 방법이라는 구절도 흥미로웠어요.

> 법보다 강함 힘을 사랑에 부여하는 비합법적 사랑에 의하지 않고도 한 마디로 결혼한 관계에서도 깊은 사랑이 마비되지 않는 사랑이 있지 않을까.
>
> 조르주 바타유 《에로티즘》

메뚜씨 바타유 자신은 못했지만, 결혼이라는 세속적 제도를 거꾸로 이용하면, 에로티즘을 실천적으로 확장시킬 수 있다고 보았죠. 단, 부부관계에 테크닉을 연마해야죠. '지적 테크닉, 성적 테크닉, 예술 테크닉'을 자유롭게 일상생활에 실험할 수 있을 때 결혼은 자유가 될 수 있어요.

똥팔씨   보통 결혼 생활은 매너리즘에 빠지잖아요. 반복되는 일상이 부
         부관계의 단절을 만들고 거기에 우리는 적응하죠. 이 관성을
         타파하는 데 에로티즘이 도움이 된다는 거네요.

메뚝씨   양질의 반복과 습관의 숙성이 필요해요. 그러기 위해서는 지
         적 성찰과 예술적 감각을 훈련해야죠. 철학을 생활 가까이 붙
         여 바타유를 읽고, 알튀세르를 고민하고, 그들의 철학적 질문
         에 함께 대답할 때, 에로티즘은 오해없이 우리를 자유의 세계
         로 안내할 수 있습니다.

조르주 바타유

불가능이라는 사유로부터 한 수 배우기

측량할 수 없는 쾌락과 소비에 대하여

똥팔씨   슬슬 새벽이 깊어지는 만큼 바타유를 심도 있게 다뤄보는 시간입니다. 이번 철수는 어떻게 정의하셨나요?

메뚝씨   "아웃사이더의 전범"입니다. 바타유는 주류에 편승되지 않고 주변에 머물면서 주류를 표적해 괴롭혔던 지적인 아웃사이더였으니까요. 카뮈의 말따나 이방인이야말로 지적 진전을 위한 발판이며 건강한 사회를 위한 디딤입니다. 그러나 철학에서는 아웃사이더가 쉽지 않죠.

똥팔씨   철학 자체가 주변인데 그 속에서 아웃사이더를 실현하는 것은 엄청난 배짱이겠죠.

메뚝씨   바타유는 어설픈 연대를 바라지 않았습니다. 물론 파시즘에 대항키 위한 현실적 연대는 했습니다만, 사상적 연대는 하지 않았죠. 우리나라의 문단처럼 집단을 형성하는 걸 거부했어요. 문단은 문학을 신비로운 것처럼 포장하는 권력이 될 수 있거든요. 바타유가 아웃사이더로 남아 사상적 충돌을 벌이고 싶었던 이유죠. 문단이 커지면 문학의 역동성은 식습니다. 문학이라는 코드만 입혀 문학이라고 선전하게 되죠. 그런 문학에 진정한 공명은 없어요. 공감이란 미지근한 정서만이 교류될 뿐이죠. 문학을 비롯한 예술의 궁극은 아웃사이더 정신이어야만 하죠.

똥팔씨 이 시대 문학은 마사지 같아요. 불편한 부분이나 딱딱해진 부분을 말랑말랑하게 만져주고 시원하게 해주는 일시적 진통제죠.

메뚝씨 마사지에 중독되면 자생적으로 근육을 재활하기보다 타율적으로 근육을 이완하는 데 익숙해지잖아요. 오늘날 문학이 그 작용을 하고 있는 거예요. 바타유의《불가능》이나《눈 이야기》같은 탁월한 소설이 나오지 못하는 원인입니다. 쓸 수도 없거니와 막상 써도 출판 자체가 안 돼요. 문학이 죽은 거죠. 더욱 안타까운 것은 진통제로 쓰이는 예술에 익숙해지면, 아웃사이더적인 인간을 천박이나 광기라는 말을 입혀 밀어낸다는 겁니다. 그러나 철학과 인문학은 아웃사이더의 상상력을 애써 실험하는 진취적 학문입니다. 푸코와 친했던 아주 섹시한 글을 쓰는 프랑스의 철학자 롤랑 바르트는 바타유를 "텍스트성의 전범"이라 말하면서, 여태까지 없었던 텍스트를 쓴 철학자라고 하죠. 바타유를 분류할 기준이 없다는 겁니다. 그만큼 유일하고 독창적인 철학자라는 뜻이죠. 바타유가 프랑스의 지식인들 그룹이었던 텔켈 그룹에서 높이 평가되면서 프랑스에서 미국으로 건너갔고, 미국에서 우리나라로 수용됐어요. 그런데 안타깝게도 한국에서는 바타유를 진지하게 다루지 못했죠.

똥팔씨 우리가 진지하게 한 번 다뤄볼까요?

조르주 바타유

메뚝씨   그럼요. '세계에 있었으나 미처 깨닫지 못한 철학의 영광을 위해' 이 밤들을 준비한 거니까요.

똥팔씨   자, 그럼 본론으로 돌아와서 현대 철학은 욕망을 인간 이해의 중심에 두었다고 알고 있는데 바타유와 다른 철학자들과의 차이는 뭘까요?

메뚝씨   화끈한 삶이죠. 바타유는 욕망보다 쾌락에 집중했어요. 똥팔씨는 욕망과 쾌락이 어떻게 다른 것 같아요?

똥팔씨   욕망 뒤에 오는 게 쾌락 아닌가요. 욕망을 실현했을 때 느끼는 쾌감이나 성취욕이 쾌락이라고 생각하거든요.

메뚝씨   바타유가 보기엔 쾌락은 욕망의 쫄병이 아닙니다. 오히려 쾌락의 쫄병이 욕망이죠.

똥팔씨   쾌락이 욕망을 이용한다는 건가요?

메뚝씨   그렇죠. 라캉은 "욕망은 구조화되어 있다."라는 유명한 말을 하죠. 쾌락을 욕망 위에 두면 욕망은 구조화될 수 있습니다. 쾌락의 본질로 접근하기 위한 통로로 욕망이라는 언어를 차용한 거죠. 인간의 가장 깊은 곳인 쾌락을 이해하려면, 그것을 간접적으로 표현한 욕망의 통로를 이용해야 해요. 욕망 이해가 쾌락으로의 접근인 셈이죠. 또한 쾌락 원칙은 죽음과도 맞서기에 욕망보다 위험할 수 있어요. 만약 쾌락 원칙으로 세상이 설계되면, 우리는 죽고 싶어 난리 날 거예요. 쾌락을 욕망 위에 두는 것은 욕망을 철학의 중심에 두는 생각보다 파괴적입니다. 바타유는 위험한 아웃사이더였던 거죠.

똥팔씨   인간은 욕망하는 동물을 넘어선 쾌락하는 동물이라는 말이죠?

메뚝씨   인간은 느끼는 동물이잖아요. 이 느낌이 쾌락의 직접성이에
요. 직접적이기에 언어로 변환할 수 없는 경지이기도 하죠.

똥팔씨   라캉은 욕망 앞에 인간은 미끄러진다고 표현하잖아요. 욕망에
다가설 수 없고 다 채울 수 없는 빈 그릇 같은 것이라고. 바타유
와의 차이는 무엇인가요?

메뚝씨   욕망은 공간의 주변입니다. 닿을 순 없어도 언어로 표현할 순
있죠. 주변이니까요. 설계도 작성할 수 있고 이용할 수 있어
요. 반면 쾌락은 이용할 수 없어요. 쾌락은 절대적 상대성을 갖
고 있습니다. 욕망은 일반적 상대성을 갖고 있죠. 똥팔씨와 제
욕망은 상대적으로 다르지 절대적으로 다르지 않잖아요. 그러
나 쾌락은 절대적으로 달라요. 가장 극도의 주관성이 쾌락입니
다. 때문에 쾌락이 인간 이해의 본질이라는 거죠. 바타유는 코
제브의 욕망 강의를 들으면서 의문이 들었을 겁니다. 욕망이
인간에게 전부일까? 욕망의 위험을 무릅쓰고 사회의 진보를
일으키는 게 인간의 가장 위대한 작업일까? 정말? 그것을 이
루면 우리는 각기 고유해질까?

똥팔씨   그렇다면 인간이 가장 고유할 때는 자기 쾌락을 찾아 충만의
상태가 될 때인가요?

메뚝씨   쾌락은 절대적으로 상대적이기에 철학적 차원에서 정의하기가
곤란해요. 애매모호하죠. 그래서 바타유는 소설을 썼습니다.
나만이 느낀 고유한 세계를 표현할 수 있는 방법은 문학밖에 없
으니까요. 바타유가 "시는 불가능에 접근하는 유일한 방법"이

라고 정의한 이유이기도 하죠. 그러나 그 접근법을 찾으면 인간은 죽음도 두렵지 않을 포만 상태로 갈 수 있어요. 반복컨대 쾌락은 절대적으로 상대적입니다. 타인의 쾌락의 질량을 나는 잴 수가 없어요. 알아서도 안 되는 거고요. 다만 느끼는 거죠. 똥팔 씨는 자신의 쾌락 체계에서 유일하고 저는 제 쾌락 체계에서 유일합니다. 그 포만의 상태를 구조화시킬 수는 없어요. 객관적 설명이 불가능하죠. 우리는 절대적으로 이격돼 있는 쾌락이라는 본능, 즉 원칙을 갖고 있어요. 저명한 철학자의 입에 기대 자신을 평가하기보다, 나로부터 발생하는 에너지의 흐름들을 구성해보는 게 훨씬 더 철학적인 행위가 될 수 있다는 뜻이죠.

"쾌락이 욕망의 위에 있다." 그게 바타유의 핵심입니다. 그 접선은 불가능합니다. 시로써, 예술로써 밖에 구현될 수밖에 없는 거죠.

똥팔씨　그렇다면 시를 해석하려는 시도는 잘못된 거네요.

메뚝씨　최초의 접근은 해석이죠. 말도 못하는데 시를 어떻게 느끼겠어요? 아랍어를 한글로 번역하는 게 해석이에요. 다만 거기서 끝나면 안 되죠. 해석 자체가 목적이 아니라 해석 이후에 자신만이 느낄 수 있는 쾌락의 형식을 생산할 수 있어야겠죠.

똥팔씨　해석은 정답이 있을 수가 없으니 그 자체가 이미 불가능이기도 하잖아요.

메뚝씨　정답이 없죠. 아름답지만 모호해요. 인간처럼 말이죠. 체험이 이해보다 앞선다는 겁니다. 시적 체험은 아웃사이더의 체험이에요. 이방인이 되고, 낯설어지고, 죽음과 대면하는 위험한 경험이죠.

이 쾌락으로 가는 통로는 무섭고 두려워요. 때문에 에로티즘 같은 명랑한 충동이 필요한 거죠. 쾌락이 제거된 삶은 무기력한 삶입니다. 내적 충만이 없는 삶은 비극으로 끝나죠. 사회는 사람들에게 쾌락을 허가해줘야 해요. 감정의 폭동이 있어야 인간의 심연으로 다가갈 수 있으니까요. 다만 앞서 말했든 쾌락의 개방은 위험합니다. 바타유처럼 과격한 사유를 펼친 철학자가 없었던 까닭이죠. 바타유는 〈쥐 이야기〉에서 이렇게 말합니다. "나는 완전 연소의 조건 안에서만 살고 싶다."

똥팔씨   불나방이 되고 싶다는 말이네요. 확실히 활활 타오르고 완전히 연소해버리는 거죠.

메뚝씨   질질 끌며 사는 인생엔 매력이 없어요. 역경과 축복의 진폭 없이 엿가락 늘리듯이 장수하는 사회, 즉 노령화 사회는 후대에 죄를 짓는 겁니다. 일본 지금 어떻게 할 수가 없잖아요. 우리나라도 똑같이 가고 있죠. 우리라도 에너지를 응축해 완전 연소합시다. 자기만 설 수 있는 한 번의 무대에서 폭발하고, 완전 연소하고, 그 기회를 다른 사람에게 제공해야 민주주의입니다.

똥팔씨   접수했습니다. 똥파리에서 불똥파리로 진화해야겠습니다.

메뚝씨   이 완전 연소의 개념은 《저주의 몫》에서 구체화돼요. 완전 연소 후 다가올 죽음은 터부의 대상이 아니라 오히려 매혹의 대상이죠. 인간은 죽음까지 파고들고 싶어 해요. 죽음으로 접근되는 힘은 의식적 차원이 아니라 무의식적 차원이고, 욕망보다 더 큰 쾌락의 에너지가 필요하다는 거죠. 쾌락이 없으면 죽

조르주 바타유

음을 멀리한다는 겁니다. 우리가 쾌락을 계속 재생하며 산다면 죽음을 붙일 수 있는데, 쾌락을 재생하지 못하고 밀어낸다면 죽음을 멀리할 수밖에 없어요.

똥팔씨 쾌락엔 죽음을 이길 수 있는 힘이 있다는 건가요?

메뚝씨 쉽진 않지만 불가능하지도 않죠. 철저하고 과격한 인간 이해가 우선입니다. 바타유 철학은 수평축과 수직축으로 나눌 수 있어요. 수평축은 사물의 세계와 질서를 다룬 동물성의 축이고, 내밀성의 세계예요. 내밀성의 세계는 밖에서 안으로 들어오는 거죠. 반면 수직축은 종교성의 체계입니다. 동물성에 반하는 신성이에요. 이것은 외밀성의 세계죠. 안에서 밖으로 흐르는 신성을 뜻해요. 동물성에서 신성까지가 바타유 철학의 범위입니다. 수직과 수평을 모두 감당할 수 있는 자신감이 죽음을 이길 힘인 것이죠.

똥팔씨 수평축과 수직축은 모두 주관성의 세계 같아요.

메뚝씨 맞아요. 바타유는 객관적인 인식은 별반 중요한 문제가 아니라고 봤어요. 주관성의 세계가 개인과 만날 수 있으니까요. 주관성의 세계는 이해될 수 없고 체험될 수밖에 없어요. 바타유는 이것을 늘려야 한다고 주장해요. 우선 수평축의 구체는 '눈물, 고뇌, 웃음, 외침, 시' 같은 것과의 만남입니다. 차이를 생산하면서 쾌락의 진본으로 돌진하는 활동이라고 봐도 좋아요. 수직축의 세계는 '초월, 상승, 종교, 철학'과 같은 것들과의 교우죠. 이 두 축의 극단까지 나아가는 것이 존재의 두께입니다. 세계의 질량이기도 하겠죠.

똥팔씨   어디까지 갈 수 있을까요? 그 한계가 어디쯤일까요?

메뚝씨   없어요. 동물성의 끝에는 죽음이 있고, 신성의 끝에는 신이 있어요. 동물성을 뛰어넘으면 금기의 세계가 사라지고 신성을 뛰어넘으면 신을 죽이는 거예요.

똥팔씨   그렇다면 한계가 없는 것을 표현할 방도는 없을까요?

메뚝씨   시가 있죠.《저주의 몫》에선 이렇게 표현돼 있습니다.

> 시적 소모는 신으로 하여금 가장 기만적 행위, 비참함, 절망과 현기증, 분노 외에는 아무것도 없는 일관성 없는 환경을 추구한다. 종종 시는 오직 자신의 파멸을 위해서만 단어를 사용할 수 있을 뿐이며, 오물이 삶에서 배척받듯이 사회로부터 철저히 배척받을 운명을 선택하느냐, 아니면 저속하고 피상적인 운명에 만족하는 평범한 삶을 사느냐 둘 중 하나를 선택해야 한다.
>
> 조르주 바타유《저주의 몫》

똥팔씨   사실상 시는 우리 생활에 유용하지 않은, 다시 말해 아무런 쓸모가 없는 것인데 어떻게 인간을 도약시키는 핵심이 되죠?

메뚝씨   지구에 사는 인간은 제 존재에 필요한 몫보다 쓸데없이 많은 태양 에너지를 받아요. 지나치게 많은 에너지를 받다 보니 제때 소비하지 못하면 폭발할 수밖에 없어요. 그래서 《저주의 몫》이죠. 바타유는 소비를 적기에 하지 못하면 전쟁이 일어난다고 주장했어요. 물론 당시에는 세계대전이라는 크나큰 전쟁이 있었지만, 이 진단은 오늘날에도 유효해요. 성장 중심주의의 끝은 전쟁입니다. 성장이 중요한 게 아니라 어떻게 우리의 과잉에너지를 소모하고 소비시킬 수 있을까를 고민해야 하죠. 국가는 우리에게 소모할 수 있도록 복지를 늘리고 축제와 잔치를 열어, 완전 연소할 수 있는 계기를 제공해야 하죠. 완전한 소비 속에 인간의 도약이 있어요.

똥팔씨   국가에 국한된 경제적 관점에 바라보지 말고 지구적 차원에서 경제를 바라봐야 전쟁이라는 절대 비극을 막을 수 있겠네요.

메뚝씨   바타유는 "외적 폭력"과 "내적 폭력"을 구분해 설명합니다. 내적 폭력은 개인적 차원의 폭력이고 외적 폭력은 사회적 차원의 폭력이죠. 이 폭력이 외부로 표출되는 행위가 소비예요. 따라서 소비는 하나의 폭력이며 폭력은 인간은 본질입니다. 비폭력의 인간 세계가 가능하다는 진단은 허구죠. 인간의 동물성은 지울 수 없는 본능이고 그리하여 내적 폭력은 거세할 수 없어요. 폭력의 긴장을 다스리고 이완시켜야 하는 거죠. 내적 폭력에 대한 탄력적인 제도만이 외적 폭력을 막을 수 있습니다. 내적 폭력을 소모시키지 못하면 외적 폭력이 도래해 전쟁이 일어나게 되어 있죠.

똥팔씨   예컨대 1980년대 우리나라의 폭발적인 민주화 열기는 외적 폭력을 막기 위한 내적 폭력이었고 그 에너지 소비 덕분에 우리나라가 진전할 수 있었다는 거네요.

메뚝씨   80년대 거리가 뜨거울 수 있었던 이유는 당대 젊은이들이 탁월했기 때문이 아니라고 저는 판단해요. 그때 청춘들은 여유 시간이 많았어요. 내적 열망을 소비할 여유가 있었죠. 반면 오늘날의 청춘들이 사회를 비판적으로 바라보지 못하는 이유는 열정이 식은 것이 아니라 삶의 여유가 없기 때문입니다. 내적 폭력을 소비할 틈이 없어요.

진보 진영 중에는 암암리에 80년대를 그리워하고 그때의 청춘을 위대한 존재라 정의하는 개떡 같은 인식이 있어요. 그럼 지금 태어난 애들은 불량품입니까? 80년대는 노동시간이 줄어들 때였어요. 도시의 노동시간이 축소될 때 혁명이 일어날 수 있었던 거죠. 박정희 대통령이 죽고 전두환 대통령은 사람들에게 쾌락을 허용할 틈을 주었으니까요.

똥팔씨　박정희 대통령은 엄청나게 노동시켰잖아요.

메뚝씨　그러니까 사람들끼리 응축할 수 없었죠. 노동시간이 줄어야 비판적 인식이 폭발할 수 있어요. 문화는 노동시간의 감축과 함께 꽃핍니다. 90년대를 그린 드라마 〈응답하라 1994〉처럼 대중문화가 탁월할 수 있었던 것은 완전 연소할 소비가 가능했기 때문에요. 우린 조금 겪었잖아요. 에로영화도 보고, 파격적인 문학작품도 접하고, 뜨거운 대중문화로 삶을 화려하게 태울 수 있었죠. 〈애마부인〉 같은 명작도 있었고요.

똥팔씨　〈애마부인〉을 명작이라고 해도 될까요? 삼류 성인 영화 아니에요?

메뚝씨　〈애마부인〉은 우리나라 영화 중 꼭 봐야 할 100대 명작으로 분류돼 있어요. 아주 위대한 영화입니다. 꼭 보세요. 저는 중학교 때 영화관에서 봤어요. 크게 봐야 좋습니다. (웃음) 〈애마부인〉이나 〈원초적 본능〉 같은 영화는 조그만 모니터로 몰래 보면 맛이 안 나요. 극장에서 여럿이 보아야 마치 축제에 참여하는 느낌을 받을 수 있죠. 이런 식의 소비는 세계 평화에 기여할

조르주 바타유

수 있으니 맘 놓고들 보세요. 성장을 위한 생산이 아니라 완전한 소비를 통한 쾌락의 발산이 경제적으로도 중요한 거죠. 창고에 물자를 쌓아 놓으면 언젠가는 폐망합니다.

물론 눈치를 보며 사는 상품은 완전 연소를 위한 소모가 아닙니다. 목적 있는 소비니까요. 목적 없는 소비가 중요합니다. 내가 가진 모든 걸 털어 넣는 과감함을 배워야죠. 다 털어 버릴 때 우리는 내적 평화를 얻을 수 있습니다. 그래서 스님들이 머리 깎고 산속으로 들어가는 거예요. 그래야 내적 체험 상태로 깊숙하게 빠져 들어갈 수 있어요. 이 신비 체험을 통해 존재의 범주를 넓힐 수 있어요. 이게 바타유가 말한 아주 독특한 경제학이에요. 이른바 소비의 경제학이죠.

똥팔씨   1930년대는 경제공황 상태였는데 어떻게 이런 생각을 할 수 있었을까요?

메뚝씨   그 유명한 뉴딜정책과 같은 맥락이에요. 구조조정으로 기업의 효율성을 높이는 정책으론 공황을 해결할 수 없어요. 사람들의 소비 능력을 키우는 것이 경제 위기를 타개할 핵심입니다. 경제가 어려울수록 소비를 늘려야 자본주의 또한 평화를 찾을 수 있는 거죠. 인간은 소비하는 동물입니다. 이것을 차단하면 전쟁은 필연이에요. 바타유를 위험한 철학자라고 말하면 안 됩니다. 우리 후대가 외적 폭력에 희생될 수 있어요.

똥팔씨   소비가 생산보다 중요하다는 바타유의 주장은 위험하면서도 매력적이네요. 특히 오늘날 시사하는 바가 큰 것 같습니다.

메뚝씨 　혹시 영화 〈연인〉 보셨나요? 《이질성의 철학》이라는 책에서 그 영화 시나리오 작가인 마르그리트 뒤라스의 말을 이렇게 인용했어요.

> 세월은 지나가고 사람들은 언젠가 바타유를 이야기할 수 있을 날이 올 거라는 환상을 여전히 품고 있다. 그들은 이 환상 때문에 그의 가장 중요한 저작을 실제로는 결코 만나지 않는다. 꼭 이루었으면 하는 소망이 하나 있다. 젊은 세대가 우리를 위해 그것을 해주었으면. 우리는 감히 엄두도 못내는 일을 해주었으면. 우리가 해주기를 기다리지 않고 해주었으면. 젊음과 씨름하는 일을.
>
> 줄리언 페파니스 《이질성의 철학》

바타유를 통해서 우리는 조금 더 화끈한 삶이 가능성의 본토를 찾을 수 있다고 저는 과감하게 말하고 싶습니다.

▌ 바타유로 가는 길

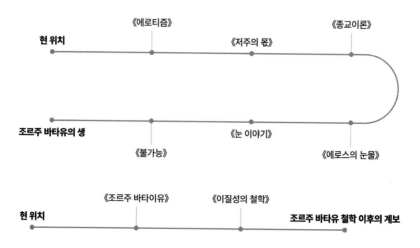

조르주 바타유

바타유 철학은 《에로티즘》과 《저주의 몫》에 집약돼 있습니다. 《에로티즘》의 경우 마송의 그림과 〈원초적 본능〉을 세밀하게 보면서 읽으면 강렬한 느낌을 전달 받을 수 있습니다. 영화 〈애마부인〉과 〈연인〉을 보면서 책을 접해보는 것도 좋은 방법입니다. 남자 분들은 넘치는 내적 열기에 도발적 사건이 발생될 수 있으니 유의하셔야 합니다. 매음굴 같은 어둑한 곳에 가고 싶은 열망이 들 수도 있으니까요.

《저주의 몫》은 경제학 책이지만 경제학적 용어를 몰라도 읽을 수 있습니다. 《종교이론》이란 소책자와 함께 보시면 이해가 빠릅니다. 《에로티즘》과 《저주의 몫》을 보셨다면 심화 편으로 《에로스의 눈물》을 살펴보세요. 죽음의 역사와 에로티즘과의 관계 및 인간이 신성에 도전하려는 열정을 이해하는 좋은 기회가 되며 심금을 울리는 문장들에 감동을 받을 수 있습니다.

바타유의 철학에 깊이를 느꼈다면 본격적으로 그가 쓴 소설을 접할 것을 추천합니다. 《불가능》이란 책이 가장 편히 접할 수 있을 텐데요. 《눈 이야기》를 먼저 접하는 것이 좋겠지만 절판돼 구하기가 쉽지 않습니다. 9,000원짜리 책이 20,000만원에 거래되고 있으니(인터넷 서점 중고가 기준) 완전 소비를 위해 지갑을 여는 것도 바타유 사상에 접근하는 좋은 길이 되겠죠. 무모한 소비는 온전한 쾌락으로 가는 지름길이니까요.

국내에 바타유를 소개하는 책은 유기환의 《조르주 바타이유》와 줄리언 페파니스가 쓴 《이질성의 철학》이 있습니다. 바타유의 생은 앞 책을 살펴보고 바타유 철학 이후의 계보는 뒤의 책을 보시면 도움이 됩니다. 좋은 책이라 섣불리 말하긴 어려워 구매보다는 도서관에서 빌려보시는 것을 추천합니다. 두 책은 바타유를 신화로 만든 경향이 있어 차라리 원서를 사서서 고이고이 보관하시는 편이 바타유 철학을 체험하는 실험일 수 있는 탓입니다.

가 라 타 니 고 진

Go 進!

행동이 빠진 지적 유희에 대하여

똥팔씨   우리는 대한민주주주의 공화국에 살고 있죠. 요즘은 많이 흔들린 듯도 합니다만, 민주주의 체제에 살고 있다는 생각을 버릴 수는 없을 듯합니다.

메뚝씨   똥팔씨에겐 안타깝지만 버려야 한다는 게, 오늘 밤 다룰 철수의 주장이에요. 우리가 장착한 민주주의라는 관념은 틀렸다고요.

똥팔씨   보통 사람들은 민주주의에 대해 구체적으로 가늠하지 않는데 어떻게 틀렸다고 말할 수 있죠?

메뚝씨   민주주의에 대한 날카로운 개념은 없어도 공산주의라 불리는 타자와 대립되고 체험된 민주주의는 갖고 있어요. 우리나라 공산주의는 세계사 속 그것과 다르고, 민주주의 또한 독재자가 주조해낸 지배이념에 불과하니까요. 민주주의에 대한 역사적 경험과 현실적 체감이 부족한 한국 상황은 민주주의가 실현하고픈 세계에 대한 상상력을 잃게 만들기도 하죠.

똥팔씨   민주주의가 공산주의보다 월등한 이념 체계라고 믿고 있는 사람들도 많죠.

메뚝씨   정치 시즌마다 반복되는 북풍이 그 증거예요.

똥팔씨   맞아요. 민주주의를 찾는 사유는 시급한 문제이기도 하겠네요.

메뚝씨   그 민주주의가 어디 갔을까요? 숨바꼭질하고 있어요. 빨리 찾아야겠죠.

똥팔씨   그래서 오늘 밤 우리와 민주주의를 찾아갈 철수는 일본의 살아 있는 비평가이자 독창적 사상가로 명성이 높은 가라타니 고진입니다. 저는 고진을 메뚝씨 소개로 알게 되었거든요. 메뚝씨는 언제 고진을 접하게 됐죠?

메뚝씨   2005년이었어요.《탐구1, 2》를 읽으면서 말이죠. 그 책에 "목숨을 건 도약"이란 개념이 나오는데 엄청나게 멋진 표현이라는 생각에 지적 허영을 떨었었죠. 지금은 반성하고 있습니다. 제대로 고진의 사상을 깨닫지도 못했으면서 세계적으로 유행하는 스타 사상가의 입을 빌려 지성인처럼 보이고 싶었어요.

똥팔씨   고진이 워낙 매력적인 사람이라 그랬을 수도 있겠죠.

메뚝씨   물론 지적 겸손이 통찰의 기본기라고 믿진 않습니다만, 고진에 대해 깊이 있는 독해가 되지 않았던 과거를 돌아보고 제대로 고진을 이해하고 싶습니다. 고진을 이야기하는 지금 이 시간이 제게도 중요한 이유죠.

똥팔씨   그럼 고진의 생으로부터 우선 이해를 시작해보죠. 살아 있는 사상가인 터라 자료가 별반 없습니다. 전기도 없고 생을 정리한 책도 드물죠. 나름 철저히 조사한다고 작심하긴 했는데 미력한 부분이 있을 듯 해요.

가라타니 고진은 1941년에 태어났습니다. 도쿄 동경대 경제학부 출신이에요. 고진이 경제학을 전공했다는 사실을 저는 이번에 알았어요. 미국에서 콜롬비아 객원교수도 했고 대학에서 많은 직함도 얻었지만 자기는 교수로 불리고 싶지 않다고 하더라고요.

메뚝씨   국가와 기관을 부정하는 이 분에게도 지겨운 밥벌이 문제가 절실했던 모양이에요.

똥팔씨   한국에 고진을 가장 열렬히 보급한 작가이자 평론가인 조영일 씨는 고진을 아나키스트라고 칭합니다. 그런데도 어떤 조직에 속해있다는 게 의아하긴 해요.

메뚝씨   아나키스트와 대학교수는 어울리지 않는 모양새이긴 해요. 국가를 비판해도 국가 속에서 비판할 수밖에 없는 현실이 우리의 생을 협소하게 만듭니다. 만약 고진이 최소한의 생을 긍정하며 검박한 생활 속에서 자신의 철학을 전개했다면, 더 매력적일 수 있겠죠. 물론 그만큼 사유와 생을 일치시키기란 다난한 문제입니다.

똥팔씨   생과 사유의 일치가 "목숨을 건 도약"이 아닐까요.

메뚝씨   목숨을 걸 만큼 까다로운 문제가 사유와 생을 붙이는 거죠. 어려운 만큼 궁극의 철학이기도 합니다. 물론 치열하게 알면서 소박해지는 삶과 무지 속에서 검소한 삶은 달라요. 전자는 창조적 영토를 구축하는 적극적 삶이고, 후자는 체제에 순응하는 소극적 삶이니까요. 적극적으로 사유하고 검소하게 비울 수 있는 삶이야말로 인간이 추구하는 아름다움의 최종점이라고 생각해요.

똥팔씨 제가 철학에 미련이 깊은 이유도 여기에 있는 것 같아요. 적극적으로 살되 검소한 생을 실천하고 싶거든요.

우선 고진을 세 가지 카테고리로 분류할 수 있겠더라고요. 첫 번째 문학 비평가로서 고진입니다. 《일본 근대문학의 기원》이 시작이죠. 고진을 세상에 알린 책이기도 합니다. 《일본 근대문학의 기원》에서 《일본 근대문학의 종언》까지가 고진의 문학비평가로서 활동 시기라고 볼 수 있겠는데요. 《일본 근대문학의 기원》에서 중요한 개념은 내면입니다. 흔히 인간 내면에 집중한 예술 형태가 문학이라고 알고 있지만, 사실은 근대 구조가 내면을 발견했다고 고진은 주장하죠.

메뚝씨 문학은 옛날부터 존재한 예술이 아니라 근대가 발명한 임의적인 조작물이고, 그 발명품의 시기는 끝났다고, 고진은 규정해 버리죠. 푸코는 인간을 죽이고, 니체는 신을 죽이고, 고진은 문학을 죽였어요. 철학은 이렇게 하나하나 죽이면서 자기 사상을 독창적으로 만들어 갑니다.

똥팔씨 우리도 뭘 죽여야 하지 않을까요?

메뚝씨 걱정마요. 인문학과 예술엔 아직 죽일 거 많습니다. 미술도 죽여야 하고, 건축도 죽여야 하고, 역사도 죽여야 해요. 죽음은 새로운 탄생의 조건이니까요.

똥팔씨 아직 죽일 게 가득하다니 마음이 좀 놓이네요. (웃음) 자, 이렇게 문학비평가로서 세계적 명성을 얻은 고진은 문학 외부로 사상의 폭을 넓히게 되죠.

메뚝씨 　문학비평가로서 고진의 생이 빛나는 시기였죠. 경제학에서 배운 수학적 도식을 문학작품에 도입해 작품을 세밀하게 분석하는 영민한 글쓰기 솜씨를 보여줍니다. 《일본 근대문학의 기원》은 문학비평의 고전이 될 만해요. 우리나라 대학에서 가장 많이 인용된 책이기도 하고요.

똥팔씨 　고진을 분류하는 두 번째 카테고리는 인문학적, 사상적 비평가로서의 활동입니다. 고진은 사상적 비평가로서 자신의 이론을 확장하는 데 마르크스와 칸트를 데려오죠.

메뚝씨 　어울리지 않는 두 명이죠.

똥팔씨 　이 두 사람을 중심으로 사상적 비평가로서 활동을 하는데 출발점이 《마르크스 그 가능성의 중심》이에요.

메뚝씨 　에세이로 철학서를 썼어요. 우리나라 같았으면 학계에게 욕을 바가지로 먹었겠죠. 논문 형식을 버린 논문집입니다. 이 책에 "목숨을 건 도약"이란 개념이 나와요. 제가 처음 고진의 매력에 퐁당 빠진 책이기도 하죠. 매우 공격적이고 비판적인 책이에요. 통상의 철학사를 무시한 자기만의 도식을 만들어낸 도발적인 책이죠. 이때까지만 해도 고진의 글쓰기는 자객처럼 은밀하고 무서웠어요. 상품의 존재 방식과 인간의 존재 방식이 같다는 주장이 여기에 나옵니다. 상품 분석이 인간 분석인 셈이죠.

똥팔씨 　팔려야 인간이라는 거군요.

메뚝씨   맞습니다. 오늘날의 인간은 팔리지 않으면 존재 자체가 없는 것이 돼 버리죠. 때문에 자본주의에서 인간은 목숨을 건 도약을 진행해야 해요. 제 생의 독창성을 세계의 구조에 맞춰야만 유통될 수 있으니까요. 그렇지 않으면 우리 모두는 살아 있어도 존재하지 않는 좀비인 거예요.

똥팔씨   문학에서 자본주의로 고진 사상이 이행한 목적이 이것이겠네요.

메뚝씨   문학이 끝난 시대를 만든 조건을 분석하고자 했죠.

똥팔씨   그래서 사상적 비평가로서의 두 번째 책 제목이 《탐구 1, 2》 시리즈였군요.

메뚝씨   그 책 또한 매우 공격적이고 날카로운 사회 비평서예요. 강렬해서 단숨에 읽어버리고 싶은 충동을 자극하죠. 고진은 《탐구》를 통해 상품과 인간의 등가성에 대해 독창적인 사유를 전개해요. 비트겐슈타인을 데려오면서 고진은 언어가 작동하지 않는 범주 바깥에 인간이 존재할 수 없게 된, 근대적 맥락을 분석하죠. 타자를 사라지게 한 거대 폭력을 고발하고 이를 수 없는 타자의 세계로 나아가는 주체의 역량에 대해 희망하죠. 할 수 없는 것을 시도할 가능성의 탐구가 존재의 기반이라는 겁니다.

똥팔씨   그 기반을 구축하려고 변신을 한 것일 수도 있겠네요. 비평가에서 사상가로 말이죠.

메뚝씨   그렇죠. 비평을 버리고 자신만의 독특한 사상을 창조하려는 고진의 욕망은 새로운 개념을 통해 신세계를 실현하려는 철학적 목표이기도 해요.

똥팔씨   비평가로서의 마지막 책은《트랜스크리틱》입니다. 비평가라는 타이틀을 버리고 사상가 혹은 철학자로 발돋움하는 시기였어요.《철학의 기원》에서 고진은 "체계적으로밖에 말할 수 없는 것들에 대해서 도전하겠다. 그래서 나는 체계적으로 나의 사상을 말하겠다."라고 씁니다.《트랜스크리틱》이후에《세계사의 구조》를 펴내면서 비평가에서 철학자로 진화하려는 고진의 노력이 눈에 띄죠.

메뚝씨   문학비평가, 사회비평가, 사상가로 정체성을 변신하는 삶의 궤적이 고진의 인생이에요. 자신의 학문적 진화가 생의 전환과 잇닿아 있죠. 그는 누구보다 사유하는 임무에 충실했어요. 보통 철학자나 사상가는 자기 철학을 구축하고 그것을 바탕으로 비평을 시작합니다. 지젝도 "나는 헤겔주의자다."라며 사상을 먼저 밝히고, 거기서 파생되는 이론적 틀로 영화와 문학을 비평했죠. 반면 고진은 거꾸로 문학과 사회를 비평하고 나중에 그 체계를 형식화해요. 고진 책에서 앞뒤가 안 맞는 논리가 전개되는 이유가 여기에 있죠. 그는 책을 쓰면서 진화했거든요.

똥팔씨   "어떤 철학자나 사상가도 모순을 품고 있지 않은 사람은 없다. 그래도 그것을 끝까지 밀고 나가는 게 철학자와 사상가의 역할"이라고 매번 주장하셨잖아요. 고진의 급진적 글쓰기가 그 전범이 될 수 있겠네요.

메뚝씨   고진의 날카로운 글은 자신이 체험한 세계를 그대로 반영해요. 글쓰기의 스타일이 매번 달라지죠. 그는 자본주의의 허울과 망상을 깨고 존재가 추락하는 원인을 찾고자 했어요. 처음엔 문학이 자본주의 허울의 중심에 있다고 느꼈지만, 철학자로 변신한 이후 경제를 최우선 과제로 둡니다. 엘리트 사회에 대한 체험에서 민중에 대한 체험으로 전환한 결과기도 하죠. 그는 늘 사람들 속에서 고민하고자 하는 행동주의자 기질이 있어요. 고진의 팬덤이 단단한 이유죠. 고진 사상의 핵심은 협동조합운동입니다. 그 얘기하려고 이 먼 길을 뺑뺑 돌아서 똥팔씨를 괴롭혔네요. 그러나 그는 핵심을 정확하게 보았어요.

똥팔씨 　협동조합운동은 마르크스도 중요하게 생각한 부분이잖아요.

메뚝씨 　마르크스의 협동조합운동은 기존 시스템을 붕괴하는 수단이고 고진은 협동조합 자체가 목적이에요.

똥팔씨 　그렇다면 고진에게 문학에서 협동조합운동으로의 전환은 학문적 단절이 된 건 아닌가요?

메뚝씨 　그렇지는 않아요. 고진이란 이름 자체가 '행인'이란 뜻이에요. 그는 비평에서 철학으로 거리를 지나듯 끈질기게 걸어왔어요. 변화의 과정을 중시하겠다는 의지로 이름을 바꿨거든요. 초기 고진은 나쓰메 소세키 소설을 분석하면서 비평가로서 명성을 날리죠. 소세키 정체성은 인간 내면에 집착하는 과정이거든요.

똥팔씨 　고진이라는 이름이 소세키 소설의 주인공 이름이기도 한데 사실은 화장실에서 갑자기 생각나서 썼다고 하더라고요.

메뚝씨 　자신은 아니라고 주장해도 아닌 게 아닐 수 있어요. 내 의도가 진실의 근거가 될 수 없다는 주장을 자신의 이름을 바꾼 과정으로 풍자한 것이죠. 의도는 사후적으로 재구성해낸 고백입니다. 믿을 수가 없는 언어죠. 내 의식의 재구성은 자기에게 유리한 쪽으로 용서받을 근거를 생산하려는 조작 활동이에요. 이게 모든 인간의 마음이라고 고진은 말해요. 거기에 도덕적 잣대란 없습니다.

과거는 현실의 개입을 통해 재구성된다는 현대 철학의 기본 명제가 고진에게도 있습니다. "역사는 발명되는 것"이라는 발터 벤야민의 주장이기도 해요. 푸코도 얘기했고, 포스트구조주의자들의 기본적인 아이디어죠. 고진은 이 선진화된 철학을 데려와 동양과 일본의 현실을 구석구석 자객처럼 찔렀어요. 내면의 풍경에 천착하는 동양적 신비주의를 공격한 거죠. 그런 철학은 민주주의와 어울리지 않습니다. 민주주의는 다수의 만족을 위한 투쟁의 장이에요. 사적 만족으로 끝나면 철학은 난쟁이가 돼요. 때문에 고진은 철학을 민주주의에 유용한 형식으로 재편하고 싶어 했어요.

똥팔씨　고진의 민주주의 부분은 고진의 세 번째 카테고리로 《세계사의 구조》와 《철학의 기원》이 핵심이죠.

메뚝씨　고진의 생에서 중요한 부분은 그가 늘 대중 곁에 있었다는 겁니다. 그는 광적인 대중의 지지를 받았고 일본 서점엔 고진 코너가 있었을 만큼 베스트셀러 작가기도 하죠. 우리나라의 유시민이나 강신주 같은 인물들과 유사한 팬덤을 가졌지만, 고진이 그들보다 독창적이고 매력적인 글쟁이라고 볼 수 있어요. 일본보다 우리의 지적 기반이 약하다는 근거기도 하겠죠.

똥팔씨   지식인이 대중의 지지를 받는 건 행운인 것 같아요. 누구에게
        나 주어지는 건 아니잖아요. 또 그런 대중의 지지라는 힘을 활
        용하면 세상을 바꾸는 데 기여할 수도 있지 않을까요?

메뚝씨   그래서 고진은 협동조합운동에 적극적으로 참여하기도 하고,
        세계사적 사건 현장에 사르트르처럼 목소리를 높이기도 해요.
        그로 인해 상처도 많이 받았죠. 우리나라 지식인들이 배워야
        할 덕목입니다. 한국엔 마이크 앞에선 용기 있게 말하는 지식
        인은 있어도 제 철학을 현실적으로 실천할 정도로 용기있는 사
        람은 드물어요. 아쉽게도 한국의 지식인들은 대중의 지지를 민
        주주의로 이행하는 데 서툴죠. 사적 쾌락이 공적 쾌락보다 큽
        니다. 행동이 빠진 지식은 협소한 유희로 끝날 수 있어요. 고진
        의 저 강도 높은 공적 쾌락을 한국의 지식인들이 배웠으면 좋
        겠습니다.

똥팔씨   메뚝씨도 배워서 행동을 해야 하지 않겠어요?

메뚝씨   전 철학'도'잖아요. 철학'자'가 아니니까 괜찮아요. (웃음)

가라타니 고진

당신이 살고 있는 곳은 민주주의인가?

민주주의의 기원과 혁명가로서의 철학자에 대하여

이곳에서 할 수 있는 건 다 했어. 꽃이 피면 돌아갈게. 집(home)을 떠난 스티븐이 지상 75m에 집(house)을 짓는다. 하늘에 올라가니, 광장이 펼쳐진다. 온갖 축제가 그곳에서 열린다. 깃발이 나부끼다가, 벌떼 같은 동지들이 모여들다가. 촛불로 가득하다가, 지독하게도 깜깜하다. 광장에 고여 든 사람들이 희망처럼 보이던 때가 있었다. 스티븐이 눈을 비벼가며 찾았다. 하늘을 올려다보는 이가 있다면, 그를 향해 외치리. 헐어버린 목소리를 듣는 이에게는 입을 맞추리. 아무도 없어서 스티븐은 내려갈 수가 없었다. 꽃이 피면, 돌아갈 줄 알았다. 하늘로 올라오면, 집(house)에서 집(home)으로 돌아갈 줄 알았다. 363일이 지났다. 363일 전과 오늘의 풍경이 같다고 생각됐을 때, 스티븐은 내려왔다. 광장에 꽃이 피었고 누구인가 다시 하늘로 올라갔다고 했다. 달라진 것은 없다.

—이겨레

똥팔씨　슬슬 민주주의를 파볼까요? 지금은 민주주의가 흔들리는 시기라 그 기원을 찾고 싶은 충동이 거센 듯 보여요.

메뚝씨　민주주의의 기원하면 그리스 아테네라고 알고 있죠. 그러나 고진은 민주주의의 기원이 '이오니아'라고 해요. 지중해 동쪽에 터키와 시리아가 있는 곳이죠. 이오니아의 어원은 오리엔트예요. 해가 뜨는 찬란한 땅이라는 뜻이죠. 철학사를 딱 펼쳐보면 제일 처음으로 등장하는 철학자가 탈레스입니다. 탈레스가 태어나고 자란 곳이 이오니아 지방의 밀레투스예요.

똥팔씨   아~ 이오니아가 철학의 기원이 발생한 곳이라는 주장에도 타당성이 있네요.

메뚝씨   이오니아의 철학을 자연철학이라 부르고 아테네 철학을 인본주의 철학이라 하죠. 여기서 아테네가 이오니아 철학을 반성적으로 수용하면서 철학이 시작됐다고 흔히 알고 있어요. 이때 소크라테스가 등장해요. 소크라테스의 숭고한 죽음은 지금까지도 우리에게 전하는 바가 크다는 게 상식적으로 알고 있는 민주주의 기원이죠. 그러나 고진은 이와는 정반대의 입장에서 민주주의를 추적하죠.

똥팔씨   미묘하게 고진이 민주주의의 기원을 추적하는 이오니아 지역이 그리스의 식민지였네요.

메뚝씨   대부분이 식민지하면 탄압의 장소라 생각하는데 이오니아는 달랐어요. 새로운 곳으로 이주해 터를 잡은 사람들이 자유롭게 모인 장소죠. 씨족을 버린 사람들의 새로운 공동체이기도 했죠. 꼭 초기 미국과 같이 자발적으로 구성된 국가였어요.

똥팔씨   고진은 이오니아 지역 사람들이 살아가는 삶의 모습과 형태를 추적하면서 민주주의의 기원을 다시 찾고자 했던 것 같아요.

           가라타니 고진

메뚝씨 　우리가 민주주의를 고민할 때 표적이 되는 지점은 늘 아테네예요. 민주주의라는 정치시스템을 비춰주는 거울이잖아요. 아테네를 규정할 때 보통 직접민주주의라 하죠. 그러나 고진이 보기엔 아테네는 민주주의의 원본이 아닙니다. 아테네엔 직접 민주주의가 실현되지 못했다는 거예요. 아테네에는 약 30만 명이 살았는데 그 수만큼의 노예가 있었어요. 그들을 시민이라 불렀죠. 시민들은 직접 정치에 참여할 수 있었으나, 그 주권을 행사하기 위해선 노예가 필요했어요. 많은 사람이 발언권을 행사할 수 있었기 때문에 오늘날 국회보다 자유로운 정치는 가능했지만, 고진이 보기에는 간접민주주의의 하나일 뿐이죠. 선택받은 시민만이 정치에 참여하는 방식은, 그 숫자가 아무리 많다고 해도 옳은 정치가 아니거든요. 고진은 아테네가 민주주의의 원본인 것이 마음에 차지 않았어요. 그래서 자료를 추적해 역사를 재구성했죠.

고진에 따르면 민주주의의 기원은 아테네가 아니라 이오니아예요. 평등한 정치 참여는 이오니아 지방에서 먼저 실현됐죠. 그러나 아테네가 제국주의 독식을 위해 이오니아를 강탈하면서 민주주의가 무너졌어요. 그것을 회복하기 위해 소크라테스가 나타난 겁니다. 소크라테스는 아테네에 무너진 민주주의를 복원하려고 한 투쟁가였던 셈이죠.

똥팔씨 　독배를 마시며 "악법도 법이다."라고 했던 그 유명한 소크라테스가 사실은 거리의 투쟁가였다고요?

메뚝씨 네. 고진이 보기에 소크라테스는 이오니아를 사랑했던 자연주의 유물론자였어요. 엄청나게 도발적인 주장이죠?

똥팔씨 심지어 소크라테스가 소피스트라는 말도 했다던데요.

메뚝씨 소크라테스야말로 진정한 소피스트예요. 물론 종류가 다른 소피스트이기는 하죠. 여기서 소피스트는 오늘날의 지식인이에요. 고진의 주장은 역사가 반복된다는 거예요. 자유주의와 제국주의는 18세기 이후부터 순환하는 역사적 현상이죠. 제국주의 말기에 자유주의가 오고 자유주의가 커지면 위기가 와 다시 제국주의적 경향이 나타나요. 우리가 지금을 민주주의라 착각하고 있지만 사실은 자유주의 말기예요. 제국주의가 도래할 시점이죠. 이오니아가 망한 후 아테네에 제국주의가 왔듯이 말이죠.

똥팔씨 그럼 자유주의 혁명은 진짜 혁명이 아닐 수 있다는 거네요?

메뚝씨 그렇죠. 민주주의는 자유주의가 아니에요. 자유주의 혁명 뒤엔 반드시 제국주의가 도래합니다. 그 사실을 인지한 소크라테스는 목숨을 걸어 막고 싶었던 거예요. 소크라테스가 보기에 아테네는 민주주의가 아니라 자유주의 국가였어요. 한사람이 국가를 지배하면 제국주의고 여러 사람이 지배하면 자유주의입니다. 교과서엔 그 자유주의의 절정기인 페리클레스 시대 때가 민주주의의 완성체라고 박혀있어요. 고진이 보기엔 이게 역사적 사기죠. 페리클레스가 주도했던 50년의 아테네 황금기는 사실 노예들을 착취하며 만들어진 간접민주주의일 뿐이라는 겁니다.

똥팔씨   약탈을 통해 얻은 이념을 갖고 재분배하는 시스템이네요. 아
       테네가 페르시아 전쟁에 승리해서 델로스 동맹을 결성한 뒤 주
       변 도시국가들을 삥 뜯어서 자기 국가 시민들에게 나눠준 거잖
       아요.

메뚝씨   아테네 의회에서 시민들이 자유에 대해 떠들고 있을 때 광장에
       서 다수의 민중들은 죽어가고 있었어요. 광장의 위치는 시장
       바깥입니다. 국민과 이방인의 완충지대에 시장이 있어요. 누
       구나 시장에 가려면 광장을 건너야 해요. 그런데 당시 아테네
       는 광장 우회로를 뚫었어요. 외각순환도로로 이동하니 시민들
       은 광장을 볼 필요가 없었죠. 광장을 지나는 사람은 외국인과
       노예들, 피수탈자들 밖에 없었어요. 소크라테스가 광장에서
       민주주의를 외치며 정치적 행각을 편 이유죠. 의회가 아니라
       광장에서 떠드니까 대중의 지지를 받았고 아테네 기득권 세력
       들은 긴장하게 되었어요. 광장에 있는 사람들이 민주주의를 각
       성하면 기득권 세력들이 지켜왔던 아테네의 제도를 유지할 수
       없잖아요. 혁명을 일으킬 테니까요.

       소크라테스는 "악법도 법"이라는 국가 제도를 지키기 위해 죽
       은 애국자가 아니라 사회적 약자들의 편에 선 열사였던 겁니
       다. 데모해서 죽은 거죠. 저는 소크라테스와 전태일은 같은 사
       람이라고 봐요. 전태일 열사가 돌아가신 이후부터 노동자라는
       호칭이 부끄럽지 않게 됐잖아요. 소크라테스도 아테네의 노동
       자들에게 전태일과 같은 각성을 일으킨 혁명가였던 거죠.

똥팔씨   소크라테스가 처음 기소된 이유가 헤르메스신의 동상을 부쉈
       다는 이유였다죠. 신성모독이었잖아요. 물론 이 부분은 증거

불충분으로 풀려났지만, 아테네 젊은이들을 타락시켰다는 죄목이 또 들러붙죠. 플라톤의 대화편에서도 손꼽히는 저작인 《소크라테스의 변명》이 당시 재판에서 소크라테스가 자신을 변론하는 내용을 담고 있어요.

메뚝씨   아테네 젊은이들을 타락시켰다는 죄목에서 소크라테스는 죽기 위해 달려가는 불나방처럼 저돌적으로 말했죠. 소크라테스는 델포이 신전의 신탁을 받았다고 변론하는데 내용인즉, 그리스에서 가장 탁월한 사람이 소크라테스라는 것이었어요. 소크라테스는 그 신탁을 인정하지 않고 신탁이 맞는지 확인하려 당대의 유명인사들을 찾아가 대화를 나눠요. 그런데 정작 중요한 내용은 신탁이 아니라 소크라테스가 신의 권위를 빌려 민중을 대변하고 있었던 상황이에요. 신탁은 인간이 넘어설 수 없는 성스러운 말씀인데, 이 말씀이 모두가 평등한 세상을 만들어야 한다고 외치는 자기 자신이 된 거죠. 소크라테스가 가장 탁월한 현자라고 신이 대변한 거예요. 예수님과 똑같은 계시를 받았다고 소크라테스는 말해요. 평등은 자유의 기반 조건이지 자유를 위해 평등을 희생해서는 안 된다는 보편윤리를 주장한 것이죠.

똥팔씨   사실 소크라테스가 마음만 먹으면 도망갈 수도 있었잖아요. 안 죽을 수 있었는데도 자리를 지키면서 할 말을 다 했더라고요.

메뚝씨   그래서 열사죠. 열사는 과격한 혁명가고 혁명가는 기본적으로 유물론자라고 고진은 말해요. 관념론의 아버지 소크라테스를 유물론자로 둔갑시키면서 고진은 민주주의를 재차 사유할 것을 강요하죠. 유물론자들이 장착한 사상적 기초가 인간에 관한 휴머니즘이잖아요. 만물은 모두가 평등하고 인간은 그중 한 부류이기 때문에, "우리가 무언가를 지배하거나 착취할 권리는 없고 한 번의 존재가 사용될 뿐이다."라고 말하는 게 유물론의 핵심이에요. 소크라테스는 그 유물론적 민주주의를 이오니아 지방에서 학습했어요. 무지배의 사회 구조가 실현된 사례를 찾은 거죠. 누구나 광장에 모여 자유롭게 발언할 수 있었던 이오니아 시기야말로 우리가 꿈꾸는 민주주의 시대가 아닌가라고 얘기한 거죠. 이오니아 지방의 철학을 재생시켜 오늘날의 정치 시스템을 바꾸고 싶은 겁니다.

똥팔씨 그렇다면 지금까지 우리는 민주주의를 오해하고 있었던 거네요.

메뚝씨 소크라테스를 이렇게 다시 쓰게 되면 오늘날 우리가 바라보는 민주주의 개념도 수정돼야 하죠. 우리는 아테네를 민주주의의 기원이라 믿고 있으니까요. 아테네가 아니라 이오니아를 민주주의의 기원으로 두면 유물론적 사고를 가진 평등한 세상이 민주주의가 됩니다. 유물론적 사고를 가지려면 물질의 분배가 무조건 평등해야 하죠. 빈부의 격차가 없어야 민주주의가 가능하니까요. 민주주의의 핵심은 소수의 자유가 아니라 빈부의 격차를 줄이는 유물론적 행위부터 출발해요. 이게 고진 철학의 알파이자 오메가죠.

똥팔씨 주기적으로 논란이 되고 있는 무상복지 정책을 예로 들 수 있겠군요. 무상의료, 무상교육이란 복지 정책을 시행할 때 사회적 비용이란 시각이 있잖아요.

메뚝씨   저는 이 무상이라는 말이 상당히 불쾌해요. 우린 이미 세금을
        지불하고 국가에 내 권리를 양도한 겁니다. 돈 내고 살고 있죠.
        때문에 모든 교육은 이미 유상교육이고 유상의료죠. 이쪽 주머
        니 털어서 저쪽 주머니에 넣는 것일 뿐입니다. 오히려 더 낼 놈
        이 안 내고 안 낼 놈이 더 내는 불평등한 구조에서 무상이란 말
        을 붙여 많은 사람을 구걸하는 사람으로 각색시키는 시도가 이
        말 속에 있어요.

똥팔씨   무상급식은 이미 한참 하고 있잖아요. 군인들 밥 다 주잖아요.
        감옥도 그렇고. 그런데 학교에서 밥을 주는 것은 왜 문제가 될
        까요? 다 공공시설인데 말이죠.

메뚝씨   복지란 국가를 유지하기 위해선 당연히 필요한 제도예요. 세금
        을 걷는 이유가 복지니까요. 완전한 탈세는 있을 수 없어요. 우
        리가 구매하는 모든 제품엔 간접세가 들어 있으니 누구나 세금
        을 내며 살고 있는 거예요. 따라서 정부는 국민에게 걷은 세금
        을 공정하게 나눠줘야 해요. 복지란 혜택이 아니라 국가 시스
        템을 유지하는 기본 장치인 셈이죠. 복지는 합당한 분배의 다
        른 말입니다.

똥팔씨   지금 우리가 알고 있는 민주주의는 경제적 불평등을 용인한 구
        조 같아요.

메뚝씨   부를 나눠야 민주주의는 가능하지만, 자유주의가 도래해 경제
        가 성장할 때, 부가 확장되는 맛에 복지를 혜택이라 인식하는
        사고가 생겨났어요. 경제적 자유주의와 이념적 자유주의가 민
        주주의라는 착각이 사람들을 설득한 시기죠. 모두가 부자가 될

수 있다는 도착증이 상식이 된 계기가 이런 자유주의적 착시현상이에요. 주변 도시 국가와 노예를 착복하면서 민주주의를 유지했던 아테네와 같은 거죠. 때문에 경제적 불평등은 미래의 세대들에게 가하는 폭력이기도 해요. 자유주의자들이 혜택을 놓지 않으면 사회의 변화는 말뿐인 구호예요.

똥팔씨 기득권의 혜택을 내려놓아야 민주주의가 가능하겠네요.

메뚝씨 물론 그들도 조금 안타까운 사람들이에요. 그들이 혜택을 내려놓기엔 미래가 불확실합니다. 자식한테 아무것도 안 줄 수 있어요? 자식이 스무살 되면 "너는 대학가지마. 세계가 이런데 네가 대학가서 기득권 세력이 되려고 해? 삽질해"라고 말할 수 있어요? 못하죠. 쉽지 않죠. 상속사회로 접어든 거예요. 이 세계는 이미 위기예요.

고진은 오늘날과 같은 관념적 민주주의를 '데모크라시'라고 하고 이오니아 지방의 유물적 민주주의를 '이소노미아'라고 정의해요. 우리가 바라는 민주주의의 원본이 데모크라시에 있을 경우 우리는 세계 시민으로서 인간의 보편성에 도달할 수가 없다는 거죠. 경제적 불평등 속에선 수탈은 필연이에요. 문제는 누가 이 사회를 만들었느냐가 아니라 왜 이런 시스템이 계속 반복되냐는 겁니다. 고진은 상상력이 문제라고 꼬집어요. 우리가 데모크라시에만 민주주의를 가지고 있으니까 마치 이소노미아는 없었던 것처럼 알고 있어요. 다시 말해 정부가 없으면 혼란에 빠질 것처럼 상상하기 때문에 불안을 종식시킬 방법을 탐색하지 못한다는 거죠.

똥팔씨   고진의 역사 설명은 통상적으로 알고 있는 철학과는 많이 달라요.

메뚝씨   고진은 어려서부터 플라톤의 대화론과 칸트의 비판서를 감명 깊게 읽었어요. 때문에 현대 철학과 대립되죠. 현대 철학은 전통 철학을 비판하면서 시작되는 까닭에 고진의 생각과는 거리가 있어요. 고진은 고민했죠. 전통 철학이 나쁘지 않다는 입장을 증명하고 싶어 했어요. 현대 철학이 비판한 지점을 다시 비판코자 했죠. 처음엔 문학을 데려와 뒤집고자 했고 나중엔 역사를 재해석하면서 유년시절 읽었던 철학적 성찰을 변호하고자 해요. 푸코가 20대에 고증법을 배웠다면 고진은 중년이 지나서야 그 방법을 다룰 줄 알았죠. 고진의 주장은 간단해요. 민주주의는 아테네의 발명품이 아니라는 겁니다.

똥팔씨   역사를 통해 지금의 우리 국가를 바라보는 입장을 바꿔야 한다는 주장이군요.

메뚝씨   맞아요. 아테네가 아니라 이오니아를 민주주의의 원본으로 발명해낼 때 우리의 국가관이 달라진다고 고진은 생각한 거죠. 우리의 국가관은 수정돼야 해요. 현재 상식 있는 사람들이 바라는 국가는 어디죠?

똥팔씨   북유럽 복지국가죠. 최근 조사한 한 통계자료에서도 북유럽 국가에 체류하거나 이민한 한국인이 2배가량 높아졌다고 하더라고요. 물론 가장 큰 이유는 복지였죠.

메뚝씨   고진에게 북유럽의 데모크라시는 자유주의의 변형태일 뿐이에요. 북유럽은 망해가는 아테네죠. 미국도 망해가는 제국주의 페르시아겠고요. 그리스 말기 풍경은 지금하고 똑같았어요. 미국이란 거대 제국을 막으려면 영화 〈300〉에 나오는 위대한 전사들이 필요하겠죠. 북유럽 문화가 그것을 상징한다고 저는 봐요. 그러나 이길 수 없는 싸움이겠죠. 그리스 또한 나중에 페르시아에게 폐망하니까요. 다시 혼란스러운 제국주의가 도래할 겁니다. 비극이 머지않았다는 게 고진의 전망이에요. 씁쓸하죠. 빈부의 격차를 줄이는 급진적 운동이 필요한 이유죠. 양극화가 해소되지 않는 이상 민주주의는 실현될 수 없어요. 이 문제의 해결은 북유럽과 같은 복지시스템의 도입이 아니라, 이 시대의 유통구조를 바꾸는 급진적 변혁이 필요하다고 고진은 주장하는 듯해요.

똥팔씨   유통구조를 바꾸는 게 하루아침에 뚝딱 되는 건 아니잖아요. 뭐든 큰 변화는 작은 가지부터 쳐내는 것부터 시작이죠. 어떤 것부터 시작해야 할까요?

메뚝씨   먼저 욕망에 대한 관점을 바꿔야 해요. 헤겔은 욕망은 타자의 욕망이고 인정투쟁이라고 했잖아요. 북유럽이란 시스템이 있기 때문에 우리는 그들을 부러워하고, 북유럽 사람들에겐 우리나라처럼 이상한 국가가 있기 때문에 국가를 유지시킬 수 있는 겁니다. 공생하는 거죠. 그러니까 북유럽은 본래 좋은 국가 시스템이 아니라 나쁜 나라들의 시스템과 비교되면서 만들어진 인공물인 셈이죠. 북유럽 국가가 민주주의의 실질적 목표가 돼서는 안 돼요. 북유럽 정치시스템을 사회민주주의 또는 사민주의라고 하는데 이는 결코 민주주의의 결정체가 아닙니다. 마르크스와 엥겔스는 19세기에 이미 사민주의를 비판했었죠.

사민주의는 대의 민주주의이기도 하죠. 직접민주주의가 아니라 간접민주주의의 세련된 형태라고 볼 수도 있고요. 사민주의는 민주주의 혁명이 실패하니까 대안으로 만들어진 시스템이에요. 특히 노동운동이 좌절한 후 급속히 퍼진 모델이죠. 독일의 베른슈타인이 주도한 사상입니다. 수정주의라고도 불리죠. 혁명은 현시점에서 불가능하니 핍박받는 사람들을 우선 구제하기 위해선 노동자를 대표하는 리더가 국회에 우선 진출해 정책을 바꿔야 한다고 대중을 설득한 거죠. 그런데 사민주의는 급속히 경제적 자유주의와 공모해요. 노동시간을 줄이고 봉급을 올려주면 자본가들과도 적당히 합의하죠. 경제가 성장할 때는 이 정책이 통했어요. 자본가들도 잉여 자산이 충분하니 노동자들에게 혜택을 나눠주는 게 쉬웠죠. 그러나 경제 성장이 멈출 때 사민주의는 노동자의 결집을 방해해요. 대표자 몇 명이 정책을 합의하는 시스템에 익숙해지다 보니 정리해고를 적당히 진행하기 쉬워진 것이죠.

똥팔씨 그러니까 사민주의는 사실은 특별한 체제만 혜택을 보는 시스템이며 경제를 발전시키면서도 복지를 증강시킬 수 있다는 관점이네요.

메뚝씨 그래서 고진이 보기엔 사민주의는 가증스러운 민주주의예요. 소수의 특권만을 옹호하는 닫힌 민주주의이며 간접 민주주의를 민주주의 자체로 착각하게 만드니까요. 마치 아테네처럼 말이에요.

똥팔씨 오히려 국가를 강화시켜 관료제로 갈 수도 있겠네요.

메뚝씨   관료제는 야만의 국가를 뜻하는 것이고 사민주의는 관료주의 보단 났죠. 사민주의 국가들은 그래도 국가시스템이 잘 정비돼 있어요. 그러나 사민주의가 민주주의라고 믿어버리면 직접민주주의 사회에 대한 우리들의 열망은 붕괴됩니다.

                  사민주의는 위태로운 민주주의예요. 2008년대 금융위기로 폭삭 망한 아일랜드가 그 증거죠. 경기 부양을 국가가 주도하면서 국민에게 많은 복지 정책을 펼쳤으나 금융위기 이후에 외자본이 빠져나가니까 복귀 불가능한 국가가 됐죠. 아일랜드가 그런 정책을 쓸 수밖에 없었던 이유는 북유럽 국가들이 경제 블럭을 닫았기 때문이에요. 최근 이슈였던 난민 사태를 봐도 알 수 있죠. 사민주의는 내 시스템을 지키기 위해 다른 국가를 용인하지 않아요. 폐쇄된 구조를 만들어야만 유지될 수 있는 시스템인 것이죠. 복지가 발달한 나라일수록 국경 진입이 까다로워요. 이게 사회민주주의의 맨얼굴입니다. 우리나라도 사회민주주의를 꿈꾸는데 우리가 배불리 잘살 수 있으려면 담을 높여야 해요. 외국인 노동자들에 대한 차별은 도리 없는 거죠. 사민주의는 또 하나의 확장된 기득권 시스템일 뿐이에요. 거기서 우리가 희망을 바란다는 것은 난센스라고 고진은 주장합니다.

똥팔씨   그러니까 나 혼자 잘살겠다는 이기주의가 될 수 있겠네요.

메뚝씨   후대에 죄를 짓는 거죠. 마르크스가 말했었죠. 자본가의 전초는 수전노라고. 다른 사람의 기쁨을 강탈하면서 만족을 느끼는 겁니다. 돈 버는 즐거움이란 타인의 쾌락을 차단하는 기쁨이에요. 나누지 않으면서 느끼는 포만감이 자본주의적 속성이거든요. 민주주의는 그것과 반대되는 욕망에서 시작해야 해요.

나보다 타인의 만족을 우선해야 하죠. 현실적인 분배의식이 민주주의의 단초입니다.

똥팔씨 저는 그걸 증여라고 생각해요. 그러니까 어떤 목적을 달성하기 위해 나누는 교환이 아니라 타인의 쾌락을 위한 양도 증여요.

메뚝씨 그걸 호혜의 교환양식이라고 고진은 정의합니다. 특별한 방식이에요. 선물 경제라고도 해요. 선물은 화폐로 등가될 수 없고, 축적될 수 없기 때문에 자본이 아니죠. 국가가 아직 덜 완비되었을 때 인간의 교환 방식은 선물경제였어요. 고진이 말하는 '교환형식 A'죠. 씨족 사회에서 의무적으로 선물을 나누던 풍습인 포틀래치 같은 겁니다. 우리나라에도 여태 그런 풍습이 있어요. 전 근대화된 우리나라 사회에선 이렇게 부모가 자식에게 혹은 친족에게 선물처럼 화폐를 그냥 양도하기도 해요. 이런 교환 방식엔 독점이 없어요. 서로 특별한 혜택을 주고받는다는 의미에서 "호혜교환방식"이라고도 불러요. 예수님이 하셨던 겁니다. 생명의 일부분까지 양도하면서 타인의 기쁨을 지켜주는 분배 방식이죠. 우리는 그걸 기부라고 하지만 기부는 나는 싫은데 억지로 한다는 뉘앙스가 있어요. 그래서 고진은 새로운 교환방식인 '교환양식D'를 주장해요. 국가도 민족도 자본도 아닌 기쁨의 교환방식이에요. 민주주의를 달성할 수 있는 경제적 대안이죠. 내게 특별한 선물을 당신에게 주되 의무감이 아니라 쾌감으로서 주는 거예요. 고진은 협동조합운동은 '교환방식D'와 유사한 프로세스라 말해요.

가라타니 고진

똥팔씨   농협 같은 단체를 만들자는 의견인가요? 결론이 너무 허무한 데요.

메뚝씨   물론 국가에 인증 받은 조합은 고진이 말하는 협동조합이 아니에요. 민족, 국가, 장소에 구속받지 않아야만 하는 조합이죠. 세계시민 윤리를 바탕으로 독점을 견제하는 시스템입니다. 국가에 의존하지 않고, 민족주의에 기대지 않으며, 특정 장소를 중심으로 두지 않는 교환방식이에요. 근대가 국가의 탄생으로 시작되었으니 민주주의를 위해선 국가의 의존도를 줄이는 현실적인 운동이 필요하다고 고진은 말해요. 국가가 교환을 독점하고 있다고 본 거죠.

고진은 스피노자를 인용하면서 교통하지 않는 체계는 독점 체계고, 비민주주의라 주장해요. 마르크스가 비판한 것 또한 이러한 닫힌 체제예요. 경제를 경제만으로 해결할 수 없습니다. 경제가 경제 외부와 교통해야만 새로운 민주주의 시스템이 만들어질 수 있어요.

똥팔씨   자유로운 교통이 민주주의의 핵심이라는 뜻이겠네요. 이오니아 지방에서 이동의 자유가 보장됐듯, 실제로 교통하는 이동의 자유를 보장하는 것도 해당되나요?

메뚝씨   그럼요. 거주 이전의 자유가 평등으로 이어져요. 지금 이 시대는 특정한 사람들만 교통하잖아요. 난민들은 거주이동의 자유가 없죠. 이런 구조에서 민주주의는 불가능해요.

똥팔씨   우리가 실행하고 있는 민주주의는 장벽을 높여야지만 성립할 수 있는 구조네요.

메뚜씨   고진은 "본래 닫힌 사회는 자연에 존재하지 않는다. 그것은 정
주로 생겨난 위기와 직면하여 그야말로 비약으로써 생겨난
것"이라고 말해요. 유목의 자유를 강탈한 뒤 부의 축적이 가
능하게 되었고, 그 축적된 자본이 국가를 발생시킨 겁니다. 자
연적으로 국가가 만들어진 게 아니죠. 따라서 국가를 의심하
지 않으면서 민주주의를 말하는 것은 모순이에요. 고진은 국
민, 국가, 자본은 하나라고 말하죠. 그들은 공생한다는 뜻이에
요. 우리는 반대로 민족주의자는 반자본주의자라고 생각했잖
아요. 독립투사는 다수가 민족주의자였고, 그들은 자본주의와
반대되는 진보라 믿고 있죠. 그러나 민족주의자는 자본주의가
정당성을 얻기 위해 발굴한 근대적 인식에 불과해요. 애국심은
윤리가 아닙니다. 고진이 말하는 윤리는 정신적이고 관념적인
개념이 아니라 현실적 재화의 분배예요. 기득권이 자신의 재산
을 나눌 수 있는 사회만이 윤리적 삶이 바탕이 된 민주주의가
가능한 겁니다.

똥팔씨   우리가 상상하고 있는 민주주의에선 희망은 발견하기 어렵
다는 뜻처럼 들려요. 달성 불가능한 것들을 말하는 듯도 하고
요. 구체적으로 민주주의를 위해 우리가 할 수 있는 일은 없을
까요?

메뚜씨   고진이 경향신문 인터뷰에서 여러 가지 우리가 할 수 있는 일
들에 대해서 얘기한 것들이 있어요. 첫 번째는 마르크스가 한
주장이죠. "모든 것을 의심하라." 특히 자본, 국민, 국가를 의
심해야 해요. 앤더스의 주장처럼 민족과 국가는 상상의 공동체
라는 거예요. 국민이라는 것도 상상의 공동체죠. 국민이 어디

있어요. 옆에는 이웃이 있고 친구가 있는 거죠. 끝까지 의심해야 해요. 의심하지 않으면 우리의 관계를 재편성할 수 없어요.

두 번째는 "국가에 과하게 기대하지 말고 연대하라." 여기서 연대는 일상을 연대하라는 뜻이에요. 가족에게만 하루를 연대하지 말고 가족 외부와 교통하라는 겁니다. 그래야 국가에 의존하지 않을 수 있어요. 닫힌 체계에서의 안정이 아니라 외부와 연대하는 일상을 조직해야 하죠.

세 번째는 성장하지 않아도 괜찮은 "Small Is Beautiful"이라는 사고가 필요해요. 작은 것이 아름답다. 이 가치가 중요한 거예요. 쉬운 게 아니라는 거죠. 집도 작은 것, 차도 작은 것, 인간관계도 적은 수에 의존하고 집중하라는 뜻이죠. 작은 것들만이 아름다울 권리가 있다는 관점을 믿는 거예요. 거대한 관광지, 규모가 큰 놀이동산 같은 곳에서 만족을 느낄 때 민주주의로의 진전은 느슨합니다.

마지막으로 가장 중요한 것이 있어요. "데모하라." 소크라테스처럼 광장으로 나가야 해요. 선거보다 데모가 중요하다는 거죠. 집권 세력이 바껴도 비극은 끝나지 않아요. 노무현 대통령 이후 국민의 70%가 이명박 대통령을 찍었었죠. 일본의 경우도 민주당 집권 뒤 자민당의 장기집권이 견고해지고 있어요. 데모합시다. 선거에 너무 기대하지 말고 광장으로 가서 우리의 목소리를 내야 해요.

똥팔씨   이상이 달성되기 까다롭더라도 현실적으로 내가 할 수 있는 일부터 찾으라는 거군요. 물론 현실적이라도 움직이는 게 쉽진 않지만요.

메뚝씨   '현실적 이상'이 있고 '이상적 현실'이 있다면 현실적 이상은 우리가 품을 수 있는 가능한 영역의 꿈이고 이상적 현실은 이상을 상정하고 현실을 꿰어 맞추는 행위라 할 수 있죠. 우리는 이상적 현실주의자가 되길 바라지만, 정작 중요한 것은 현실적 이상주의자가 되는 거예요. 현실을 바꾸면서 이상주의가 돼야지, 이상을 박아놓고 현실을 바꾸려면 죄책감에 시달릴 수 있죠. 아주 미묘하지만 끈질기게 희망의 실천을 인내해야 해요. 어제는 이렇게 생활했지만 오늘은 이렇게 생활하지 않겠다고 다짐하는 작은 시도 같은 것이죠. 야금야금 조금씩 바꾸는 거예요. 자꾸 죄책감과 괴리감을 느끼면 포기하게 되죠. 민주주의는 작은 것을 사랑하는 끈질긴 활동 속에 있으니까요.

가라타니 고진

해체주의를 해체하라

새로운 탄생을 위한 파괴에 대하여

똥팔씨   이제 고진이 어떻게 자신의 사상을 전개했는지 파는 시간이죠. 이번 철수는 어떻게 정의하셨나요?

메뚝씨   "해체론의 해체주의자"입니다.

똥팔씨   이미 해체된 해체론을 또 해체시켜요. 해체론이 영어로 재구축 이라는 뜻이 있죠. 그렇다면 고진의 사상을 재구축의 해체라고 보면 될까요?

메뚝씨   해체주의를 재차 부숴버린다는 뜻이죠. 다시 구축하려면 파괴를 해야 하니까요. 현대 철학은 구조주의로부터 시작돼 후기 구조주의를 통과하고 해체주의로 마무리되죠. 레비스트로스가 인류의 보편적인 하나의 구조가 있다고 주장한 이후, 현대 철학은 전통 역사관을 파괴하는 해체를 시작해요.

똥팔씨   구조주의하면 레비스트로스, 소쉬르를 양대 축으로 세우죠.

메뚝씨   레비스트로스는 인류학을 통해서 구조를 실증적으로 증명하려 했고 소쉬르는 언어학을 통해서 구조를 개념적으로 정리했죠. 역사라는 전통을 파괴하여 새로운 철학을 구축코자 했어요. 과학과 철학의 만남이 그 무기였죠. 이렇게 탄생한 사상이 구조주의고, 구조주의가 프랑스에서 독일의 형이상학적 아성을 무찌르는 데 쓰인 것이 현대 철학의 기초가 되었죠. 특히 니체와 마르크스가 큰 역할을 했어요. 68혁명 이후 구조주의는 새로운 국면으로 접어드는데 그것을 후기구조주의라고 해요. 대표적으로 푸코, 데리다, 라캉, 들뢰즈를 꼽아요. 그런데 그 후기구조주의가 미국으로 넘어오면서 프랑스 철학자 리오타르에 의해서 재정의되는데 그게 포스트모더니즘이에요. '표류하는 철학'이라고도 하죠. 그 포스트모더니즘이 데리다 용어로 재편돼 deconstruction이라고 정의되고, 그것이 일본에 의해 해체주의라 번역되면서 우리나라에 수용된 겁니다.

똥팔씨   용어 하나가 생성되고 전달되는 과정이 길기도 기네요. 우리나라에선 해체주의라는 용어가 어떻게 공식적으로 받아들여졌나요?

메뚝씨   1990년에 처음으로 이광래 교수에 의해 해체주의란 용어가 발표됐어요. 그런데 실질적으로 해체주의란 개념은 데리다가 얘기한 게 아니라서 고진은 deconstruction이란 고유명을 그대로 사용해요. construction은 러시아 구축주의 운동과 맥이 닿아 있으니까요. 구축주의 운동은 현대 철학에서 파기하고자 했던 이성중심주의와 가까운 게 아니라 오히려 해체주의와 닮았거든요. 새로운 구축 운동이었단 말이죠. 핵심은 해체가 끝이 아니라는 거예요. 해체주의라고 쓰면 파괴 쪽에 방점이 찍혀 있고, deconstruction이라고 하면 구축 쪽에 방점이 찍혀 있다고 볼 수 있죠.

                               가라타니 고진

똥팔씨   초기화해서 다시 출발선은 긋는 거네요. 러시아 구축주의의 혁신적 역동성을 따라잡을 수 없으니까 서구 사회에서 개발된 개념이라고도 볼 수 있겠네요.

메뚝씨   그렇죠. 재개발을 뉴타운이라고 하잖아요. 쉽게 얘기하면 뉴타운 운동이에요. 서양식 새마을운동이죠. 우리 새마을운동이 얼마나 전통에 대해 파괴적이었어요. 공산주의가 붕괴되면서 우리가 더 이상 새로움을 구축할 수 없는 패배주의가 상식화되었을 때, 새마을운동과 같은 해체주의가 들어온 거예요. 그러나 해체주의와 탈구축은 다릅니다. 해체가 목적이 아니라 새로운 구축이 중심이니까요. 때문에 해체주의가 어느 순간부터 사상적 주류가 됐어요. 요즘 학계에선 해체주의의 원류인 프랑스 철학이 중심에 있죠. 70년대 전까지만 해도 독일철학이 아니면 철학이 아니었는데 세계적 유행에 편승한 것이죠.

똥팔씨   그런데 고진도 문학적 비평가로 살아갈 때는 해체주의의 영향을 많이 받았다고 술회했잖아요. 학문에 천착하다 보니 해체주의의 한계를 보고 과감히 버렸다는 건가요?

메뚝씨   버린 게 아니라 해체주의라는 사상 자체는 공허하다는 겁니다. 구축이 해체보다 앞서야 한다는 거죠. 젊은 고진은 해체주의의 칼을 들어 문학을 비판했지만, 후반부에 접어들어 철학의 공허로 가는 것을 막기 위해 칸트를 데려온 거예요. 칸트를 통해 해체주의적 경향을 해체시켜 새로운 윤리학을 구축시키고 싶었던 거죠. 해체주의는 이제 지적 유행의 바람을 타고 지적 유희로 끝나버렸다고 판단했으니까요. 고진은 해체주의가 했던 똑같은 칼날을 가지고 해체주의라는 중심을 해체하고자 해요. 협동조합운동은 해체주의를 해체하고자 하는 새로운 구축주의 운동인 거죠.

똥팔씨 어쨌든 부순다는 것 자체가 자기중심을 만든다는 게 아닐까요?

메뚝씨 이 지점에서 리오타르를 이해하는 게 중요해요. 리오타르는 새로운 철학은 떠돌아다니는 표류라고 했어요. 자기중심적 사유를 차단하고자 하는 의미예요. 그게 좋은 활동이든 나쁜 활동이든 떠돌아다니는 것을 막는 모든 장치는 중심적일 수 있다는 뜻이죠. 그러나 신자유주의는 표류의 개념을 이용해 다국적 자본을 합당한 형식으로 재편했죠. 고진이 보기엔 리오타르적 사유는 자본에 의해 이용당하기 쉬운 개념이에요. 새로운 구축운동을 창안해 사람들을 설득시켜야 된다는 게 고진의 주장이거든요. 그렇지 않으면 사람들이 이해를 못한다는 거죠. 떠돌아다니는 게 뭔지 이해할 수 없으니까 신자유주의적 표류와 자유로운 이동의 표류가 같다고 사람들은 인식해요. 때문에 어떤 일정한 조형물이 필요하다는 겁니다. 철학이 모순을 품었다 해도 조형을 가지고 얘기를 해야, 그 이후로 의심하고 파괴하는 곳이 발생할 수 있다는 거죠.

철학은 기본적으로 정치의 문제예요. 오늘날 "철학과 정치가 분리됐다."라는 게 고진의 주장이고, 그것을 합치시키는 것이 새로운 지적 운동이 돼야 한다는 거죠. 철학과 예술의 궁극 지점은 정치예요. 철학의 형식이 틀리다 하더라도 형식을 만들어야 되는 이유죠. 이 근본 전제에 대해 고민하지 않고 철학을 무결하게 만들고자 했던 탓에, 철학이 철학하는 사람들끼리의 지적 놀이로 끝나고 있어요.

대중들을 설득하는 게 정치죠. 철학도 대중들을 설득해야 해요. 이런 과정이 있어야지만 철학이 사회를 개선하는 힘의 효과가 발생시킬 수 있죠.

똥팔씨   푸코도 그런 얘길 하지 않았나요?

메뚝씨   맞아요. 그렇지만, 푸코의 주된 공격 지점은 당대의 프랑스였고, 고진은 지금 우리 얘기를 하고 있어요. 푸코가 살았던 시대는 자유주의 시대였고 지금은 제국주의로 가는 형국이니까요. 고진의 목표는 자명해요. 철학이 정치적 목표를 구현해야 한다는 거예요.

똥팔씨   고진의 책을 통해서 좀 더 구체적으로 이야기해보죠. 고진이 《일본 근대문학의 기원》이라는 책을 내면서 명성을 얻게 되죠. 이 책은 근대 문학이 공적 풍경을 사적 내면으로 전이하면서 발명되었으며 그 기원을 추적해요.

메뚝씨   소설가 김훈의 《풍경과 상처》를 예를 들어봅시다. 김훈의 기행문인데, 저도 30번 정도 읽었을 만큼 아끼는 책이에요. 지금도 그 세련된 문장에 감복하긴 합니다만, 고진을 읽고 김훈과 멀어졌어요. 상처라는 말을 내면으로 바꾸면 풍경과 내면이죠. 김훈과 같은 문학이 유행하면서 근대문학이 만들어지고 국가와 자본이 결탁하는 지점이 고착되었어요. 근대문학의 최종 지점이 김훈라는 거죠. 풍경을 낭만적으로 묘사해 내면을 달래면 정치와 문학은 각기 고립될 수 있어요. 현재 국가와 자본의 온전한 시스템으로 구동되기 위해선 김훈 같은 사람이 필요했다는 겁니다.

똥팔씨 노동의 피로를 치유하기 위해 문학이 필요했던 건 아닐까요?

메뚝씨 탈정치적인 글이 위로가 되는 거죠. 낭만적인 글들을 읽어나갈 때 정치를 놓쳐버릴 수 있어요. 심지어 정치혐오증이 올 수도 있죠. 노동의 강도가 유난하니까 여과까지 피곤하면 견디기 어렵죠. 근대 문학이 자리 잡기 전에는 정치에 저항하는 운동과 문학 운동은 공존했어요. 김춘수 같은 순수 시인은 마이너였죠. 문학인들이 정치와 문학의 단절을 혐오했으니까요. 그러나 지금은 반대가 됐어요. '자본과 국가와 민족'이 공모하여 문학의 정치성을 몰아냈죠. 풍경을 화려하게 묘사하고 거기서 안정을 찾는 내면 치유의 도구로 문학이 추락한 겁니다.

광고인 박웅현의 《책은 도끼다》와 같은 책이 베스트셀러가 되는 것 또한 같은 이치예요. "책은 도끼다."는 카프카의 문장이거든요. 카프카는 책이 나를 불편하게 해서 다른 나로 재편성을 할 수 있도록 도와주는 기폭제로 쓰여야 한다는 뜻으로 이 문장을 사용했는데, 박웅현의 책은 위안을 줘요. 인문학이 광고의 카피처럼 이용된 거죠. 인문학은 우리가 사는 체제의 폭력을 고발하는 그야말로 도끼여야 해요. 위로의 인문학은 지적 사기입니다. 사르트르가 보기엔 고차원적 퇴폐주의예요. 이게 《일본 근대문학의 기원》에서 고진이 말하고 싶은 얘기예요. 낭만적 문학은 고차원적 퇴폐라는 거죠. 이렇게 되면 대중과 문학은 멀어질 것이고, 문학은 탈정치화돼 그들만이 교양으로 읽힐 것이라고 주장한 거죠.

가라타니 고진

똥팔씨 고진의 주장에 따르면 탈정치주의자들은 고차원적 퇴폐주의
자가 되는 거네요. 고진의 주장은 대체로 우리가 상식처럼 알
고 있던 철학사와는 반대되는 것 같아요.

메뚝씨 맞아요. 예컨대 비트겐슈타인의 논리학 연구는 사회 문제와는
무관한 철학적 경향이라 알고 있는데 고진은 반대로 얘기합니
다. 칸트와 소크라테스도 인간 내면의 문제에 천착한 철학자라
알고 있으나 고진은 그들을 혁명가로 정의해요. 사회와 무관하
게 주체적 역량을 철학적 테마로 삼은 철학자가 아니라 개인의
역량을 최대한 끌어올리는 행위로 정치에 개입하려 했던 혁명
가였다는 거죠.

똥팔씨 이런 주장이 확장된 책에 대해 조금 더 구체적으로 이야기해주
세요.

메뚝씨 제가 가장 사랑하는 고진의 책《마르크스 그 가능성의 중심》에
이와 같은 내용이 집약돼 있죠. 마르크스의 가능성은 자본주
의 체제에선 늘 열려 있다는 겁니다.《마르크스 그 가능성의 중
심》과《탐구1, 2》는 쌍둥이 책이라 볼 수 있죠. 이 두 책의 핵
심개념은 세계와 주체를 정의하는 축이에요. "일반성 대 특수
성과 보편성 대 단독성"이라는 개념을 엄밀히 구분하죠. 일반
성과 특수성은 닫힌 회로시스템이에요. 근대의 개인은 일반적
이고 특수한 숫자로 환원될 수 있어요. 우리 이름은 얼마든지
바코드화될 수 있다는 거죠. 정치인들이 통계자료로 싸우잖아
요. 진보든 보수든 숫자놀이하고 있죠. 반면 마르크스가 세우
고자 했던 개념은 보편성 대 단독성이었다고 고진은 말해요.

숫자로 환원될 수 없는 세계가 보편성과 단독성입니다. 보편과 단독은 통계로 나타낼 수 없는 영토에요. 역사를 관통하는 것이 보편성이고 주체의 유일함을 보증하는 기준이 단독성이죠. 일반성과 특수성만으론 인간이 세계의 주인이 될 수 없어요. 저는 단독이란 바꿔 말해 독단이라고 봐요. 독단은 유일해지겠다는 고집이죠. 그것이 대화의 세계에서 유일함을 인정받았을 때 보편이란 역사를 얻는 겁니다. 그러나 현대 사회에서 독단은 마녀사냥 당해요. 일반성과 특수성의 논리에서 독단은 죽어야 되는 대상이죠.

유일함은 단독성이고 그들이 나누는 이야기가 바흐찐이 말한 진짜 대화죠. 특수자와 특수자가 얘기하는 건 독백이에요. 고진은 바흐찐과 같은 입장을 취했어요. 이를 설명하기 위해 고진은 유통 개념을 빌려 옵니다. 상품의 교환방식이 단독과 보편의 논리를 몰아냈어요. 예컨대 물건은 만들어지기만 해서는 상품이 될 수 없죠. 시장에 팔려야만 가치를 생산할 수 있으니까요. 고진은 이를 "목숨을 건 도약"이라 했었죠. 단독적인 물건이 특수한 상품이 되어야만 존재할 수 있는 겁니다. 자신의 고유성을 지워야 존재를 유지할 수 있는 시장의 논리처럼, 인간 또한 유통 체계 속에 편입돼야 존재의 기반을 확보할 수 있어요. 쉽게 말해 팔려야 존재할 수 있는 거죠. 주체는 유일함을 포기해야 존재할 수 있고, 세계는 보편성을 지워야 유지될 수 있는 시스템이 우리가 살고 있는 세계예요. 그래서 이 세계를 표준편차의 세계라고 하죠. 평준화된 세계일 수밖에 없어요. 흩어져 있는 편차 바깥의 세계는 없어야 하죠.

마르크스는 중요한 결정을 자기 혼자 했어요. 비트겐슈타인도 마찬가지죠. 그들은 단독성을 획득하기 위해 특수성의 논리와 싸운 거죠. 세계의 보편논리를 찾아 유일함을 표현할 수 있을 때 인간 또한 새롭게 탄생될 수 있는 겁니다.

똥팔씨   약간만 빗나가도 위험할 수 있을 것 같은데요. 그렇게 따지면 파시즘이 옳은 행위라는 생각이 들 수 있을 것도 같거든요.

메뚝씨   파시즘은 세계를 평준화, 균질화시키려는 시도이기 때문에 보편성을 얻을 수 없죠. 모두가 같아지는 세상은 닫힌 회로고 일반적인 사회일 뿐이에요. 파쇼는 논리가 아닌 도취에서 파생된 정신질환인 셈이죠. 반면 고진의 주장은 단독성이 구축돼야 보편성에 접근할 수 있다는 겁니다. 단독은 특수보다 직접적이에요.

똥팔씨   일반적으로 상식은 단독의 독단을 인정하려 하지 않죠.

메뚝씨   물론 그렇죠. 우리의 세계가 새로운 세계를 상상하거나 실현하려 하지 않기 때문이에요. 독단이 나쁜 거라고 속단하지 말고 독단의 효과가 약자의 편에 향해있는지 강자를 향해있는지 정치적으로 살펴야 해요. 만약 어떤 정치가의 행티가 약자를 향해있다면, 그 사람이 독단적이라 해도 받아 낼 수 있는 용기가 필요하죠. 저는 이런 용기를 농담과 철학의 접선과 같은 것이라 생각해요. 농담이 단독적인 거라면 철학은 보편적인 거죠. 농담이 통하지 않는 철학이 과연 일반성과 특수성의 닫힌 회로를 벗어날 수 있을지 의심해봐야 해요. 철학이 우스꽝스러워야 심각한 철학적 교양주의를 타파할 수 있으니까요. 철학이 우스워지면 철학계는 그 철학을 이방인으로 만들겠지만, 대중은 철학이 추구하는 궁극의 경지에 마음을 열겠죠. 깡패부터 철학자까지 이으려면 더 낮아지고 더 웃겨야 된다는 겁니다. 단 날카롭게. 재밌는 철학이 목적이 아니라 외부로 향하는 철학을 구성해야 하니까요.

똥팔씨   내공이 장난이 아니어야 하겠어요. 누구나 자신의 생각을 표현하고 실천할 수 있으려면 철학이 가벼워져야겠네요.

메뚝씨   유쾌한 내공이니까 즐거운 행위죠. 이 모든 걸 의무감으로 떠안으면 오래 못살아요.

똥팔씨   마지막으로 고진 자신이 말하는 가장 대표적 저서인 《트랜스크리틱》과 《세계사의 구조》에 대해 간략히 정리하고 문을 닫았으면 해요.

메뚝씨   《트랜스크리틱》 이후 고진은 횡단적인 글이 아니라 종단적인 글을 쓰기 시작해요. 비평가가 아닌 철학자로 불리고 싶은 욕망의 실현이죠. 《트랜스크리틱》에선 역사를 자기만의 분류법으로 재편합니다. 1810년부터 1990년까지 세계는 중상주의, 자유주의, 자본주의, 후기자본주의, 신자유주의로 바뀌었으나, 경향은 제국주의와 자유주의로 반복이었다는 주장이 그 얼개죠. 역사가 발전하는 것이 아니라 순환하면서 고착되고 있다는 거예요. 세상이 많이 바뀌었다고들 하지만, 그 구조적 근본에 있어서는 19세기 이후 변한 게 없다는 주장이 고진이 바라보는 세계사의 구조예요. 고진은 이렇게 말하죠.

근대 자본주의 국가의 원점은 중상주의＝절대주의 왕권에 있다. 근대의 네이션＝스테이트는 그것을 부정하면서 그로부터 국민이나 영토를 이어받고 있다. 그 때문에 국민국가를 넘어서려는 운동은 절대주의 국가를 넘어 어떤 의미에서 구세계제국의 원리를 회복하려는 것을 지향하게 된다. 실제로는 그것은 네이션＝스테이트의 연장으로서 제국주의다. 즉 1930년대에 독일의 '광역경제'나 일본의 '대동아공영권'은 그와 같은 것이었다. 그러나 제2차 대전 후 미소 냉전구조가 해소된 1990년대에서도 유사한 것이 생겨났다. 네이션＝스테이트는 글로벌한 시장경제에 의해 그 윤곽이 희미해졌으나, 동시에 그것은 단일 세계시장으로 해소되지 않는 복수의 지역적인 집합을 만들어냄으로써 그에 대항한다.

가라타니 고진《네이션과 미학》

우리는 흔히 미소냉전시대를 암흑기라고 봅니다. 그러나 오히려 냉전 이후가 더 끔찍한 제국주의가 될 수 있다는 것이 고진의 진단이에요. 냉전시대에는 그래도 대중을 설득하기 위해 경제를 성장시켜 계급사회로 가는 수순을 차단할 수 있었죠. 냉전시대가 붕괴되면서 경제 성장의 역동성을 멈췄고 혁명까지도 불가한 세대에 접어들었어요. 세계의 동력이 상실된 거죠. 이 경제시스템은 자유주의가 찬양하는 그 화려한 물적 기반을 포기하라는 뜻이기도 하고, 제국주의의 전초이기도 하죠. 이때 필요한 것이 세계 시민 윤리예요. 세계 시민 윤리는 반제국주의 운동이므로 독점을 차단하는 파편적 로컬주의 운동과 같아요. 지역이 살아야 제국주의에 저항하고 독점경제에게 강탈당한 인간의 고유성을 회복할 수 있다는 거죠.

똥팔씨   고진의 이상은 지역의 회복이고 이를 위해 협동조합운동을 하
         자는 것이군요.

메뚝씨   지역운동은 유통구조를 바꿀 수 있거든요. 유통이 바뀌지 않는
         이상 사회 변화는 불가하다는 게 고진의 주장이에요. 고진이
         대안화폐를 만들기도 하고 지역 운동에 앞장 선 이유가 여기에
         있어요. 철학자로 변신한 고진은 시종일관 한가지만 말해요.
         칸트가 말하는 영구평화는 빈부격차를 없앨 때만 생길 수 있다
         는 거죠. 부의 재분배를 위해서 활동하는 것이 철학이에요. 관
         념의 재화가 아닌 실질적 재화를 나눠야 평화로운 세계로 갈
         수 있죠. 분배만이 인간을 인간답게 만드는 최소한의 윤리입니
         다. 고진은 우리가 회복될 수 있다는 믿음을 소명의식처럼 가
         졌으면 하는 것 같아요.《자연과 인간》이란 책을 보면 이런 표
         현이 있어요.

> 회복이라는 것을 우리의 힘이나 의지에 근거한다고 생각해서는
> 안 됩니다. 즉 우리가 그것을 회복하는 것은 그렇게 바라기 때문
> 이 아닙니다. 그렇게 하지 않으면 안 되기 때문에 그렇게 하는
> 것입니다.
>
> 가라타니 고진《자연과 인간》

         우리가 의욕하는 것은 그걸 바라는 게 아니라 그렇게 하지 않
         으면 안 되기 때문이에요. 그만큼 사회와 인간의 몰락은 위급
         해요. 세계는 각박해지고 인간은 건조해지고 있으니까요.

똥팔씨   전 소명은 염원이라 부르고 싶어요. 소망이나 희망보다 무거운
         염원말이죠.

메뚝씨 좋은 단어네요. 회복되어야 하기에 철학이 필요해요. 아름다움과 실존은 분리할 수 없는 거죠. 소수자에게, 작은 것에, 아름다운 것을 찾아 실존의 빈터를 채울 수 있을 때 인간은 새로운 희망을 쓸 수 있다고 믿어요. 돈 펑펑 쓰는 화려한 휴가가 아름다운 삶인지, 땀 뻘뻘 흘리는 집회 현장에서 음료수 하나 건네주는 게 아름다운 삶인지 고민해봅시다. 고차원적으로 대단한 인간이 되려고 하지 말고 낮은 시선으로 주변을 보았으면 해요. 자신의 재화를 그냥 주는 행위부터가 출발이에요. 이 배분이 우리를 억압하는 모든 것들과 싸우게 하는 기반이죠. 돈 버는 것에만 최선을 다하지 말고 돈 안 버는 것에 최선을 다는 삶이 필요해요. 아름다움이란 무용한 것들, 다른 세계들, 미처 깨닫지 못한 것들에게 승리의 서사를 다시 쓰려는 윤리인 셈이죠.

고진으로 가는 길

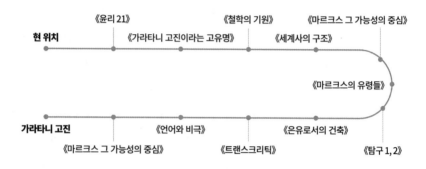

가라타니 고진은 국내에 거의 모든 저술이 번역돼 있으니 접근하는 데 어렵진 않아요. 그러나 방대한 양은 피곤한 선택을 강요하죠. 골라보는 재미도 있겠으나 그러다 고진 독해를 포기할 수 있으니 우선 양질의 도서 몇 권만 추천할게요.

고진을 소개하는 이차 문헌은 박가분의 《가라타니 고진이라는 고유명》이 있어요. 처음 시작하면서 읽어보셔도 좋지만 만만치는 않아요. 문체도 까다롭고 너무 많은 이야기를 해서 중심을 잡기가 버겁거든요. 이 책보다는 가장 심플하면서 핵심을 찌르는 《윤리 21》을 추천해요. 비평가에서 철학자로 전환되기 직전의 책이라 고진의 전체적 맥락을 이해하는데 좋답니다. 물론 독해가 만만치는 않을 거예요. 고진이 인용하는 일본의 사회 현상을 이해하기 어렵기도 하고요. 그때 필요한 책이 《철학의 기원》입니다. 고진의 대표작 《세계사의 구조》를 보다 명료하게 설명한 책이라 핵심에 접근할 수 있어요. 분량도 200쪽을 간신히 넘으니 심호흡 한 번 크게 하시면 일주일 안에 읽어 낼 수 있겠죠. 심호흡이 중요해요. 습습후후~

메뚜씨는 개인적으로 비평가로서의 고진을 철학자로서의 고진보다 좋아해요. 더 과격하고 날카롭거든요. 특히 고진에게 명성을 안겨준 에세이집《마르크스 그 가능성의 중심》을 아낍니다. 데리다의《마르크스의 유령들》과 함께 읽으면, 마르크스에 대한 깊은 사유의 심연으로 접근할 수 있죠. 자본주의에 대해 절실하게 아파한 마르크스의 감성을 지성으로 이해하는 책이에요. 고진의 역설적인 문장과 톡톡 튀는 문체가 압권인 책이기도 하죠.《탐구 1, 2》시리즈를 그다음으로 읽고《은유로서의 건축》을 읽어보시면 비평가로서의 고진을 정복할 수 있어요. 몇 권안 되지만 쉽다고 말씀드리기는 어렵네요. 그래도 집중해 읽다보면 포기될 수 없는 매력을 가진 책이 고진이니 천천히 심호흡하시길 바라요. 습습후후~

철학자로서의 고진 책은《트랜스크리틱》부터 시작돼요. 부제가 "칸트와 마르크스 넘어서기"인데 실질적인 사회운동으로 참여를 독려하기 위한 철학적 기반을 만들고자 했던 고진의 절실함을 만날 수 있어요. 고진은 세계의 몰락을 누구보다 아파하는 생존 사상가니까요. 이 책은 고진의 인성을 알아챌 수 있는 책입니다. 살짝 난해하기에 고진에게 적응한후 읽는 것이 좋겠죠. 마지막으로 고진의 주저《세계사의 구조》를 섭렵하시면 되겠네요. 거기로 가시다가 잠시 쉬고 싶으시면《언어와 비극》을 읽어보는 것도 좋아요. 메뚜씨가 특별히 아끼는 바흐찐 사상과의 접점도 있으니까요.

고진은 소문만큼 어렵지는 않습니다. 예시한 소설이나 철학자가 낯설뿐이죠.《마르크스 그 가능성의 중심》을 여러 번 읽은 후 나머지 책들을 손대시면, 제 이야기를 이해하실 수 있을 거예요. 고진은 상식을 배반하는 놀라운 역설의 문장가예요. 철학을 공부하다 보면 그가 얼마나 과격한 주장을 하고 있는지 가늠할 수 있어 더 재밌죠. 때문에 고진의 진면목이 궁금하시다면 〈두 남자의 철학 수다〉를 여러 번 듣는 것도 좋아요. 현대 철학을 지속적으로 정리하고 있으니 학계에서 바라보는 철학적 입장에 대해 느낄 수 있으니까요. 저희는 언제나 철학에 참여하고픈 여러분을 기다립니다. 아마 고진도 그렇겠죠.

용어해설

에리히 프롬

▶ 《사회 연구지(Zeitschrift fur Sozialforschung)》

1932년 프랑크푸르트학파 1기에 창간한 잡지로, 현재는 《베스텐트(WestEnd)》라는 이름으로 프랑크푸르트학파의 공식 저널로서 출간되고 있다.

▶ 결정론(Determinism)

모든 일에는 원인이 되는 조건이 따르며 그 조건에 따라서만 결과가 발생한다는 이론이다.

▶ 네크로필리아(Necrophilia)

직역하면 죽음애라는 뜻으로, 시체에 성적 욕구를 느끼는 성도착증의 일종이다. 프롬은 이 개념을 죽은 것, 썩은 것, 타락한 것에 끌리고 파괴하고자 하는 욕구로 확장했다.

▶ 데카당(Décadent)

문학적으로는 퇴폐, 타락을 뜻하며 퇴폐주의적 경향을 가리킨다. 니체는 쇼펜하우어의 염세주의를 데카당스라고 칭했다.

▶ 디아스포라(Diaspora)

종교적 박해 등의 이유로 거주하던 팔레스타인을 떠나 유랑하면서 유대교의 교리를 유지하는 유태인들을 가리키는 말이다.

▶ 리비도(Libido)

프로이트가 주창한 정신분석학 용어로, 성적 본능과 충동을 가리킨다. 단순한 성욕이 아닌 애정을 포함한 넓은 개념으로 쓰인다.

▶ **마르크시즘(Marxism)**

마르크스와 엥겔스의 사상과 학설을 총칭하는 말로, 노동자 계급을 주체로 한 사회주의 혁명과 사회 건설에 관한 이론이다.

▶ **매카시즘(McCarthysim)**

1950년대 미국을 휩쓴 반공주의. 정치적으로 반대되는 집단을 공산주의자로 몰아 마녀사냥 하는 야만적 정치 행각을 뜻한다. 미국 상원의원이었던 조셉 매카시(Joseph McCarthy)의 "국무성 안에는 205명의 공산주의자가 있다."는 연설에서 발단하여 서로를 공산주의자로 의심하고 매도하던 모습에서 비롯되었다.

▶ **바이오필리아(Biophilia)**

직역하면 생명애라는 뜻으로, 생에 대한 사랑을 말한다.

▶ **신비주의(Mysticism)**

신과의 직접적인 일치의 체험을 중시하는 종교 사상. 단, 인간의 노력만으로 신을 대면하는 것이 아닌 신의 의지로 대면할 수 있다는 것이다.

▶ **실용주의(Pragmatism)**

관념이 아닌 실생활에서 가치를 가질 수 있는 쓸모 있는 인식을 중시하는 행동 철학. 흔히 프레그머티즘이라 부르고, 실용을 가치의 전부라 여기는 세속적 경향이란 말로 쓰기도 한다.

▶ **카페 마르크스(Café Marx) / 카페 문화(Café Culture)**

마르크스의 청년 시절, 헤겔의 사상을 따르는 좌파 청년들이 카페에 모여 철학과 혁명을 논했던 문화를 뜻한다.

> ▶ **프랑크푸르트학파(The Frankfurt School)**

1923년 막스 호르크하이머가 소장이었던 사회연구소에 사회 비판적인 학자들이 모여 형성된 독일의 학파. 참여 학자로는 호르크하이머, 아도르노, 프롬, 마르쿠제, 뢰벤탈, 벤야민 등이 있다.

> ▶ **환원주의(Reductionism)**

복잡한 사상이나 개념은 간단한 논리로 구성할 수 있다는 학문적 입장이다.

> ▶ **휴머니즘적 마르크시즘 / 과학적 마르크시즘**

마르크스를 실존적 인간주의적으로 읽는 경향을 휴머니즘적 마르크시즘이라 하고 과학적 경제학적으로 읽는 경향을 과학적 마르크시즘이라 한다. 흔히 마르크스 전기를 휴머니즘적 마르크시즘이라 칭하고, 후기를 과학적 마르크시즘이라 부른다.

루이 알튀세르

> ▶ **관념론(Idealism)**

유물론과 대립되는 용어로, 대상을 실재적, 물리적 개념이 아닌 관념적 개념으로서 보는 입장이다.

> ▶ **레지스탕스(Resitance)**

프랑스어로 '저항'을 뜻한다. 제2차 세계대전 당시 프랑스를 비롯해 유럽 전역에서 파시즘에 대항하는 운동이나 단체를 가리킨다.

> ▶ **마주침의 유물론 / 우발성의 유물론**

정통 유물론을 비판하며 알튀세르가 창안한 개념으로 물질과 인간의 질서는 필연이 아닌 우연의 결과물이라는 반인간학의 기초 개념이다.

▶ **쁘띠부르주아(Petit bourgeoisie)**

쁘띠부르주아 스몰부르주아 또는 소시민이라고도 한다. 자본가 계급인 부르주아지와 하층 노동자 계급인 프롤레타리아트 사이의 중간 계급을 뜻한다.

▶ **아날학파(Annales School)**

인간을 둘러싼 모든 영역의 총체사를 연구한 프랑스의 역사학파로 아날은 프랑스어로 연표를 뜻한다.

▶ **유물론(Materialism)**

관념론과 대립되는 용어로, 대상을 관념적이 아닌 실재적, 물리적 개념으로서 보는 입장이다.

▶ **인식론적 단절(Epistemological break)**

알튀세르의 저작에서 인식론적 단절의 개념은 마르크스의 초기의 '인간주의적' 저술과 후기의 '과학적' 저술 간에 그가 설정한 예리한 구분에 대해서 언급한 것이다.

▶ **잠재태(Dynamis)**

아리스토텔레스의 개념으로 가능태라고도 한다. 드러나진 않았지만 잠재적으로 들어있는 질료나 내면의 힘을 총칭한다.

▶ **주체화(Subjectivation)**

인간이 대상이 아닌 자기 삶의 주인인 주체로 조정되는 과정이다.

▶ **프롤레타리아 독재(Proletarian dictatorship)**

프랑스, 영국, 독일에 연속해서 발생한 자유주의적 운동인 1848년 혁명과 노동자를 중심으로 봉기한 파리 코뮌을 바탕으로 마르크스와 엥겔스가 채용한 정치적 개념. 공산주의로 가기 위해 하층 노동자 계급을 뜻하는 프롤레타리아가 기존 정치 권력을 무너뜨리고 일시적으로 권력을 가질 수 있다는 입장이다.

미하일 바흐찐

▶ **구조주의(Structuralism)**

무의식적 언어들을 구조적으로 정의하려는 태도. 그러나 이러한 태도는 절대적 구조라는 지나친 환원주의를 탄생시킬 수 있다는 입장에서 후기구조주의, 포스트모더니즘, 해체주의가 발생되었다.

▶ **리얼리즘(Realism)**

사실주의라고도 하며 경험적 현실을 유일한 세계, 가치, 방법으로 인식하는 입장. 바흐찐은 현실의 기괴함을 표현하는 독특한 방식으로 썼다. 비평가 김현은 이와 같은 경향은 그로데스크 리얼리즘이라 정의했다.

▶ **메니푸스 풍자(Menippean Satire)**

고대 그리스 풍자 작가 루키아노스(Lukianos)의 작품에 등장하는 메니푸스라는 인물의 풍자적 면모를 뜻하는 말로, 바흐찐은 이를 소설의 기원 중 하나로 꼽았다. 바흐찐이 말하는 카니발화된 소설의 중심 개념이기도 하다.

▶ **바흐찐 서클**

바흐찐이 주변 사람과 교류하며 철학, 미학, 문학 등에 대해 토론하거나 발표하고 함께 글을 쓰는 등의 클럽 활동. 바흐찐의 핵심 사상이 묻어나는 활동이 활발했다. 바흐찐이 이끌어 후에 바흐찐 서클이라 불린 '부활', 친형과 함께 활동한 '학문이 광대들'이라는 서클이 있다.

▶ **변증법(Dialectic)**

모순 또는 대립을 근본원리로 하여 사물의 운동을 설명하는 논리 체계다.

▸ **스탈린주의(Stalinism)**

스탈린이 소련 공산당에 집권한 1924년에서 1953년까지의 정치 체제를 뜻한다. 기존에는 스탈린의 업적과 성공적 사회주의를 가리켰으나 제20차 당대회 이후 스탈린의 숙청, 암흑재판, 물리적 탄압, 사회주의의 부정적 기능 등을 부각시키는 의미로 사용한다.

▸ **신자유주의(Neoliberalism)**

국가의 시장 개입을 제한하고 시장의 자유롭고 자연스러운 활동을 지지하는 이론으로 자본의 무한 팽창을 용인하는 금융자본주의의 다른 이름이기도 하다.

▸ **에로스적 쾌감**

생의 긍정으로 파생되는 사랑과 희생을 욕망의 실현으로 받아들이는 쾌감이다.

▸ **엘리트주의 / 반엘리트주의 (Elitism / Anti-Elitism)**

사회층을 나누어 소수 엘리트가 국가, 사회, 집단을 이끌어야 한다는 입장과 소수 엘리트가 권력을 독점하는 것에 반대하는 입장이다.

▸ **영구혁명론(The theory of pemenent revolution)**

세계혁명론을 주장하며 스탈린과 대립하던 인물인 레온 트로츠키(Leon Trotsky)가 주장한 이론으로, 혁명은 완성하는 것이 아니라 지속하는 과정이란 입장이다.

▸ **오이디푸스 콤플렉스**

어머니에게 성적 애착을 갖는 무의식의 복합 감정 현상이다.

▸ **이데올로기(Ideologie)**

한 공동체 또는 사회를 지배하는 허위의식으로 오늘날에는 무의식적 이데올로기가 더 중요한 문제로 대두된다.

▸ **인정투쟁(Recognition Struggle)**

"인정과정은 투쟁이다."라는 철학자 헤겔의 개념으로 가장 낮은 층위의 욕망 충족 방식이다.

▸ **전체주의(Totalitarianism)**

개인주의(Individualism)와 대립되는 것으로, 개인의 이익보다 집단 또는 사회 전체의 이익을 우선시 하는 체제. 따라서 정치가 개인의 삶에 간섭하는 경향이 강하다.

▸ **카니발론**

고대 로마에서 그리스도인들이 40일 동안 금식, 금욕해야 하는 부활절을 맞이하기 앞서 맘껏 술과 고기를 먹으며 즐기는 카니발에서 비롯된 이론으로, 주체와 객체의 구분 없이 모두가 이성적 판단을 차단하고 육체적 흥분에 충실하게 됨으로써 기존의 사회적 관성을 타파하는 적극적 놀이 문화를 가리킨다.

▸ **타나토스적 쾌감**

죽음 충동에서 감각적 감정적 포만을 얻는 정의적 경향이다.

▸ **타타르 시대(Tatar)**

1240년에서 1480년까지 몽골 타타르인들이 동유럽과 러시아를 지배한 시대. 타타르(tatar)는 그리스 문학 작품인 《일리아드(Iliad)》에 등장하는 악마의 이름에서 기원한 것으로, 러시아인들은 몽골 타타르인들을 가리켜 '악마 같은 인간'이라고 불렀다.

▸ **헤게모니(Hegemony)**

마르크스주의자 안토니오 그람시가 사용한 용어로 20세기 이후 집단을 이끌거나 주동하는 권력, 정치적 지배권, 주도권을 가리킨다.

프리드리히 니체

▶ **《즐거운 지식》**

물과 공기가 맑은 청결의 장소 메세나에서 쓴 니체의 명랑한 인식론에 대한 증명서다.

▶ **가치중립성**

지식은 가치의 중립에 존재할 수 있다고 주장하는 묘한 태도를 가리킨다.

▶ **관습법 / 성문법**

법전에 명기된 법을 성문법이라 하고, 암묵적으로 받아들이는 법을 관습법이라 한다.

▶ **긍정의 니힐리즘**

니체가 자신의 철학을 칭한 말로 허무주의의 긍정성을 설파하는 용어다.

▶ **다종의 관점주의자**

하나의 관점이 아닌 무한 팽창하는 관점에서야 니체를 독해할 수 있다는 주장으로 메뚝씨가 창안한 개념이다.

▶ **미네르바의 부엉이(Eule der Minerva)**

로마 신화에 등장한 지혜의 신인 미네르바의 곁에 있는 부엉이로, 지혜를 상징한다. 헤겔의 《법철학》에서 "미네르바의 부엉이는 황혼녘에 날개를 편다."라는 문구로 거리를 두고 보아야 지혜롭게 평가할 수 있다는 뜻으로 쓰인다.

▶ **반도덕(Anti-Morality)**

전통적 도덕 체계 자체를 비판하고 부정함으로써 자기를 긍정하는 새로운 가치 체계를 창출하는 자기 긍정의 도덕을 뜻한다.

▸ **반응적 인간**

니체가 주장한 약한 인격체로, 스스로 반응하지 않고 외부의 자극에 반응하는 수동적 인간이다.

▸ **부정의 니힐리즘**

쇼펜하우어의 철학으로 허무주의를 부정적으로 해석하는 입장이다.

▸ **사무실주의자**

현장 없는 지식을 천착하는 가짜 지식인을 뜻한다.

▸ **실증주의(Positivism)**

관념적이고 형이상학적인 것을 배제하고 과학적으로 검증할 수 있는 지식을 인정하는 인식론적 과학 철학이다.

▸ **아포리즘(Aphorism)**

깊은 체험적 진리를 간결하고 압축된 형식으로 나타낸 짧은 글이다.

▸ **위버멘쉬(Übermensch)**

니체가 주장했던 궁극의 인간. 흔히 초인으로 번역되고 반대말은 말인이다.

▸ **이성주의(Rationalism)**

반이성에 반대하는 뜻으로 이성을 인간의 본능으로 보는 입장이다.

미셸 푸코

▸ **감옥 정보 그룹(Prison Information Group)**

1971년 유럽 사회의 처벌 공간이었던 감옥이 어떤 논리로 사람을 가두고 배재된 인간들을 주조하는지 관찰하여, 수감자의 권익을 옹호하는 실천 운동 그룹. 이때의 관찰과 활동을 반영하여 《감시와 처벌》을 집필했다.

▸ **그랑제콜(Grandes écoles)**

18세기 후반, 프랑스의 중앙집권 체제 강화를 위해 국가적 체계 안에서 엘리트를 양성하기 위해 만들어진 프랑스 최고 엘리트 교육학교. 지금까지도 '대학 위의 대학'으로 불리며, 고급 인재를 양성하는 교육 기관으로 존재하고 있다. 68혁명 이후 프랑스 대학이 전반적으로 평준화된 데 반해 그랑제콜은 대학과 별개의 교육기관으로 합격 시 어느 대학이든 갈 수 있는 바칼로레아 시험에 합격해도 그랑제콜은 예외적으로 별도의 공부가 필요하다.

▸ **에피스테메(Episteme)**

그리스어로 지식을 뜻하는 에피스테메(Episteme)에서 유래한 것으로, 특정한 시대를 지배하는 무의식적 인식의 체제를 뜻한다.

▸ **자기 통치술**

자신이 자신을 다스리는 기술로. 후기의 푸코는 자기 통치술이 곧 인간이 자신을 사랑하는 능력이며 윤리의 기초라고 주장했다.

조르주 바타유

▸ **엘도라도(El Dorado)**

15~16세기, 신대륙을 향한 정복자들의 욕망을 부채질하여 희망을 줌과 동시에 많은 이의 목숨을 앗아간 전설 속 황금섬. 스페인어로 '황금 가루를 칠한 사람'이라는 뜻이다. 남미 아마존 강변에 있었을 것으로 추측했으며 지붕부터 도로, 의복, 장신구까지 금으로 가득하여 황금 보기를 돌 같이 하는, 물질적 욕망에 가득한 이들을 사로잡는 매혹적인 낙원을 가리킨다.

▸ **텔켈 그룹(Tel Quel Group)**

1960년 프랑스의 전위적 문학 계간지 《텔켈(Tel Quel)》과 관련을 맺고 있는 지식인들 그룹. 대표적인 사상가로 자크 데리다(Jacques Derrida), 롤랑 바르트(Roland Barthes), 줄리아 크리스테바(Julia Kristeva), 필리프 솔레르(Philippe Sollers) 등이 있다.

가라타니 고진

▸ **데모크라시(Democracy)**

오늘날의 민주주의를 뜻함. 절차적 민주주의와 대의적 민주주의로 불리는 간접민주주의를 뜻한다.

▸ **룸펜 프롤레타리아(Lumpenproletariat)**

독일어로 부랑자, 실업자를 뜻하는 룸펜과 하층 노동자 계급을 뜻하는 프롤레타리아의 합성어로, 일정한 일자리도 일할 의사도 없이 구걸, 도둑질, 매춘을 하는 최하층 프롤레타리아를 가리킨다.

▶ 사민주의(Social democracy)

사회민주주의. 독일의 베른슈타인이 주도한 사상으로, 민중을 대리한다는 정치 운동이며 대의 민주주의다.

▶ 이소노미아(Isonomia)

그리스어로 정의를 뜻한다. 경제적 평등을 우선하고 거주 이전의 자유를 보장하는 이오니아 지방에서 시행했던 유물적 민주주의를 가리킨다.

▶ 코스모폴리탄(Cosmopolitan)

스토아 학파가 주창한 정치 사상에서 비롯된 단어로, 소규모 공동체가 아닌 국가와 국민을 초월한 세계적 관점을 말한다. 한 국가나 집단이 아닌 범세계 안에서 개인의 제도, 권리, 가치에 중점을 두고 있다.

▶ 포틀래치(Potlatch)

북아메리카 인디언들의 사회적 의례로 출산, 생일, 장례, 마을 행사 등이 있을 때 사람들을 초대하여 손님들에게 선물을 나눠주고 축하하는 풍습에서 유해한 경제학적 개념. 기업이 이익의 일부를 사회에 환원함으로써 빈부격차를 해소하는 것을 포틀래치 경제(Potlatch Economy)라고도 한다.

▶ 해체주의(Deconstruction)

프랑스 68혁명 이후 나타난 후기구조주의를 리오타르가 포스트모더니즘으로 재정의하고, 이를 데리다가 다시 정의한 용어가 일본을 거쳐 들어오면서 우리나라에 자리잡은 용어. 보통 포스트구조주의를 대신해서 쓰기도 한다.

철학 듣는 밤